유대인 창의성의 비밀

JEWISH CREATIVITY

유대인 창의성의 비밀
베스트보다 유니크를 지향하라

홍익희 지음

행성B잎새

프롤로그
꿈의 사회를 지배하는 유대인의 창의성

　매년 10월이 되면 노벨상 수상자 발표에 세계의 이목이 집중된다. 이와 함께 수상자 중 유대인이 몇 명이나 포함됐는가가 주요 관심사로 떠오른다. 올해도 역시 유대인들이 노벨상을 휩쓸었다는 보도가 나왔다. 미국 내 유대인 매체《주이시 저널》은 올해 노벨상 수상자 가운데 6명이 유대인이라고 보도했다. 이스라엘 일간지〈하레츠〉는 유대인들이 숱한 전쟁과 나치의 압제까지 거치면서 생존하려면 똑똑해야만 했을 것이고, 교육에 가치를 두는 그들의 문화적 요인도 작용했을 것이라는 분석을 내놓았다.
　현재 유대인은 전 세계 인구의 0.2%에 불과하지만, 역대 노벨상 수상자 중 유대인 비율은 약 22%에 이른다. 노벨상 수상자 5명 가운데 1명은 유대인이라는 얘기다. 이쯤에서 우리는 유대인의 창의성과 그 탁월한 저력이 어디에서 비롯된 것인지 궁금해지지 않을 수 없다.
　필자는 올해 초 성경시대부터 현대의 월스트리트에 이르기까지 유대인의 발자취를 경제사적 관점에서 조망한《유대인 이야기》를 펴내 독자들의 과분한 사랑을 받았다. 그 책이 유대인들이 어떻게 부의 역사를 창조해왔는지에 관한 과거의 유대인 이야기였다면, 이 책《유대인 창의성의 비밀》은 우리와 동시대를 살아가고 있는 현재의 유대인에 관한 이야기이다.

우리 경제는 그동안 눈부신 도약을 해왔다. 전쟁의 잿더미에서 시작한 우리 경제가 이제는 수출 규모 세계 7위이다. 이 과정에서 인력 등 '자원투입'이 주도하던 경제에서 '효율'과 '혁신'이 주도하는 지식경제로 갈아탔다. 정보화시대로 진입한 이후에도 우리 경제는 IT 쪽에서 제법 성공을 거두었다. 1960년 이후 지난 50년간 세계 경제는 6배 커졌다. 이에 비해 우리나라 국내총생산은 35배나 증가했으며 수출은 무려 1만 1,000배나 늘어났다. 역사상 가장 빠른 성장이다. 그런데 이러한 수출의 비약적인 발전과 IT의 성공에도 오늘날 우리 경제는 활력을 찾지 못하고 있다. 내수경기는 좀처럼 불붙지 못하고 청년실업은 갈수록 늘어나고 있다.

이에 대한 해법으로 박근혜 정부는 '창조경제'라는 새로운 화두를 들고 나왔다. '창조경제'라는 단어에는 우리나라가 한 단계 더 도약하기 위해서는 기존의 선진국 추종경제가 아닌 창조적 선도경제로 바뀌어야 한다는 절박함이 묻어있다.

기존 경제에서는 기업가의 추진력이 창의성보다 우선시 되었다. 지금도 벤처캐피털이 창업 희망자의 사업성을 평가할 때 그 사람의 아이디어나 창의성보다는 추진력과 리더십을 먼저 본다. 사업 아이템은 필요하면 차용할 수도 있다는 입장이다. 그러나 창조경제는 추진력보다는 창의성이 주도하는 경제를 뜻한다. 창의적인 상상력과 꿈이 경제동력이 되어 수십, 수천만 명을 먹여 살리는 경제가 창조경제다.

《제3의 물결》을 쓴 앨빈 토플러와 함께 미래학을 창시한 짐 데이토는 이미 오래전에 창조경제를 예견했다. 그는 "세계 경제는 제조업에서 서비스 산업으로, 다시 지식경제에서 창조경제로 이동하고 있다"고 했다. 그리고 정보화사회 다음엔 '꿈의 사회$^{Dream\ Society}$'가 해일처럼 밀려온다고 했다.

'꿈의 사회'는 꿈과 감성을 파는 사회를 말한다. 모든 산업이 문화산업화되는 것을 뜻한다. 경제의 주력 엔진이 정보에서 이미지와 스토리로 넘어가고, 상상력과 창조성이 핵심 국가경쟁력이 된다는 것이다. 또한 성장동력이 혁신에서 창의성으로, 가치의 원천이 지식과 정보에서 상상력과 창의성으로 바뀌고 있다는 것이다. 이것이 바로 정보화 사회 다음에 다가올 제4의 물결, '꿈의 사회'다.

창조란 상상력을 통해 기존에 없던 것을 새롭게 만들어내는 것이다. 상상력想像力은 글자 그대로 '생각想한 것을 그려내는像 능력力'이다. 창조는 상상력과 꿈으로부터 나온다. 《탈무드》도 "당신의 꿈은 당신을 가장 아름답게 꾸며주는 최고의 옷"이라고 가르친다. 상상력이 21세기의 화두이자 가장 중요한 경제동력이 된 것이다.

창의성을 기반으로 하는 창조경제는 창의력이 생명이다. 창의력은 다양한 생각을 할 수 있는 능력이자 남과 다른 생각을 할 수 있는 능력이요, 새로운 생각을 해내는 능력이다. 그런데 이는 하루아침에 길러지지 않는다. 정성어린 교육 문화가 뒷받침되어야 한다. 유대인의 창의성은 '독서 문화, 질문과 토론 문화, 융합과 통섭 문화, 수평 문화'를 통해 키워졌다. 유대인 창의성의 비밀을 알기 위해서는 그들의 교육 문화부터 알아야 한다.

또한 창의성이란 개인의 우수성만을 일컫는 것이 아니다. 오히려 시스템 속에서, 융합 속에서, 통섭 속에서 창의성이 나올 확률이 더 크다. 한 사람의 우수성도 중요하지만 시스템 속에서 서로 의견을 내어 토론을 거듭하면서 새로운 생각을 찾아내는 것이야말로 진정한 창의력이다.

이제는 학문에서뿐 아니라 기업과 사회에서도 융합과 통섭이 요구되고 있다. 융합이란 두 개 이상의 분야가 하나로 합쳐지는 것이며, 통섭이란 낮은 담을 두고 서로의 영역을 인정하면서도 경계를 넘나드는 것이다. 이제는 혼자서는 다 할 수 없다. 그래서 필요한 것이 학문 간의 통섭과 이직종 간의 융합이다. 둘 이상이 합쳐져 새로운 하나가 창조되는 것이다. 과학과 인문이 만나 새로운 감성이 태어나는 것처럼, 융합과 통섭을 통해 창의성의 불꽃이 사방에서 피어날 수 있다.

이 책은 이러한 창의성의 근원을 세계 서비스 산업을 주도하고 있는 유대인을 통해서 찾아보았다. 서비스 산업 곳곳에 유대인들의 창의성이 번뜩이고 있다.

먼저 그들이 주도하는 산업별로 창의성의 실제적인 사례와 실체를 살펴보았다. 그리고 그 창의성의 원천이 어디로부터, 어떻게 기인하였는지를 알아보기 위해 그들의 교육 문화와 가정 문화를 들여다보았다. 또 고난의 역사 속에서 단련된 유대인의 공동체의식과 단결력의 힘을 알아보았다. 그리고 학문을 숭상하는 그들의 민족성도 살폈다. 마지막으로 이스라엘이 어떻게 창조경제 강국이 되었는지 그 역사적 전개 과정을 추적했다. 유대인의 창의성이 어디에서 유래되었는지를 사례들과 함께 살펴보면서 우리의 자녀교육과 창조경제가 나아갈 방향 모색에 이 책이 조금이나마 도움이 되길 바란다.

이 책의 자료 가운데 많은 부분을 다양한 책과 인터넷 정보의 도움을 받았다. 여러 선학들의 좋은 글을 인용하거나 참고하기도 했음을 밝힌다. 너그러이 이해해주시리라 믿는다. 참고문헌은 익명의 자료를 제외하고는 해당 페이지 말미에 밝혀두었다. 그럼에도 이 책에 오류나 잘못이 있다면 당연히 필자의 몫이다. 잘못을 지적해주면 고마운 마음으로 고치겠다. 이 책을 수출 일선에서 수고하는 KOTRA 식구들에게 바친다.

2013년 10월
홍익희

차례

프롤로그 꿈의 사회를 지배하는 유대인의 창의성 … 4

Chapter 1
창의성 위에 꽃핀 성공 신화

1. IT 산업에 실용성과 감성을 입히다 … 17
구글이 성공한 이유는 무엇일까 | IT 기술에 감성을 더한 페이스북 | 유대인 여걸, 페이스북을 키워내다 | 마리사 메이어의 철권통치 | 상업용 데이터베이스의 미래를 간파한 오라클 | 마이크로소프트의 '볼머주의' | 중간 유통망 없이 소비자에게 직접 판 델 컴퓨터 | 마이크로프로세서에 핵심 역량을 집중하다, 인텔 | 지적재산권으로 돈을 버는 회사, 퀄컴 | 증권시장 정보를 실시간으로 볼 수 있는 단말기, 블룸버그 | 유대인 없이 IT 역사를 쓸 수 없다

2. 상상력과 창의성의 결정체, 영화 산업 … 38
영화 산업, 유대인에 의해 태동되다 | 할리우드의 탄생 | 영화 산업이 낳은 천재 예술가, 찰리 채플린 | 미국 영화계를 주름잡는 유대인들 | 할리우드에서 유대인이 성공할 수 있었던 이유

3. 백화점 유통업, 창의성으로 진화하다 … 47
상술에서도 빛나는 유대인의 창의성 | 백화점으로 진화하다 | 키도시 하셈과 정찰제의 등장 | 유통업의 대부, 시어스로벅의 로젠월드 | 대형 복합리조트 쇼핑몰 시대

4. 관광 산업, 창의성의 중요성을 웅변하다 … 56
현대식 카지노 호텔과 뷔페식 레스토랑의 등장 | 오늘날의 라스베이거스를 만든 커크 커코리언 | 환락의 도시에 전시 컨벤션 산업의 장을 열다 | 떠오르는 마이스 산업 | 마카오의 토박이 유대인, 스탠리 호 | 마카오, 라스베이거스를 추월하다 | 싱가포르의 결단, 서비스 산업 | 마이스 산업에 최적의 입지 조건을 갖춘 영종도

5. 일당백의 유대인 … 72

노벨상 수상자 5명 중 1명이 유대인 | 미 동부 명문 대학의 유대인들 | 유대인들을 견제하기 위해 만든 시험 'SAT' | 미국 사회를 주도하는 유대인 세력 | 위대한 조나스 솔크, 소아마비를 퇴출시키다 | 인문학을 사랑한 의과학자, 프로이트 | 오늘날 지구촌의 수많은 유대인 이름들 | 강력한 유대인 단체들

Chapter 2
그들의 창의성은 어디에서 오는가

1. 유대교의 두 기둥, 배움과 가정 … 93

평생 공부하는 유대인 | 유대교의 '티쿤 올람' 사상 | 배우는 것은 신을 찬미하는 기도와 동일한 일 | 유대교에는 원죄 사상이 없다 | 유대교는 가정 중심의 종교 | 쉐마 이스라엘(이스라엘아, 들어라) | 역사와 삶 속에 배어 있는 독서 문화

2. 하늘 아래 모든 인간은 평등하다 … 108

자녀는 신이 맡기신 선물 | 아이의 자존감을 최우선으로 생각한다 | 유대인 자녀 교육의 핵심은 대화 | 후츠파 정신이 나온 역사적 유래 | 후츠파 정신, 로시가돌로 날개를 달아라

3. '베스트'가 아닌 '유니크'를 지향한다 … 117

아이의 재능과 개성에 주목하는 유대인 | 학습 장애아로 판정받은 호기심쟁이, 에디슨 | 아들의 재능을 믿은 어머니의 노력 | 발명왕 에디슨으로 거듭나다 | 지진아 아인슈타인 | 유대인이라 왕따가 되다 | 싫으면 하지 마라, 그러나 하려면 최선을 다하라 | 강한 지식욕으로 스스로 길을 찾다 | 상상력으로 미래를 연 과학자 | 평범한 외톨이 소년이었던 스티븐 스필버그 | 부모님의 특별한 교육 | 13살 때 이미 첫 영화를 만들다 | 할리우드를 제패한 가장 영향력 있는 영화인

4. 가정이 가장 중요한 성소이자 배움의 장이다 … 143

중매결혼의 일반화와 결혼계약서 | 세계에서 가장 낮은 이혼율 | 아버지의 권위는 자녀들의 정신적 기둥 | 대대로 이어지는 밥상머리 교육 | 칭찬과 격려로 더 훌륭한 아이를 만들 수 있다 | 아이가 잘못했을 때도 대화가 먼저 | 아이들의 상상력을 자극하는 베갯머리 이야기 | 안식일의 의미 | 철저하게 지키는 안식일 | 안식일에는 주로 독서와 대화 | 경건하고 정성스럽게 준비하는 안식일 식사

5. 《탈무드》교육법, 질문과 토론 … 170

유대인과 한국인의 교육 방법 차이 | 정답은 하나만 있지 않다 | 유대인의 종교 교육 | 잘 듣고 제대로 말하게끔 훈련시켜라 | 진정한 교육의 목표는 청출어람 | 삶의 지혜, 《탈무드》 | 《탈무드》의 역사 | 《탈무드》의 3대 가르침

Chapter 3
유대인 힘의 원천은 무엇인가

1. 지난했던 유대인의 고난의 역사 … 187

이교도 사이에서 살아남다 | 헬레니즘을 이겨내다 | 이슬람의 지배 | 십자군 전쟁 | 반유대주의의 극성과 홀로코스트

2. 유대 민족을 이끄는 공동체의식 … 197

고난의 역사가 공동체의식을 키우다 | 유대인은 모두 한 형제다 | 율법 정신, 약자를 돌보는 정의의 실현 | 유대인에게 자선은 선택이 아닌 의무이다 | 유대인 복지 공동체의 구심점, 쿠파(kuppah) | 공동체가 책임져주는 교육과 복지 제도 | 도움이 필요한 형제를 돕는 것은 유대교 계율 | 정보와 지혜를 나누어주는 오랜 관습 | 하루 빠른 세계적 정보 네트워크 구축 | 실패해도 3번까지 재도전할 수 있는 창업 기회를 제공

3. 학문을 숭상하는 민족성 … 218

학자 곧 랍비가 되는 것은 가문의 영광 | 고유의 언어와 최초의 의무교육 | 교육을 통해 민족을 지킨 요하난 벤 자카이 | 율법 학교인 예시바가 유대교의 전통을 이어가다 | 유대교만의 독특한 회당, 시너고그 | 상업에 있어 뛰어난 자질을 가지게 된 유대인들 | 유대인의 남다른 교육열 | 성인식, 사람의 아들에서 신의 아들로 | 성인식 때 받는 3가지 선물의 의미

Chapter 4
이스라엘과 창조경제

1. 이스라엘 하이테크의 역사 … 243

건국 30년 전에 대학을 먼저 세우다 | 아인슈타인이 세운 테크니온공대 | 독립 쟁취를 위한 비밀 무기 제조창 | 이스라엘의 실리콘밸리, 하이파 | 순수 과학의 요람인 와이즈만연구소 설립 | 창의적인 인재를 키우는 통섭 교육

2. 4차 중동전쟁이 불러온 하이테크 산업 … 256

2,011년 만에 대망의 이스라엘 건국과 1차 중동전쟁 | 무기 금수조치로 자체 전투기 개발 | 2차 중동전쟁(1956년)과 우주항공 산업 개발 | 6일 전쟁(1967년)으로 국제적 신뢰 상실 | 4차 중동전쟁(1973년), 탱크가 힘을 못 쓰다 | 군이 IT 산업의 선구자가 되다 | 방위 산업 수출 강국 | 군 현대화를 위해 과학 기술 인력을 양성한 이스라엘 | USB 개발로 16억 달러를 벌다

3. 본격적인 창조경제의 비상 … 274

벤처 인큐베이터 프로그램 | 요즈마 펀드의 대성공 | 벤처 생태계가 형성되다 | 국가과학위원회(OCS)의 역할 | 시대를 앞서는 10년 단위의 선점 전략 | 인터넷 시장을 정확히 예측한 체크포인트 | 이스라엘 전체가 거대한 연구 단지 | 유망 벤처 기업의 해외 매각 | 인센티브에 인색하지 않은 유대인

4. 창조경제의 바탕이 된 유대인의 상상력 … 291

상상력의 힘 | 상상력은 어린아이가 되고 싶은 어른들의 낙원 | 이미지로 사고하는 아인슈타인의 놀라운 업적 | 상상력으로 만들어진 성공 신화들 | 일반인들이 직접 만드는 실시간 내비게이션

5. 이제는 융합과 통섭의 시대 … 300

통섭의 대가 노이만, 컴퓨터와 인터넷을 탄생시키다 | 생물학과 의학의 통섭, 메치니코프 | 혈액형 구별로 수혈이 가능해지다 | 결핵을 퇴치시킨 미생물학자 | 융합 연구의 사례들 | 이스라엘을 지원하는 실리콘밸리의 유대인들

에필로그   창조경제를 위한 제언 … 319

창의성 위에 꽃핀 성공 신화

Chapter 1

JEWISH CREATIVITY

창의성을 바탕으로 꿈을 파는 유대인들이 있다.
IT업계에서 빛을 발힌 유대인들, 상상력을 무기로 영화산업을
쥐고 흔드는 유대인들, 유통업을 고객 중심으로 발전시킨 유대인들,
라스베이거스에서 시작된 관광 산업에 불을 지핀 유대인들,
그밖에 다양한 문화 예술계에서 활약하고 있는 유대인들이 그들이다.
이들을 통해 유대인의 창의성을 살펴보고, 이들이 어떻게 미국 사회를
주도하는 세력으로 떠올랐는지 들여다보자.

1
IT 산업에 실용성과 감성을 입히다

1980년에 유대인 앨빈 토플러는 정보혁명에 의한 '제3의 물결'을 예견했다. 하지만 그때만 해도 유대인들의 주된 관심사는 금융과 부동산과 유통업이었다. 당시 IT 분야에서 두각을 나타낸 유대인은 드물었다. 그러나 이제는 아니다. 유대인들이 IT 분야를 주도하고 있다.

구글이 성공한 이유는 무엇일까

구글이 세상에 나올 당시 검색엔진 시장은 포화 상태였다. 그럼에도 불구하고 그들이 전 세계 검색엔진 시장을 장악할 수 있었던 이유는 세상보다 딱 반보만 앞서 나갔기 때문이다. 성큼 성큼 앞서 나가는 천재들을 세상은 그리 반겨 하지 않는다. 수많은 천재들이 비운에 사라진 이유이다. 시장은 딱 반보 앞에서 대중이 필요로 하는 것을 공급하며 대중을 이끌어주는 자를 반긴다. 무지갯빛 뜬구름보다는 '실용성'이 중요하다는 뜻이다.

그 무렵 우후죽순으로 생겨난 검색엔진들에 사람들은 짜증이 나기 시작했다. 검색을 하면 불필요한 쓰레기 정보까지 무더기로 뱉어내는 통에 제대로 된 정보를 찾기가 힘들었기 때문이다. 역시나 같은 문제로 검색할 때마다 골머리를 앓던 래리 페이지는 고객이 검색하는 정보를 중요한 순서대로 검색창에 뜨게 하면 좋겠다는 생각을 했다. 이 생각이 바로 구글의 시작이었다.

래리 페이지는 정보의 중요도 곧 가중치에 착안했다. 사람들이 링크를 걸어 인용하거나 공유하는 정보일수록 쓸모 있는 정보라고 판단했다. 그는 그의 아이디어를 수학적 알고리즘으로 만들어줄 사람이 필요했다. 다행히 유대인 동료 세르게이 브린의 천재적인 수학적 재능이 이 문제를 해결했다. 이른바 '페이지랭크' 기술이다.

그들은 이 유용한 검색엔진을 사줄 포털 업체를 찾았다. 그러나 누구 하나 거들떠보지 않았다. 기껏 만들어놓았는데 사장될 위기에 봉착하자, 둘은 할 수 없이 학생 신분임에도 스스로 회사를 차릴 수밖에 없었다. 울며 겨자 먹기로 창업의 길로 내몰린 것이다.

돈이 없어 세르게이 브린의 여자 친구 집 차고에 사무실을 마련한 그들이 검색 시장에 진출했을 때는 야후, 알타비스타, 라이코스, 익사이트 등 너무 많은 업체들이 치열하게 경쟁하고 있었다. 그러나 독자적인 창의성을 갖춘 이들의 검색엔진은 결국 시장을 평정했다.

이런 래리 페이지의 성공 뒤에는 부모의 영향도 컸다. 아버지는 미시건주립대 컴퓨터공학과 교수이고, 어머니도 같은 대학에서 컴퓨터 프로그래밍을 가르치는 강사였다. 부모 덕에 그는 이미 다섯 살 때부터 메모리 용량이 32킬로바이트인 '엑시디 소러스'란 컴퓨터를 가지고 놀았다. 이런 환경에서 자랐기 때문에 래리 페이지는 어려서부터 자연스레 컴퓨터와 친해질 수 있었다.

그는 어렸을 때부터 발명가를 꿈꿨다. 래리의 아버지는 틈날 때마다 발명가를 꿈꾸는 아들을 미국 전역으로 데리고 다니며 로보틱스 콘퍼런스를 보여주었다. 래리 페이지는 어릴 적 그런 경험들이 더 많은 가능성을 꿈꾸게 했다고 회고했다. 아버지가 아들의 꿈을 찾아준 셈이다.

요새 미국 젊은이들이 가장 근무하고 싶어 하는 곳이 구글이다. 즐거운 놀이터 같은 근무 환경을 제공하고 복지 제도가 좋기로 소문났기 때문이다.

최고급 식당은 직원들의 세끼 식사를 무료로 제공한다. 여기에 사내 탁아소, 헬스장, 스파 시설, 수영장, 치과, 자동차 정비소, 바비큐장은 물론이고 마사지 시설도 갖추고 있다. 심지어 근무 시간에 마사지 서비스를 받을 수도 있다. 직원들은 언제든 소파나 수면 캡슐에서 잠을 청할 수 있고, 뜰에서 비치발리볼을 즐기거나 자신의 개를 데리고 산책하는 직원도 적지 않다. 이게 모두 개인의 창의성을 이끌어내

창의성을 중시하는 구글의 로비 모습도 매우 인상적이다.

려는 노력이다. 창의성은 경직된 분위기에서는 잘 나오지 않기 때문이다. 책상 앞에 앉아서 매일 똑같은 업무를 반복하는 직원에게서 좋은 아이디어를 얻을 수 없다는 그들의 생각은 7대2대1 정책에서도 잘 드러난다. 7대2대1 정책이란 직원들이 업무에 70%의 시간을 할애하고 20%는 업무 이외에 회사와 관련된 자신만의 독자적인 프로젝트를 진행하는 것이다. 그리고 나머지 10%는 회사 일과는 전혀 상관없는 일을 연구하도록 한다. 창의성은 일을 재미있게 즐길 때 더욱 높아진다는 그들의 믿음에서 나온 이러한 정책은 지금도 계속되고 있다.

IT 기술에 감성을 더한 페이스북

재미로 인터넷에 하버드 여학생들의 사진을 올려 등수를 매기던 한 유대인 악동이 있었다. 이것이 발전한 게 페이스북이다. 마크 주커버그가 19살 때 기숙사 룸메이트인 유대인 더스틴 모스코비츠와 함께 개발한 페이스북은 그 많던 메신저 시장을 제패했다.

페이스북은 친구들의 생각과 동정을 정감 있게 알려줌으로써 IT 기술에 감성을 입혔다. '공감(좋아요), 공통(댓글), 공유'라는 기능을 통해 감성이 소통하게 만든 것이다. 시인이나 감성적인 사람들이 페이스북에서 득세하는 이유이다.

페이스북의 장점은 사용자들이 글이나 사진, 영상 등 콘텐츠를 마음대로 올리고 빠르게 공유할 수 있다는 점이다. 페이스북이 급성장하게 된 것은 2010년 4월 '좋아요(Like)' 버튼을 시작한 이후부터다. '좋아요' 버튼을 누르면 페이스북은 이를 인지하고 관계도(Relevance)를 파악한다. 페이스북 타임라인에는 모든 친구들이 올린 글이나 사진이 올라가지 않는다. 페이스북은 이용자 간의 관계를 자동으로 파악하여 좀 더 관련 있는 사진이나 글이 상위에 올라가도록 배치하고 있다. 사용자가 어떤 콘텐츠를 올리면 다른 사용자가 그것을 보고 '좋아요'를 누르거나 '댓글'을 달거나 '공유'하게 되고, 그러면 관계도에 따라서 다른 사용자의 친구들에게도 이 콘텐츠가 뜨면서 빠르게 확산된다.

이제 곧 중국보다 인구가 많은 '페이스북 공화국'이라는 나라가 등장할 것이다. 이 페이스북 공화국에서는 전통적인 권력 구조가 송두리째 흔들리고 위계 구조가 사라지고 있다. 과거에는 많은 사람들에게 얘기를 전하려면 돈이 많거나 유명하거나 힘센 정치인이어야 했다. 하지만 이젠 그렇지 않다. 오늘날엔 평범한 사람들이 목소리를 낼 수 있다. 목소리와 권력이 힘센 기관이나 사람에게서 평범한 개인에게로 이동하고 있다.

지금 전 세계 11억 명 정도가 페이스북을 이용하고 있는데 미국·유럽에서만 45만 개의 일자리를 창출했다. 이러한 것이 바로 무에서 유를 창조해내는 '창조경제'다.

마크 주커버그의 성공 뒤에도 부모의 영향이 있었다. 아버지 에드워드는 치과 의사였으며 어머니 캐런은 정신건강의학과 의사였다. 에드워드는 어린 아들에게 직접 컴퓨터 언어인 베이직 프로그래밍을 가르쳤다. 그 뒤 프로그래밍 교육을 위해 아들에게 개인교사를 붙여주기도 하고, 직업 특성상 바쁜 틈에도 아들을 데리고 인근 대학에 강의를 들으러 가기도 했다. 교수가 강의 시간에는 아이를 데려오지 말라고 하자, 이 수업은 자기가 아니라 어린 아들이 듣기 위해서 오는 것이라고 양해를 구했다는 일화가 있을 정도다.

마크는 컴퓨터 프로그래밍과 인터넷에 대해 배우면서 꿈이 생겼다. '누구나 쉽게 정보에 접근하고, 정보가 오픈되고 투명하게 관리된다면 세상이 얼마나 살기 좋아질까?' 라는 생각이 든 것이다.

그 뒤 마크는 11살 때 아버지 병원의 컴퓨터에 환자 도착을 알리고, 사무실 직원들의 커뮤니케이션을 돕는 애플리케이션을 개발해주었다. 그가 페이스북을 만들면서 인간 심리를 잘 파악하는 것은 정신건강의학과 의사인 어머니의 영향이 컸다.

그는 고등학교 재학 중에 '인텔리전트 미디어 그룹'이라는 회사에 고용되어 '시냅스 미디어 플레이어$^{Synapse\ Media\ Player}$'를 제작했다. 이것은 인공지능을 사용해 사용자의 음악 감상 습관을 기억할 수 있도록 만든 뮤직 플레이어였다. 마이크로소프트와 AOL이 이를 사들이고 주커버그를 고용하겠다는 제안을 해왔다. 그러나 그는 이를 거절하고

2002년 하버드 대학에 입학하였다. 그리고 이 천재 소년은 페이스북의 창시자가 되었다.

유대인 여걸, 페이스북을 키워내다

미 언론들은 페이스북의 최고운영책임자^(COO, Chief Operating Officer) 셰릴 샌드버그를 "어쩌면 대통령도 될 수 있는 여자"라고 주목하고 있다. 페이스북 창업자 주

유대인 여성 파워의 상징, 셰릴 샌드버그.

커버그가 창조의 대명사이긴 하지만 아이디어를 치밀한 전략으로 뒷받침하는 능력은 부족했다. 수익 모델 미비로 적자에 허덕이던 2007년 겨울, 주커버그는 샌드버그를 6주간 찾아가는 삼고초려 끝에 페이스북으로 영입했다.

그녀는 원래 구글 초창기에 수익 모델을 상용화시켜 오늘의 구글을 만든 핵심 인재였다. 페이지나 브린은 개발에는 천재였지만 경영 측면에서는 경험이 부족했다. 더구나 당시에는 인터넷 포털이 돈을 벌 수 있을지 아무도 장담을 못하던 때였다.

그 무렵 구글에 합류한 샌드버그는 어떻게 하면 검색의 본질을 해치지 않는 선에서 감성적인 수익 모델을 개발할까에 온 초점을 맞추

었다. 샌드버그는 목표를 세우면 치밀한 전략을 세워 그것을 완벽하게 수행해내는 것이 주특기였다. 결국 그녀가 상용화에 성공시킨 수익 모델이 애드워즈$^{Ad\ Words}$와 애드센스$^{Ad\ Sense}$였다. 이후 구글은 날개를 달고 비상한다.

샌드버그는 미국의 유명한 경제학자인 래리 서머스의 수제자로 하버드대 경제학과를 수석 졸업했다. 그녀는 졸업 후 세계은행으로 자리를 옮긴 서머스의 특별보좌관으로 일했다. 그 뒤 하버드 MBA를 마치고 매킨지 컨설턴트로 근무하다가, 이후 재무장관에 임명된 서머스의 비서실장으로 발탁되었다. 30세 어린 나이의 여성 비서실장으로 그녀는 탁월한 업무처리 능력을 보여주었다.

2001년 공직을 사퇴한 샌드버그는 여러 곳의 영입 제의를 마다하고 벤처기업 구글을 택해 온라인 영업·광고 담당으로 일했다. 그녀는 입사 1년 만에 회사 수익을 4배로 올리는 등 구글의 성장에 크게 기여했다. 2006년 구글은 유튜브라는 동영상 공유 사이트를 인수했고, 2007년 최고의 디지털 마케팅 회사인 더블클릭까지 인수했다. 같은 해 더블클릭은 하루 170억 개의 광고를 집행했다. 2004년에 결혼한 샌드버그는 그 많은 일을 하면서도 두 아이의 엄마로 가정생활과의 균형도 잘 맞추었다. 유대인 엄마로서의 악착스러움이 엿보이는 대목이다.

그 무렵 주커버그는 페이스북의 최고운영책임자 자리를 맡을 사람은 그녀밖에 없다는 결론을 내렸다. 그리고 끈질긴 설득 끝에 2008년 3월 샌드버그의 수락을 얻어냈다. 그녀가 입사한 이후 새로운 비즈니스 모델을 개발해내자 페이스북 역시 2010년부터 날개를 달고 비상하기 시작했다.

현재 샌드버그는 페이스북에서 전방위적인 영향력을 행사하는 2인자다. 그녀는 성공한 사회 진출 여성의 롤모델이 되었고, 2012년《포브스》지는 그녀의 이름을 세계에서 가장 영향력 있는 여성 비즈니스 파워 순위 1위에 올렸다.

마리사 메이어의 철권통치

구글에서 샌드버그와 함께 일했던 또 한 명의 유대인 여성이 있다. 슈퍼모델급 외모에 컴퓨터의 달인인 마리사 메이어 디자인 실장이다. 구글의 모든 디자인은 그녀를 통해 최종 완성되었다. 페이지와 브린과 마찬가지로 스탠퍼드대학원에서 컴퓨터공학을 전공한 메이어는 창사 이듬해인 1999년 스무 번째로 구글에 입사한 최초의 여성 엔지니어였다. 당시 메이어의 전문 분야는 인공지능이었다.

메이어는 수학에 천재적이면서도 디자인에 대한 안목이 뛰어나 구글 제품의 외형과 감성을 책임진 것으로 유명하다. 이제는 IT 기술에서 그만큼 감성이 중요해진 것이다.

셰릴 샌드버그와 함께 가장 주목받는 미국의 여성 리더 중 한 사람인 마리사 메이어.

그녀는 그간의 성과를 인정받아 2012년 7월 37세의 나이에 야후 사장으로 선임되었고, 《포춘》 500대 기업 중 최연소 CEO가 되었다. 야후는 10년 전만 해도 인터넷의 대명사였다. 하지만 지난 5년 동안 CEO가 6번이나 바뀌었을 정도로 이젠 CEO의 무덤이 되었다. 메이어는 침몰하는 배의 수장으로 겁 없이 올라탄 것이다. 당시 그녀는 임신 중이었으나, 출산 2주 만에 사무실에 출근해 주위 사람들의 혀를 내두르게 했다.

2013년 3월 메이어가 내놓은 방침은 야후는 물론 미국 사회를 발칵 뒤집어놓았다. "야후는 재택근무를 전면 폐지한다. 6월 1일까지 모두 회사에 출근해서 일해라." 야후 직원들은 물론이고 외부의 반응도 좋지 않았다.

그러나 메이어도 할 말은 있었다. 어느 날 오후 야후 주차장에 들어선 그녀는 텅텅 빈 주차 공간을 보고 열이 받았다. 구글에서는 늘 주차할 곳이 없어 헤매기 일쑤였는데 야후 직원들은 재택근무나 외근을 핑계로 오후 시간이면 유유히 주차장을 빠져나가버리는 것이었다. 일명 '야후병'. 그는 목표 의식도 사기도 없으면서 관료주의만 팽배한 망해가는 기업의 징조를 주차장에서 확인했다.

메이어는 야후병부터 뜯어고치지 않으면 늙은 인터넷 기업의 회생은 불가능하다고 봤다. 초심의 벤처 정신으로 돌아가자는 것이다. 그녀의 철권 통치가 야후를 다시 살려낼 수 있을지 지켜볼 일이다.[1]

---

1) 조선일보 2013년 5월 22일자, 류현정 기자 기사 참고.

상업용 데이터베이스의 미래를 간파한 오라클

오라클의 탄생은 세상을 재빨리 읽은 결과였다. 래리 엘리슨은 컴퓨터의 '컴'자도 모르던 사람이었다. 어쩌다 취직한 회사가 컴퓨터 프로그램을 만드는 회사였다. 그때부터 혼자 독학으로 컴퓨터 프로그램에 대하여 공부했다. 그 뒤 중앙정보부의 일을 맡아 한 작업의 암호명인 '오라클'이 뒷날 그의 회사 이름이 되었다.

그는 IBM이 개발하고 있다는 상업용 데이터베이스 이야기를 듣고 그 시장의 미래를 간파했다. 컴퓨터용 소프트웨어가 개인용뿐 아니라 상업용으로도 무궁무진하게 확산될 수 있다고 본 것이다. 엘리슨은 1977년 직장 동료 2명과 함께 1,200달러를 투자해 재빨리 회사를 창업했다. 결국 그는 IBM보다 먼저 '상업용' 데이터베이스의 시제품 생산과 상용화에 성공했다.

마이크로소프트가 개인용 소프트웨어를 만드는 데 비해 오라클은 군이나 정부, 대기업이 주로 사용하는 상업용 소프트웨어를 만든다. 그래서 일반인들에게는 상대적으로 덜 알려졌다. 하지만 시장의 앞날을 내다본 그의 안목은 그를 미국 3위의 거부로 만들어주었다. 2012년 기준 그의 개인 재산만 410억 달러다. 우리 돈

IT 기업 CEO 중 최고 연봉을 받는 래리 앨리슨의 연봉은 2012년 기준 9,620만 달러(한화 약 1,093억 원)였다.

으로 환산하면 45조 원이 넘는다. 이건희 회장의 개인 재산인 12조 원의 3배가 넘는 어마어마한 돈이다.

마이크로소프트의 '볼머주의'

미국에서 엘리슨의 뒤를 잇는 유대인 부호는 마이크로소프트 최고경영자 스티븐 볼머다. 그는 1980년 평직원으로 입사해 18년 만에 회장 자리에 오른 인물이다.

볼머는 하버드대학에서 수학과 경제학을 전공하면서 빌 게이츠를 만나 절친한 포커 친구가 되었다. 활달한 성격으로 사람도 잘 사귀고 2학년 때는 미식축구 팀 간사를 맡았으며, 학교 신문의 광고부장, 문예지의 대표 등 다방면으로 활동했다. 그는 또 하버드 내의 사교 모임에도 가입했다. 한마디로 다재다능한 융합형 인재로 매사에 적극적이었다.

빌 게이츠는 창업 후 영업이 한계에 부닥치자 그를 떠올렸다. 당시 볼머는 스탠퍼드 경영대학원 박사 과정에 다니고 있었는데, 빌 게이츠의 요청을 받고 1980년 마이크로소프트에 합류했다. 둘은 경영상 이견으로 자주 부딪쳤다. 하지만 결과를 보면 번번이 볼머의 승리였다. 빌 게이츠는 경영은 볼머가 한 수 위라 인정하고 깨끗하게 경영에서 손을 뗐다. 그리고 그에게 모든 걸 맡겼다. 이는 오늘날의 마이크로소프트가 있게 된 중요한 갈림길이었다. '볼머주의'라고 불리는 그의 공격적인 경영 방식은 반보 앞서서 미래를 선점하는 것이었다.

"스티븐이 1인자고, 나는 2인자다." 빌 게이츠가 스티븐 볼머를 두고 한 말이다.

중간 유통망 없이 소비자에게 직접 판 델 컴퓨터

엘리슨과 볼머가 소프트웨어 분야에서 성공한 유대인이라면, 하드웨어 분야를 대표하는 유대인은 마이클 델이다. 델은 어린 시절 전자계산기를 보고는 컴퓨터의 세계에 빠져들었다. '애플 2' 컴퓨터가 등장하자 델은 아르바이트 끝에 15살 생일날 애플 2를 샀다. 그런데 델이 애플 2를 놓고 맨 먼저 한 일은 분해였다. 그는 사물의 원리에 관심을 가지고 있었다. 그래서 컴퓨터 내부를 분해해서 컴퓨터 작동 방식을 스스로 이해했다. 이렇게 델은 컴퓨터에 대한 열정으로 가득 찬 10대를 보냈지만, 정작 그는 아버지처럼 의사가 되기 위해 의대에 진학한다. 유대인에게 의사는 전통적으로 꿈의 직업이었다.

델의 컴퓨터 실력이 출중하다는 것을 안 주변 사람들은 그에게 컴퓨터 조립을 부탁했다. 델은 일반 컴퓨터보다 20~30% 싼 가격에 훨씬 성능 좋은 컴퓨터를 조립해주었다. 그러자 주변에 입소문이 돌면서 친구는 물론이고 교수와 동네 변호사들까지 그를 찾아왔다. 덕분에 델은 돈을 벌었고 이를 계기로 창업의 꿈을 꾸게 된다.

델 컴퓨터의 창업자 마이크 델의 성공 스토리도 어찌 보면 대단한 아이디어에서 출발한 것이 아니었다. "주문을 받고 컴퓨터를 만들어 중간 유통망을 거치지 않고 소비자에게 직접 판다"는 개념이었다. 하지만 이것이 엄청난 성공을 불러왔다.

이 아이디어는 사실 델의 어릴 때 경험에서 탄생했다. 우표 수집에 열을 올렸던 어린 시절에 그는 우표를 중개상을 통해 우표를 구입하면서 '왜 우표를 사기 위해 그들에게 돈을 지불해야 하지?'라는 의문을 품었다. 델은 중개상을 거치지 않고 직접 우표 판매에 나서 2,000달러가량을 벌었다. 그는 이 경험에서 중개상을 거치지 않을 때 더 많은 이익을 남길 수 있다는 것을 알게 되었고, 쓸 만한 아이디어만 있으면 돈벌이가 된다는 사실도 깨달았다. 이 개념이 오늘날 IT 경영에 일대 혁신을 가져다준 델 다이렉트 판매 모델의 원조가 되었다.

델 컴퓨터 창업 당시 컴퓨터를 싸게 만들 수 있었던 이유는 아주 간단했다. 그는 컴퓨터 매장들을 이곳저곳 돌아다니며 재고로 남은 구형 컴퓨터들을 대량으로 아주 헐값에 구입했다. 이른바 땡처리 물량이었다. 그런데 마이클 델은 이것을 그냥 판 게 아니라 컴퓨터 부품을 분해한 뒤 소비자들이 원하는 컴퓨터로 업그레이드하여 팔았다.

하드웨어의 황제라고 불리는 마이클 델.

이 사업은 고객이 주문을 하면 그 시점에 생산을

시작한다는 기발한 아이디어의 산물이었다. 이런 유통 구조 덕분에 델은 재고 부담을 줄이고 중간 마진도 배제할 수 있었다. 이익은 소비자와 나누어 고객 맞춤형 컴퓨터를 생산할 수 있었다. 또 하나의 특징은 과감한 외부 위탁이었다. 자신이 아니면 안 되는 일을 제외하고는 모두 외부에 위탁했다. 생산에서부터 기술 개발, 사후 관리에 이르기까지 거의 모두를 위탁했다. 철저한 아웃소싱에 의한 경영 기법이었다. 델이 이 방식을 시작한 1980년대 중반만 해도 누구도 그러한 방법을 생각하지 못했다.

델은 18살 때 대학 기숙사에서 1,000달러를 가지고 이 아이디어 하나로 성공한 사람이다. 델 컴퓨터가 한 시대를 풍미한 이유이다.

마이크로프로세서에 핵심 역량을 집중하다, 인텔

세계 마이크로프로세서^{CPU} 시장에서 독점적 지위를 누리고 있는 인텔의 창업자 앤드류 그로브 역시 헝가리 태생의 유대인이다. 그는 어린시절 홀로코스트^{Holocaust}를 겪은 후 1956년 스무 살 때 단돈 20달러를 들고 단신으로 망명하여 피눈물 나는 노력 끝에 성공한 입지전적인 인물이다.

인텔의 성공 스토리도 참으로 단순하다. 앤드류 그로브는 잘 나가던 D램 사업을 과감하게 포기하고 마이크로프로세서에 핵심 역량을 집중하여 성공할 수 있었다.

1980년대 사람들의 생각에 인텔은 메모리, 즉 D램과 동일했다. D램은 사실상 인텔이 개발해서 압도적 시장 지위 1위를 차지했다. 인텔이 D램을 버린다는 건 상상할 수도 없었다. 그러나 위기를 느낀 그로브는 회사 비즈니스의 대부분을 차지하던 단순 저장 장치 D램에서 과감히 손을 뗐다. 그리고 '인텔 = 마이크로프로세서'라는 비전을 내걸고, 컴퓨터의 두뇌라 불리는 마이크로프로세서에 올인했다.

그로브는 모든 기득권을 버리고 죽음의 계곡을 건너는 심정으로 기존 사업의 자원을 빼내어 미래가 명확치 않은 곳에 투입했다. 사업 방향을 바꾸는 것에 운명을 걸고, 기존 8개의 D램 공장 중 7곳을 마이크로프로세서 생산에 투입했다. 초기에는 엄청난 적자가 났다. 그리고 직장 동료 7,200명을 떠나보내고 생산 공장을 두 곳이나 폐쇄해야 하는 아픔이 뒤따랐다. 하지만 그의 예측은 정확히 맞았다. 인텔은 1992년 마이크로프로세스 분야의 최강자로 뛰어오르며 제2의 전성기를 맞이했다. 그로브가 위대한 리더가 될 수 있었던 이유는 무엇보다도 미래의 변화를 읽는 그의 통찰력 덕분이다.

그는 자신의 저서 《편집광만이 살아남는다》에서 최고경영진은 미래의 변화에 대해 극도로 민감해야 한다고 주장한다. "치열한 경쟁에서 이길 수 있는 방법은 바로 하나의 방향을 정하고 거기를 향해 뛰는 것이다. 다른 곳에 눈 돌리는 행위는 집중력을 떨어뜨려 곧 패배에 이르게 한다." 이것이 바로 그의 경영 철학이다.

그처럼 위기를 감지하는 능력과 될성부른 떡잎을 알아보는 안목을 동시에 갖춘 것은 기실 대단한 것이다.

그는 "카산드라의 말에 귀를 기울여라"라는 말을 자주했다. 카산드라는 그리스 신화에 나오는 예언자로 '닥쳐올 불행을 예언하는 사람'을 뜻한다. 즉, 누구보다 빨리 변화의 기미를 알아차리고 경고하는 자다. 그는 카산드라가 조직 내부에도 있어야 한다고 믿었다. 그래서 아무리 부정적 의견이라도 소신껏 목소리를 낼 수 있는 조직 문화를 만들었다.

앤드류 그로브는 운전기사를 두지 않고 사원들과 똑같이 선착순으로 주차를 하고, 일반 사원과 똑같은 크기의 사무실을 사용하는 것으로 유명하다. 그는 지위가 높다고 해서 좋은 아이디어가 나오는 게 아니며, 지위와 생각이 각기 다른 직원들이 섞여 있을 때 올바른 의사결정을 할 수 있다고 믿고 있다. 과연 유대인다운 발상이다.

지적재산권으로 돈을 버는 회사, 퀄컴

역시나 유대인인 퀄컴의 창업자 어윈 제이콥스는 MIT 교수 출신이다. 퀄컴이 개발한 CDMA(부호분할 다원접속)는 1999년 휴대폰의 세계 표준으로 채택되었다. 이로써 1999년 이 회사 주식은 25달러에서 520달러로 20배나 급등했다. 그 뒤 매년 거두어들이는 특허료 수입만으로 엄청난 기업이 되었다.

퀄컴은 칩도 생산하지만 그보다는 지적재산권으로 돈을 버는 회사다. 제이콥스는 교수답게 두뇌 집단 가치의 신봉자로 직원들의 창의력을 유도해 그들이 창조한 것을 지적재산권으로 상업화하여 이를 사업의 발판으로 삼고 있다. 회사는 사실상 7,000개의 실험실로 구성되어 있으며, 연간 벌어들이는 100억 달러가 넘는 매출액 중 30%가량이 순이익으로 남는 회사다.

디지털 이동 통신은 1992년 유럽에서 GSM방식이 제일 먼저 상용화되었다. 이듬해 일본의 PDC방식과 미국의 TDMA방식과 CDMA방식이 상용화를 위해 치열하게 경쟁하고 있었다. 이때 퀄컴의 CDMA방식에 결정적으로 손을 들어준 나라가 한국이었다. 우리나라가 퀄컴의 CDMA방식을 이동 통신의 표준으로 선정한 것이다.

1996년 SKT가 실험실 수준에 불과했던 퀄컴의 CDMA 기술을 공동 개발하여 세계 최초로 상용화에 성공하고, 이후 한국이 휴대폰 생산대국으로 급성장하면서 퀄컴 매출액의 3분의 1이 한국에서 발생하였다. 한국은 퀄컴의 최대 시장이자 지금의 퀄컴을 만들었다고 해도 과언이 아니다.

증권시장 정보를 실시간으로 볼 수 있는 단말기, 블룸버그

블룸버그 신화는 1981년 마이클 블룸버그가 살로몬 브라더스[2]에서 쫓겨남으로써 시작되었다. 위기는 기회였다. 그는 유대인답게 정보

---

2) 1910년 설립된 대형투자은행. 1998년 씨티그룹이 인수한 후 2003년 현재의 회사명인 '씨티그룹글로벌마켓증권'으로 개명되었다.

의 중요성에 눈을 돌렸다. 당시 초대형 증권사의 정보 축적 방식은 초라하기 짝이 없었다. 3주일 전에 주식이 어떻게 거래됐는지 알려면 대형 증권사마저도 월스트리트저널의 해당 날짜 신문을 일일이 찾아봐야 했다.

그에게는 증권시장 정보를 실시간으로 볼 수 있는 단말기를 만들면 성공할 수 있다는 확신이 있었다. 블룸버그는 그의 꿈을 실현하

단말기 하나로 억만장자가 된 마이클 블룸버그.

기 위해 창업의 길로 들어섰다. 그리고 마침내 컴퓨터 안에 모든 투자 정보를 집어넣고 이를 단말기를 통해 언제든 실시간으로 볼 수 있도록 만드는 데 성공했다. 시중에 떠도는 투자 관련 뉴스와 소문, 과거의 주식 정보들까지 신속하게 전달한다는 아이디어 하나로 그는 억만장자가 되었다.

현재 블룸버그는 전 세계 100개국에 파견된 특파원 1,000명을 포함해 8,000명의 직원이 80개의 뉴스 보도국에서 하루 4,500건 이상의 뉴스와 정보를 공급한다. 이를 91개국 14만 명의 고객들이 전용 단말기로 받아보고 있다. 이외에도 24시간 방송되는 블룸버그 텔레비전과 라디오, 전문 투자자를 위한 블룸버그 매거진, 블룸버그닷컴, 블룸버그 출판사 등 다양한 매체를 거느리고 있다. 1992년 한국에도 진출

해 130개의 금융기관이 블룸버그 단말기를 이용하고 있다. 2012년 기준 그의 개인 재산은 250억 달러로 미국 10위의 부호다. 지금은 정치가로 나서 세 번이나 연임에 성공한 뉴욕 시장(2013년 현재)이다.

필자가 1996년 뉴욕무역관 부관장 시절 블룸버그 통신사 사장이었던 그를 만나러 방문한 적이 있었다. 그런데 사장실이 따로 없었다. 평사원들과 똑같이 사무실 한쪽의 책상에서 우리 일행을 맞았다. 그리고 브리핑도 직접 하는 것이 아닌가? 회사 견학도 본인이 일일이 우리 일행을 안내하며 세심한 부분까지 친절하게 설명을 해주었다. 그때의 놀라움은 필자가 유대인 역사를, 그들의 가치관을 공부한 후에야 비로소 이해할 수 있었다.

유대인 없이 IT 역사를 쓸 수 없다

이 밖에도 실제 정보 통신 관련 업계의 대표 주자들 가운데 상당수가 유대인이다. 오랜 기간 월트디즈니를 이끌었던 마이클 아이스너, 2001년에 야후의 최고경영자가 된 영화계의 거물 테리 시멜, 한때 미국 최고 연봉 경영자였던 로투스디벨로퍼사의 미첼 케어퍼, 2000년 브로드캐스트닷컴을 팔아 남긴 수십억 달러로 프로농구 구단을 인수한 마크 큐반도 유대인이다.

집에 텔레비전도 없는 버버트 베커 BEE멀티미디어 창업주는 텔레비전이 인터넷으로 생방송되도록 만드는 소프트웨어를 개발했다. 네트워킹의 거함 노르텔네트워크스의 존 로스, 오랫동안 컴팩의 최고경영자였던 벤자민 로젠, 시스코시스템스의 창업자인 샌디 레너, 전 페이팔의 공동 창업자이자 현 옐프 창업자 막스 레브친 등도 모두 IT 업계를 이끄는 유대인들이다.

  창업국가 이스라엘뿐 아니라 실리콘밸리의 주도 세력들이 모두 유대인이다. 이제는 유대인 없이 IT 세상을 논할 수 없게 되어버렸다.[3]

---

3) 육동인 지음, 《0.25의 힘 : 유대인에게 배우는 인생경영법》, 아카넷, 2009.

2
상상력과 창의성의 결정체, 영화 산업

유대인의 장악력은 IT 업계뿐만이 아니다. 영화계도 마찬가지다. 영화 산업이야말로 상상력과 창의성의 결정체다. 아인슈타인이 강조했듯 "상상력이 지식보다 더 중요하다"는 걸 단적으로 증명해주는 분야이다. 하지만 너무 앞선 상상력과 창의성은 관객을 피곤하게 만든다. 그렇기에 관객을 사로잡는 영화는 대부분 대중의 예상보다 딱 반보 앞서서 관객을 놀라게 하는 영화들이다.

미국의 영화 산업은 관련 종사자만 50만 명일 정도의 거대 규모로, 미국의 5대 산업 가운데 하나이자 고부가가치 산업이다. 2009년 개봉한 3D영화 〈아바타〉는 전 세계적 돌풍을 일으키며 순이익만 30억 달러에 달했다. 현대자동차가 순이익 30억 달러를 내려면 2만 달러짜리

쏘나타 300만 대(순이익률 5% 적용)를 수출해야 한다. 〈아바타〉는 인간의 상상력과 창의력이 빚어낸 문화콘텐츠 산업의 위력을 여실히 보여준 것이다.

영화 산업, 유대인에 의해 태동되다

미국 영화 산업은 탄생부터 유대인 기술에 의해 유대인 자본으로 시작되어 유대인들이 제작하고 유대 정치가들이 후원했다. 지금도 미국 영화계와 연예계는 유대인들의 독무대라 할 만큼 유대인들의 활약이 눈부시다.

그럴 수밖에 없는 것이 영화 산업 자체를 태동시킨 게 유대인 에디슨이었다. 그는 자신의 발명품인 축음기와 활동사진을 결합하여 1초에 48장의 사진을 찍는 활동사진 카메라를 만들었다. 그 뒤 1889년에 발명된 그의 영사기 키네토스코프는 활동사진 카메라로 찍은 음화를 양화로 만들어 구멍을 통해 들여다보도록 설계되었다. 보통 20~30초 정도로 키스, 권투 장면, 스트립쇼 같은 자극적인 내용을 담았다.

1년 뒤 에디슨은 여럿이 볼 수 있는 비스타스코프를 발명하여 인류에게 영화라는 새로운 장르를 선물했다. 영화가 발명되었을 때 에디슨 스튜디오에서 영화를 처음 본 사람들은 입을 다물 줄 몰랐다.

곧이어 뉴저지에 최초의 영화 제작소가 탄생했다. 이후 뉴욕과 뉴저지 곳곳에 유대인들이 운영하는 극장이 생겨났다. 영화에 대한 사람들의 관심이 급증하자 미국 곳곳에 5센트만 내면 볼 수 있는 극장들이 번창했다. 1908년에는 무려 400개나 생겼다.

영화 관람이 단돈 5센트였기 때문에 처음에는 하층민의 환영을 받았다. 게다가 그들을 위해 제작된 수백 편의 단편영화가 무성영화였다는 것도 한몫했다. 대다수 영화 애호가들은 가난한 이민자였기 때문에 거의 영어를 알지 못했다. 같은 이민자인 유대인들의 사업으로서는 이상적인 환경이었다. 이들은 점점 재력가가 되어가면서 영화 제작에 직접 투자하기에 이르렀다. 그러다 투자자에 머물지 않고 직접 제작에까지 참여했다.

유대인들은 될성부른 산업은 아예 초기부터 독점화하려는 성향이 강하다. 그 무렵 에디슨이 주도하고 있던 영화특허회사 MPPC^{Motion Picture Parents Co.}도 예외가 아니어서, 자신들이 시도한 촬영 기술 특허 등록 등 독점적 횡포가 심했다. 특히 문제가 된 것은 MPPC로부터 라이선스를 받은 회사만이 영화를 제작할 수 있게 하는 조치였다.

할리우드의 탄생

여기에 반발한 사람들 역시 유대인들이었다. 1910년을 전후해 일부 유대인 제작자들이 에디슨의 견제를 피해 서부로 이동했다. 이렇게 뉴욕과 뉴저지에서 시작된 영화 산업이 서부로 이동한 것은 기존 영화 제작의 관행으로부터 벗어나고자 하는 유대인들의 개척 정신에서 비롯된 것이다. 때맞추어 유럽에서의 유대인 수난사와 미국에 대한 동경심을 유발하는 작품들이 히트를 쳤다. 그 뒤 할리우드가 본격적으로 영화 산업을 장악해갔고, 1912년이 되자 100개 이상의 영화 제작사가 난립했다.

오늘날 전 세계 영화 시장의 중심으로 자리 잡은 할리우드.

이때 유대인들이 나서서 경기 불황으로 힘든 영화 제작사들을 통폐합해 7대 회사로 만들었다. 1912년 칼 래믈이 세운 유니버설 스튜디오를 시작으로 파라마운트, 20세기폭스, MGM, 워너브라더스, 컬럼비아영화사 등 7대 영화사 가운데 6개를 유대인이 설립했다. 나머지 월트 디즈니 영화사는 유대인이 창업하지는 않았지만 역대 경영자들 대부분이 유대인이었다. 1936년 조사에 의하면 이때 이미 할리우드 제작자 85명 중 53명이 유대인이었다고 한다. 또한 1995년에 설립되어 메이저 영화사로 발돋움한 드림웍스의 세 창립자인 스티븐 스필버그, 제프리 카첸버그, 데이비드 게펜도 모두 유대인이다.

서부가 동부를 제치고 영화 산업의 메카가 된 주요 이유는 세 가지였다. 자연광이 풍부하고 비가 적은 서부가 영화 촬영에 훨씬 유리했고, 노동조합에 가입하지 않은 저렴한 노동력을 확보할 수 있었으며, 때맞추어 서부 영화가 유행했기 때문이다.

영화 산업이 낳은 천재 예술가, 찰리 채플린

무성영화 시대 최고의 히어로, 찰리 채플린.

초기 할리우드 영화계에서 가장 유명했던 유대인 영화배우는 찰리 채플린이었다. 그는 20세기 초 무성영화 시대의 주역이었다. 채플린은 꽉 낀 웃옷과 헐렁한 바지로 유랑민이 신사가 되려는 모습을 표현했다. 채플린의 영화는 무성영화였기에 언어와 관계없이 누구나 공감할 수 있었다.

당시 세계 각지에서 온 이민자들 역시 런던에서 온 같은 이민자 출신인 채플린에 열광했다. 그는 배우이자 영화감독이었으며 또한 제작자였다. 조지 버나드 쇼는 채플린을 '영화 산업에서 나온 유일한 천재'라고 평가했다.

하지만 미국에 매카시즘[4] 광풍이 불자 채플린 역시 이를 비켜가지 못했다. 매카시즘의 피해자 수는 정확한 집계조차 힘들다. 특히 유대인들의 피해가 컸다. 영화계에서만 300명이 넘는 배우 및 작가, 감독들이 비공식적으로 할리우드 블랙리스트에 오르며 해고당하거나 무대에서 내려와야 했다.

당시 많은 유대 지식인들은 진보 성향을 보였기에 요주의 대상이

---

4) 1950년대 미국을 휩쓴 극단적이고 초보수적인 반(反)공산주의 선풍.

될 수밖에 없었다. 극작가 아서 밀러, 레너드 번스타인, 시인 및 극작가인 베르톨트 브레히트 등과 함께 찰리 채플린은 예술계의 대표적인 피해자였다. 〈모던 타임즈〉와 〈위대한 독재자〉 등으로 사회 비판적인 영화를 만들었던 채플린은 공산주의자로 몰려서 그의 영화는 상영이 중단되었다. 영화 홍보 차 외국에 나갔던 채플린은 결국 귀국을 거절 당했다. 강제 추방된 것이다. 어쩔 수 없이 가족과 함께 스위스에 둥지를 튼 채플린은 1972년 아카데미 시상식에서 특별상을 받기 위해 20년 만에야 미국 땅을 밟을 수 있었다.

미국 영화계를 주름잡는 유대인들

찰리 채플린 외에도 수없이 많은 유대인 배우와 감독, 제작자들이 있지만, 현존하는 영화인 가운데 가장 유명한 사람은 스티븐 스필버그일 것이다. 스필버그는 영화 〈죠스〉로 세인들의 뇌리에 강하게 어필하며 그의 이름을 알렸다. 그에게 돈벼락을 안겨준 〈이티〉, 〈인디아나 존스〉 등 스필버그의 초기 SF, 어드벤처 영화는 현재 할리우드 블록버스터 영화의 원형으로 꼽힌다.

그의 영화는 50여 년 동안 수많은 주제와 장르를 넘나들었다. 그러면서도 흥행 또한 놓치지 않았다. 그는 〈이티〉로 7억 9,000만 달러의 흥행을 올려 세계 1위를 기록한 뒤 〈주라기 공원〉의 9억 1,000만 달러로 자신의 기록을 깼다. 그는 첫 작품 〈죠스〉로도 1위를 차지했으니 세계 1위의 흥행 기록을 세 번이나 깬 유일한 감독이다. 게다가 작품성까지 놓치지 않아 1993년 〈쉰들러 리스트〉와 1998년 〈라이언 일병 구하기〉로 아카데미 감독상을 두 번이나 수상했다.

지금도 할리우드 대부분 영화 제작사는 유대인들이 운영하고 있다. 유대인 감독도 많은 편이다. 스티브 스필버그를 비롯해 우디 앨런, 올리버 스톤, 스탠리 큐브릭, 로만 폴란스키, 배리 레빈슨, 시드니 폴락, 밀로스 포만, 마이크 니콜스, 벤 스틸러 등이 모두 유대인 감독들이다.

제작자와 감독뿐 아니라 헐리우드에는 많은 유대인 배우들이 있다. 유대인 제작자와 감독들이 같은 값이면 유대인 배우들을 쓰기 때문이다. 여배우들 중에는 험프리 보가트의 아내 로렌 바콜, 아카데미에 최다 후보로 오른 기록을 갖고 있는 명배우 메릴 스트립, 가수 겸 배우이자 제작자인 바브라 스트라이샌드가 잘 알려진 유대인이다. 그녀의 첫 남편이었던 〈오션스 일레븐〉의 엘리어트 굴드 역시 유대인이다.

역시 가수 겸 배우인 〈로즈〉의 베트 미들러, 〈애정의 조건〉의 데보라 윙어, 〈세익스피어 인 러브〉의 기네스 펠트로, 〈가위손〉의 위노나 라이더, 〈어벤져스〉의 스칼렛 요한슨도 유대인이다. 〈레옹〉과 〈블랙 스완〉의 여주인공인 나탈리 포트만 역시 유대인으로 하버드대 심리학과 출신의 재원이다. 〈섹스 앤 더 시티〉의 사라 제시카 파커와 그녀의 남편인 매튜 브로데릭 역시 유대인이다.

남자배우로는 게리 그란트를 비롯, 폴 뉴먼, 피터 포크, 율 브린너가 있다. 율 브린너는 몽골에서 태어난 몽골계 유대인이다. 마이클 더글라스와 그의 부친인 커크 더글러스, 〈트루 라이즈〉의 제이미 리 커티스와 그의 부친인 토니 커티스는 대를 잇는 유대인 배우들이다.

〈인디아나 존스〉 시리즈로 유명한 해리슨 포드, 〈졸업〉의 더스틴 호프만, 〈해리가 샐리를 만났을 때〉의 빌리 크리스탈, 〈아이언 맨〉의 로버트 다우니 주니어, 〈메리에겐 뭔가 특별한 것이 있다〉의 벤 스틸러, 〈X파일〉의 데이비드 듀코브니, 〈간디〉와 〈쉰들러 리스트〉의 벤 킹슬리, 〈해리포터〉의 주인공 다니엘 래드클리프, 감독 겸 배우인 멜 브룩스, 그 외에도 다니엘 데이 루이스, 숀 펜, 스티븐 시걸, 아담 샌들러 등 이름만 들어도 알 만한 영화인들이 모두 유대인이다. 위키백과사전에 현재 소개된 유대인 배우만도 295명이다.

할리우드에서 유대인이 성공할 수 있었던 이유

영화는 다른 어떤 수단보다도 문화적으로 큰 영향을 주고 있다. 그런데 세계 영화관에서 상영되는 영화의 절반 이상이 할리우드 영화다. 할리우드 영화가 세계인의 문화 생활과 의식에 절대적인 영향력을 미치고 있는 것이다.

미국인들의 정신을 '생산'해내는 할리우드는 유대인 인맥으로 구성되어 있다. 오늘날 할리우드에서 활동하고 있는 작가, 제작자, 감독 등의 60% 이상이 유대인이라고 하니, 배역, 자금 조달, 시나리오 판매 등 모든 면에서 유대인의 입김 없이는 일을 따기가 어려운 형편이다. 그렇기 때문에 할리우드에서 성공하려면 먼저 탄탄한 유대인 인맥이 있어야 한다.

할리우드에서 가장 영향력 있는 집단이 유대인이라는 점은 결코 우연이 아니다. 할리우드는 처음부터 유대인의 손에 의해 만들어졌기 때문에, 지금도 할리우드의 구석구석 그들의 영향이 미치지 않는 곳이 없다.

그렇다면 할리우드 영화판에서 유대인들이 이렇게 성공할 수 있었던 이유는 무엇일까? 먼저 영화 산업이 풍부한 상상력과 창의성을 지닌 유대인에게 딱 알맞은 분야이자 돈이 되는 사업이었기 때문이다. 또한 유대인들은 강한 협동심과 인적 네트워크를 바탕으로 협업과 분업에 강하다. 영화야말로 협업과 분업이 필요한 산업이다. 유대인들은 각자의 위치에서 제작자, 시나리오 작가, 감독, 배우, 작곡가, 배급자, 극장주로서 실력을 쌓고 이 신종 '종합예술'을 진두지휘하였다. 유대인의 전형적인 특기를 발휘하여 영화 산업 전체의 프로세스를 장악하며 지금의 독점적 지위를 확보한 것이다.[5]

---

5) 육동인, 《0.25의 힘 : 유대인에게 배우는 인생경영법》, 아카넷, 2009.

3
백화점 유통업, 창의성으로 진화하다

 백화점 유통업의 발달 과정을 보면 유대인들의 고객 지향적인 창의성을 엿볼 수 있다. 1800년대에 유럽에서 뉴욕으로 이민 온 유대인들은 가난했다. 그들은 주로 3D 업종의 힘든 일을 했는데, 그중 대다수가 맨해튼 동부 셋방에 몰려 살면서 열악한 봉제업에 종사했다.

상술에서도 빛나는 유대인의 창의성

 당시 유대인 근로자들은 3분의 2 정도가 봉제업에 종사하며, 새벽부터 밤늦게까지 일한 대가로 남자는 6달러, 여자는 3~5달러를 받았다. 그 외에 장사하는 사람들도 자본이 없다 보니 싸구려 제품의 행상이 대부분이었다.

예로부터 유대인들은 상술에서도 창의성을 발휘해왔다. 유대인 행상들은 돈이 좀 모이자 유대인 특유의 고객 지향적인 아이디어를 내놓았다. 기존 행상은 개별 품목만을 팔거나 기껏해야 잡화류, 액세서리류, 주방 식기류, 직물류 등 전문 품목만을 취급했다. 하지만 유대인들은 고객 편의를 위해 이 모든 제품들을 한꺼번에 팔았다. 제품 종류를 다양하게 갖춘 만물상이 되어 여러 물건을 손수레에 싣고 다니며 판 것이다. 점점 더 물건이 다양해지자 이번에는 큰 트럭에 가득 싣고 다니며 팔았다. 당시로서는 획기적인 일이었다. 그간 단일 품목의 행상들이 오기만 기다려야 했던 고객들로서는 온갖 종류의 상품을 한꺼번에 접할 수 있으니 이보다 더 편리할 수 없었다.

규모가 커지자 큰 트럭으로도 감당하기가 어려웠다. 이번에는 또 다른 아이디어가 등장했다. 더 많은 물건을 한 장소에서 팔 수 없을까 생각한 것이다. 구매자도 한 곳에서 여러 가지 물건들을 고루 살 수 있으면 좋을 것 같았다. 그 뒤로 한군데에 점포를 열고 여러 종류의 물건을 갖춰놓고 파는 대형 잡화점들이 나타났다. 돌아다니던 만물상이 규모를 키워 한곳에 물건을 펼쳐놓고 팔기 시작한 것이다.

1850년 무렵부터 상품 종류를 칸막이 형태로 구분해놓고 파는 업태들이 출현했다. 이들이 바로 'dry goods store'라 불리는 잡화점이었다. 근대적인 백화점으로 발전되기 바로 직전의 단계였다.

백화점으로 진화하다

그 뒤 업체 간 경쟁이 심해지고 고급화 및 품목 다양화를 추구하면서 이들이 백화점으로 진화하게 된다. 그들의 지향점은 다양한 상품 구성과 원스톱 쇼핑이었다. 한마디로 고객 중심 경영이었다.

이 즈음은 미국이 자본주의 발흥기를 거쳐 성장기에 진입하며 철도나 우편제도 등 각종 사회 간접자본의 확충이 빠르게 이루어지던 때였다. 이처럼 도시화가 급속히 진전되는 속에서 공공 교통수단과 대중 광고의 발달은 백화점의 출현을 가능케 했다.

가장 먼저 생긴 백화점은 1858년에 창업한 뉴욕의 메이시스 백화점이다. 메이시스 백화점의 성공을 계기로 오랫동안 행상을 하던 독일계 유대인 카우프만은 1868년 피츠버그에 엠포리엄 백화점을 세웠다. 그 뒤 유대인들은 주요 도시마다 대표적인 백화점을 하나씩 열었다. 매그닌은 샌프란시스코에, 파일린즈는 보스턴에, 김블즈는 밀워키에, 메이시스와 알트만스는 뉴욕에 각각 본점을 두었다.

또한 뉴욕에서 작은 상점으로 시작해서 거대한 백화점을 이룬 유대인들도 많이 나왔다. 바이에른 출신의 벤저민 블루밍데일 일가는 1861년 옷 가게에서 시작해 1872년 뉴욕에 직물 잡화점을 열었는데, 1888년 이스트사이드의 백화점은 종업원 1,000여 명으로 커졌다. 알트만 형제 백화점의 종업원은 1,600명이나 되었다.

백화점의 발달과 번영은 1900년부터 1920년 사이에 본격적으로 이루어졌다. 뱀버거, 니먼 마커스 등 유대인 대형 백화점들은 미국 전역에 유통망을 갖추었다. 유대인 형제 이지도르와 네이션 스트라우스는 메이시스 백화점을 인수했다. 이 밖에도 스턴 브루클린의 아브라함 앤 스트라우스와 짐벨, 슈테른 등 대부분의 백화점들이 유대인 소유였다.

키도시 하셈과 정찰제의 등장

> "너희는 재판에든지 도량형에든지 불의를 행치 말고 공평한 저울과 공평한 추와 공평한 에바와 공평한 힌을 사용하라. 나는 너희를 애굽 땅에서 나오게 한 너희 하느님 여호와니라(레위기 19:35-36)."

유대인들은 장사할 때 '키도시 하셈'을 따른다. 이 말을 직역하면 '이름을 거룩하게 한다'는 의미이다. 다시 말하면 이름을 더럽히지 말아야 한다는 뜻으로 자신이나 가문뿐 아니라 동족의 이름도 더럽히지 말아야 한다는 의미까지 품고 있다.

또한 이는 상인이 해서는 안 되는 세 가지를 말한다. 첫째는 상품에 대해 과대 선전을 하지 말 것, 둘째는 상품 값을 올리기 위해 저장해 두지 말 것, 셋째는 상품을 재는 자나 말 같은 계량을 속이지 말 것.

미쉬나 탈무드 시대부터 유대인들은 계량기를 감독하는 관리가 있었다. 여름과 겨울에는 크기를 재는 줄도 다른 것으로 사용했다. 줄도 날씨에 따라 늘거나 줄 수 있기 때문이다. 랍비 라바라는 인간이 죽어서 하늘나라에 가면 제일 먼저 묻는 말은 "그대는 장사꾼으로 정직했는가?"라고 말했다.

유대인들은 항상 기노시 하셈을 염두에 두고 장사를 하므로 좀처럼 남을 속이는 법이 없다. 그들은 물건을 싸게 사서 비싸게 파는 것은 속이는 것이 아니고 상술이라 생각한다. 백화점을 운영하는 유대인들도 처음에는 물건을 싼값에 사들여 비싼 값에 팔았다. 대량으로 사니 더 싸게 살 수 있었다. 하지만 나중에는 경쟁이 치열해져서 서로 조금이라도 싸게 팔려다가 서로 손해를 보게 되었다. 그래서 백화점에서 정찰제가 시행된 것이다.

유대인은 장사를 하면서도 "유대인은 하나다. 하나로 뭉쳐야 산다. 그들은 같은 길을 걷는 사람들이다"라고 생각한다. 갈대 하나는 어린아이라도 쉽게 꺾을 수 있지만 한 묶음이 되면 제아무리 힘센 사람도 꺾을 수 없다는 이야기를 어려서부터 들어온 탓이다.

《탈무드》에 의하면 유대 상인은 항상 좋은 품질의 상품만을 팔아야 한다. 그리고 물건을 판 뒤 구매자가 물건의 결함을 발견하고 불평할 경우에는 언제나 물건을 바꾸어주거나 돈으로 물러주어야 한다. 또 물건을 사 간 사람은 일주일 동안 이웃 사람이나 전문가에게 산 물건을 보여주고 그들의 의견을 들을 권리가 있다. 그리고 잘못된 물건을 샀다고 판단될 경우 반품할 수 있다. 왜냐하면 자기가 잘 모르는 물건을 사게 될 경우 산 사람은 그것이 괜찮은 것인지 당장 판단할 수 없기 때문이다. 그래서 《탈무드》에서는 언제나 물건을 파는 쪽보다 사는 사람들을 우선시한다.[6]

---

6) 한상휴의 생활칼럼, 〈유대인의 삶의 지혜〉, www.webegt.com.

유통업의 대부, 시어스로벅의 로젠월드

그 무렵 업체들은 통신판매에 눈을 떴다. 이 가운데 하나가 시어스로벅Sears Roebuck 백화점이다. 시어스로벅의 창업주는 유대인이 아니다. 하지만 회사를 성장시킨 주역은 유대인이었다. 경영학자 피터 드러커는 "시어스로벅을 키운 것은 창업자 시어스가 아니라 로젠월드"라고 단언했다.

시어스가 광고 물량전으로 흠 있는 물건들을 속칭 '땡처리' 하면서 반짝 재미를 본 뒤 영업이 주춤거릴 때였다. 시어스는 영업 부진을 타개하기 위해 전문 경영인을 물색했다. 그는 재기 넘치는 의류 판매업자 줄리어스 로젠월드에 반해 그를 영입했다. 1895년에 로젠월드는 시어스로벅의 지분을 인수하여 경영에 합류하면서 혁신적인 판매 기법을 도입했다.

그는 농촌을 주목했다. 농부 개개인의 구매력은 낮더라도 미국 노동인구의 절반 이상을 차지하는 농부 집단의 구매력은 엄청날 것이라는 데 착안했다. 그의 무기는 체계적인 상품 계획, 우편 주문 카탈로그 제작, 무조건 환불, 자체 공장 설립, 기능별 조직 구성 등 다섯 가지 혁신이었다. 이때부터 미국 백화점의 '무조건 환불 정책'이 자리를 잡게 되었다.

그때까지의 오랜 상관습은 물건에 하자가 있거나 고객의 마음에 안 들 경우 이는 구매자의 위험부담이었다. 그러나 시어스로벅의 무조건 환불 정책이 도입된 이후로는 판매자의 위험부담이 되었다. 이것이

"고객이 만족하지 않으면 언제든지 환불한다"는 시어스로벅의 유명한 판매 정책이다. 이로써 로젠월드는 미국 경제 성장에 중요한 역할을 한 '유통혁명의 아버지'가 되었다.

혁신의 결과는 놀라웠다. 75만 달러에 머물던 매출이 5,000만 달러로 뛰었다. 시어스로벅의 우편 주문 카탈로그는《성경》다음으로 많이 보급된 책

시어스로벅을 단숨에 기업화시킨 주인공, 줄리어스 로젠월드.

자라는 말까지 나왔다. 매주 한 번씩 우편으로 배달되어 오는 시어스로벅의 카탈로그는 전화번호부 크기에 20만 종 이상의 상품이 담겨 있었다. 이러한 카탈로그는 일반 상점 물품의 무려 1천 배에 이르는 것이었다. 물건 가격 또한 상당히 저렴했다. 게다가 산골 벽지까지 카탈로그가 무료로 배달되었다.

여기에 창의성이 더해졌다. 1905년 시어스로벅은 '바이러스 마케팅Virus Marketing' 최초 사례의 하나인 편지를 발송했다. 아이오와주 우량 고객들을 대상으로 친구 가운데 카탈로그를 보내주고 싶은 사람 24명을 추천해줄 수 있는지 물어보는 편지였다. 이를 받은 우량 고객들이 시어스로벅에게 24명의 추천자 명단을 알려주면, 그들에게 카탈로그를 보냈다. 그리고 새로 카탈로그를 받은 사람이 주문을 할 경우 그들을 소개해준 우량 고객들은 소개 대가로 스토브나 자전거, 재봉틀 등을 선물로 받을 수 있었다.

바이러스 마케팅이란 상품이 컴퓨터 바이러스처럼 확산·홍보되도록 하는 마케팅 기법이다. 이 아이디어는 말 그대로 바이러스처럼 퍼져나갔고 시어스로벅은 대박을 쳤다. 폭주하는 주문량 덕분에 그들은 우편 주문 창고와 사무용 빌딩을 따로 세워야 했다. 1906년에 개장한 빌딩은 건평이 8만 4,000평에 이르는 대규모였다. 1909년 로젠월드는 사장으로 취임했다.

시어스로벅은 1925년 올스테이트라는 브랜드로 타이어를 사들였고, 1931년에는 올스테이트라는 자동차 보험 사업도 시작했다. 1925년 최초의 소매점이 개설되어 소매점 매출이 우편 주문 사업을 능가했다. 2차대전 후 매출이 급상승해 1945년에 10억 달러를 넘어섰고 그 1년 뒤 배가 되었다. 시어스로벅은 1980년대에 K마트가 총 매상고를 앞지를 때까지 미국 최대의 유통 업체였다.[7]

대형 복합리조트 쇼핑몰 시대

이제 선진국 유통 트렌드의 중심에는 대형 복합리조트 쇼핑몰이 자리 잡은 지 오래다. 개인 소득 수준이 올라가면서 쇼핑, 외식, 공연, 리조트 등을 원스톱으로 즐길 수 있는 복합몰이 일반화됐기 때문이다. 뒤에 더 자세히 살펴보겠지만, 이러한 대형 복합리조트 트렌드를 선도한 셀던 아델슨 역시 유대인이다. 또한 유대인 건축가 다니엘 리베스

---

7) 크리스 앤더슨 지음, 이노무브그룹 옮김, 《롱테일 경제학》, 랜덤하우스코리아, 2006

킨드는 복합리조트 쇼핑몰의 디자인을 주도하고 있다.

　9·11 사태로 무너진 뉴욕 세계무역센터 재건 프로젝트의 총괄기획자이기도 한 다니엘 리베스킨드는 2008년 개장한 유럽 최대의 웨스트사이드 쇼핑센터를 비롯해 라스베이거스의 시티 센터 등을 디자인했다. 스위스 베른에 위치한 웨스트사이드 쇼핑센터의 특징은 전체의 20%를 차지하는 거대한 스파, 피트니스, 워터파크 시설로, 선데크, 월풀욕조, 로마식 욕탕, 수중 음악 감상 시설이 갖춰진 실내 풀장과 야외 풀장을 갖추고 있다. 이제는 이러한 대형 복합리조트 쇼핑몰이 백화점의 매출을 앞지르고 있다.

4
관광 산업, 창의성의 중요성을 웅변하다

관광 산업은 천혜의 환경 또는 조상으로부터 물려받은 문화유산이 있어야만 꽃을 피울 수 있는 건 아니다. 사막 위에 건설된 라스베이거스나 습지 위에 세워진 올란도의 디즈니월드를 보라. 이 도시들은 관광 산업을 진흥시키는 데 인간의 창의력이 얼마나 중요한지를 웅변해주고 있다. 그리고 이를 실현해낸 게 바로 유대인들이다.

현대식 카지노 호텔과 뷔페식 레스토랑의 등장

캘리포니아에서 네바다주로 가다 보면 만나는 사막이 있다. 모하비

사막이다. 이 한가운데 라스베이거스가 자리 잡고 있다.

1946년 라스베이거스 사막에 최초의 현대식 카지노 호텔인 플라밍고 호텔이 들어섰다. 플라밍고 호텔은 사실 라스베이거스에서 세 번째로 지어진 호텔이지만 현대식 카지노 시설을 갖춘 최고급 호텔로는 첫 번째다. 사막 한가운데서 라스베이거스의 미래를 내다보고 이런 최고급 호텔을 지은 사람이 유대인인 벅시 시겔이다.

19세기 미국의 마피아는 유대인파와 아일랜드파가 주도했다. 그 뒤 이탈리아 마피아가 가세했다. 가난한 러시안계 유대인의 아들로 태어난 벅시는 어린 시절부터 거리의 범죄자로 성장하여 마피아 조직에까지 가담하게 된다. 1930년대 뉴욕 암흑가를 지배하던 유대인 마피아는 서부 장악을 위해 벅시를 로스앤젤레스에 선발대로 파견한다. 이리하여 벅시는 1937년 서부 환락가를 통제하기 위한 폭력 조직을 만들라는 조직의 임무를 띠고 로스앤젤레스로 가게 된다.

벅시는 1940년대 초 동부 마피아와 협의차 뉴욕으로 가던 중 라스베이거스에 잠시 들렀다. 그 무렵 라스베이거스는 사막 한가운데 있는 볼품없는 작은 마을이었다. 사막 노동자들을 위한 숙소와 도박장을 겸한 선술집, 그리고 소규모 호텔 두세 개가 있는 정도였다. 당시 라스베이거스 인구는 고작 8,000명 남짓이었다.

이때 그에게 라스베이거스의 미래에 대한 큰 그림이 그려졌다. 그는 이 사막 한복판에 카지노 호텔을 세우면 장기적으로 수익성이 큰 사업이 될 것이라고 확신했다. 사막을 통과하는 차량이 많았기 때문에 사막의 오아시스 같은 곳이 될 것이라 생각한 것이었다. 벅시는 술·도

라스베이거스 사막에 세워진 최초의 현대식 카지노 호텔인 플라밍고 호텔.

박·여자, 이 세 가지를 조합한 환락가의 환영을 보며 라스베이거스에 대규모 호텔 카지노장을 건설할 마음을 먹게 된다. 그리고 이 계획에 회의적이던 조직 수뇌부를 설득해 600만 달러를 빌려 플라밍고 호텔을 건설하기에 이른다. 하지만 처음 개관 후 호텔은 파리만 날렸다. 초창기 라스베이거스는 지금처럼 번창하지 못했으므로 영업 실적이 좋지 않았다. 1947년 7월 벅시는 베벌리힐스 저택에서 수십 발의 총격을 받고 즉사했다. 뉴욕 마피아 킬러들이 그를 살해했다는 소문이 돌았다. 훗날 1991년 유대인 영화감독 배리 레빈슨이 그의 일대기를 〈벅시〉라는 영화로 만들었다.

그런데 그의 사후 벅시의 예견대로 카지노 사업이 돈이 되기 시작하자, 유대인 마피아 조직이 몰려들었다. 라스베이거스 개발 초기에 이곳을 도박 도시로 키우는 데 유대인 마피아의 힘이 컸다. 이를 계기로 사막 한가운데의 작은 마을이 천지개벽하여 카지노와 컨벤션 산업의 중심지가 되었다.

1950년대부터 호텔과 카지노 붐이 일었던 라스베이거스 카지노 호텔들은 어떻게 하면 고객들을 좀 더 많은 시간 동안 호텔 내에 머무르게 할 수 있을까를 연구하였다. 그래서 손님의 가장 중요한 식사를 외부의 다른 레스토랑에 뺏기지 않기 위한 연구에 골몰했다. 여기서 나온 아이디어가 뷔페였다. 손님이 원하는 모든 종류의 식사를 한자리에서 한꺼번에 제공하는 것이었다.

뷔페는 원래 바이킹의 식사 방법이었다. 하지만 라스베이거스 카지노 호텔들이 뷔페식 레스토랑을 만들기 시작하면서 전 세계적으로 널리 알려지게 되었고, 그 덕에 지금은 세계인에게 사랑받는 대중적 식사 형태로 자리 잡게 되었다.

오늘날의 라스베이거스를 만든 커크 커코리언

벅시 시겔의 뒤를 이어 라스베이거스를 키운 사람은 유대인 큰손 커크 커코리언이다. 이 사막 한가운데의 도시는 커크 커코리언에 의해 메가 리조트급의 도박 도시로 거듭나게 된다.

아르메니아계 유대인 커코리언은 8학년 때 학교를 중퇴하고 아마추어 웰터급 챔피언을 차지할 만큼 권투선수로서 자질을 보이기도 했다. 하지만 1939년 어느 날 우연히 경비행기를 타본 그는 그 일을 계기로 완전히 비행에 매료되어버린다. 이후 인근 비행 학교 교관 집에서 소를 관리하고 우유를 채집해주는 대가로 무료 비행 레슨을 받고, 조종사 면허를 따 조종사로서 꽤 돈을 모으게 된다.

1944년 처음 라스베이거스로 비행을 가본 커코리언은 1947년에 로스엔젤레스에서 라스베이거스로 도박을 하러 가는 관광객들을 실어

나르기 위해 6만 달러를 주고 비행기를 구입하여 트랜스인터내셔널항 공이라는 회사를 설립한다. 그리고 융자를 얻어 비행 연료와 퇴역 폭격기 등에도 투자하여 큰돈을 벌었다.

그는 1962년 라스베이거스의 스트립거리 토지 80에이커(약 9만여 평)를 매입하는데, 이 거리에 시저스팰리스 호텔이 들어서게 된다. 로마제국을 상징하는 호화 호텔로 손님을 로마 황제처럼 모시겠다는 뜻이 담겨 있는 시저스팰리스 호텔이 큰 성공을 거두자, 이후의 라스베이거스 호텔들은 특정 테마를 주제로 건설되었다. 그의 토지는 라스베이거스 최고의 요지가 된다.

1967년에는 라스베이거스 파라다이스거리 82에이커를 500만 달러에 사들이고 이듬해 스트립거리의 땅을 900만 달러에 판다. 커코리언은 벅시가 세운 플라밍고 호텔을 1,250만 달러에 인수하여 라스베이거스힐튼으로 개명하여 운영했다. 이를 1969년 힐튼 호텔 체인에 6,000만 달러를 받고 되팔고 그 돈으로 당시 세계에서 제일 큰 호텔인 인터내셔널 호텔을 건설했다.

그는 대형 호텔 개장 초기에 손님을 유도하기 위해 새로운 시도를 했다. 빅쇼를 도입한 것이다. 로큰롤의 제왕 엘비스 프레슬리와 유대인 바브라 스트라이샌드를 영입하여 호텔에서 매일 공연을 벌였고, 놀랍게도 하루에 4,200명의 손님이 이 공연을 보기 위해 한 달

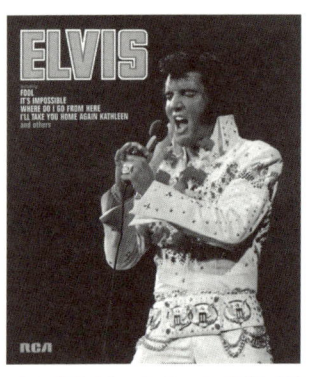

라스베이거스 카지노 쇼 초창기의 흥행을 이끈 엘비스 프레슬리.

내내 몰렸다. 이것이 라스베이거스 카지노 쇼의 효시였다. 호텔이 자리 잡자 이 역시 곧바로 힐튼 호텔 체인에 1억 달러를 받고 팔았다.

한편 그는 1968년 그의 항공사를 1억 400만 달러에 팔아 그 돈으로 이듬해 MGM 영화사 지분 40%를 사들였다. 그는 MGM 이름으로 라스베이거스에 MGM 호텔을 건축하여 엠파이어스테이트빌딩보다 더 큰 건물을 세웠다.

그 뒤 커코리언은 1981년 유나이티드 아티스트 영화사를 3억 8,000만 달러에 사들여 이를 1986년 이탈리아계 회사에 13억 달러에 팔아 엄청난 부를 축적했다. 같은 해 MGM 호텔을 거의 6억 달러에 발리 그룹에 매각, 이 호텔은 발리 호텔로 이름이 바뀌게 된다.

커코리언은 그 뒤에도 유명한 카지노 호텔 여러 개를 건축한다. 벨라지오, MGM 그랜드리조트컴플렉스, 뉴욕뉴욕, 서커스서커스, 룩소, 엑스칼리버, 트레저아일랜드 등이 모두 그의 작품이다. 오늘날의 라스베이거스는 그에 의해 만들어졌다고 보아도 무리가 아니다. 그는 살 때와 팔 때를 아는 천부적 재능을 갖고 있었다. 이후 그는 기업 사냥꾼의 길을 걷게 된다.

환락의 도시에 전시 컨벤션 산업의 장을 열다

그 다음으로 라스베이거스를 카지노 관광 도시에서 전시 컨벤션 도시로 바꾼 유대인이 셸던 아델슨이다. 환락의 도시가 비즈니스 도시로 바뀐 것이다. 일생일대의 아이디어는 1971년에 찾아왔다. 아델슨은 컴퓨터 잡지사를 경영했는데 그는 자신의 잡지사가 컴퓨터 전시회를 주최할 수 있다는 점에 착안했다.

아델슨은 바로 실행에 옮겼다. 세계 최대 IT 박람회로 유명한 '컴덱스COMDEX 쇼'가 1979년 라스베이거스 MGM 호텔(현 발리 호텔)에서 처음 개최된 것이다. 당시 제곱피트(가로, 세로 30cm 면적)당 50달러를 참가 수수료로 받고 대관료로는 15센트를 내는 고수익 비즈니스를 창출했다. 이런 성공을 발판으로 미국 내 다른 도시와 유럽, 일본에서도 컴덱스쇼를 열기 시작했고, 이후 컴덱스쇼는 세계 최대 전시회로 발전했다.

아델슨은 우크라이나에서 보스턴으로 이민 온 유대인 운전기사의 아들로 태어나, 부모와 5형제가 모두 원룸에서 살 정도로 가난한 어린 시절을 보냈다. 그는 12세 때 삼촌에게서 빌린 200달러로 보스턴 인근에서 2개의 신문 가판대를 열면서 비즈니스 세계에 입문했다. 이후 캔디 가게, 아이스크림 판매상, 속기사, 모기지 브로커, 투자 자문가, 여행사 사장, 벤처 캐피탈리스트 등 직접 경험해본 직업만 50개가 넘는다. 그러다 마침내 그는 카지노와 환락의 도시 라스베이거스에서 최초의 대형 전시회인 컴덱스쇼를 기획하여 일약 거부의 길로 들어선다. 창의력의 힘이었다.

원래 라스베이거스에는 비슷비슷한 호텔과 카지노 일색이었다. 그런데 1959년에 시에서 전시 컨벤션 센터를 하나 세웠다. 아델슨은 대규모 컴덱스쇼 개최를 위해 1989년 라스베이거스에 민간기업으로는 처음으로 대형 전시 컨벤션 센터를 지었다. 아델슨은 컴덱스쇼를 크게 키운 후 1995년 일본의 소프트뱅크에 이를 무려 8억 6,000만 달러를 받고 매각했다. 그는 라스베이거스를 도박, 관광 산업 이외에 전시 컨벤션 산업으로 크게 성장시킨 장본인이다. 이렇게 오늘날의 라스베이거스를 있게 한 사람들인 벅시 시겔, 커크 커코리언, 셸던 아델슨이 모두 유대인이다.

떠오르는 마이스 산업

아델슨의 최고 업적은 복합리조트라는 개념을 처음 도입해 라스베이거스를 '마이스 산업'의 중심지로 탈바꿈시킨 것이다. 마이스^{MICE} 산업이란 회의^{Meeting}, 포상 관광^{Incentives}, 컨벤션^{Convention}, 전시회^{Exhibition}를 지칭하는 것으로 이들의 머리글자를 따 마이스라 통칭한다.

라스베이거스 복합리조트는 호텔과 컨벤션 센터뿐 아니라 대규모 쇼핑몰과 극장, 박물관, 카지노는 물론 유니버설 스튜디오 등 엔터테인먼트 단지까지 모두 갖춘 종합 비즈니스·레저타운이다. 이곳에 오면 각종 모임부터 가족 단위 관광까지 최상의 서비스를 누릴 수 있도록 설계되어 있다. 한마디로 모든 걸 한곳에 모아놓고 고객을 만족시킨다는 개념이다.

라스베이거스는 이제 카지노를 뛰어넘는 마이스 산업이 도시를 이끌고 있다. 매년 2만 건 내외의 사업 미팅과 컨벤션이 라스베이거스에서 개최되며, 이를 통해 수만 명의 고용 창출과 높은 내수 진작 효과가 입증되면서 '21세기 굴뚝 없는 황금 산업'으로 자리매김하고 있다.

플로리다 올란도에 세워진 디즈니월드도 늪지 위에 건설되었지만 지금은 전 세계적인 관광 자원으로 성장했다. 월트 디즈니는 플로리다의 늪지를 보고 디즈니월드를 생각했다. 어머니가 스페인계 유대인으로 알려진 월트 디즈니는 남들은 다 못 쓰는 땅이라고 버려진 늪지를 보고 습지와 호수를 잘 이용하여 놀이동산을 만들면 멋진 그림이 나올 수 있다고 보았다. 이렇게 사막과 늪지일지라도 인간의 상상력과 의지만 있으면 얼마든지 훌륭한 관광 자원으로 탈바꿈시킬 수 있다는 것을 유대인들은 증명해 보였다.

마카오의 토박이 유대인, 스탠리 호

그 뒤 셸던 아델슨은 라스베이거스에 머물지 않고 해외로 눈을 돌렸다. 아델슨의 시야는 이미 라스베이거스의 사막을 넘어 세계를 향해 가고 있었다. 아델슨은 1934년생으로 고령이지만 그의 비즈니스 열정만은 700년 전 마르코 폴로처럼 동서양을 넘나들었다. 실제로 마카오에 첫 사업을 진출시킬 때 그는 마르코 폴로에게서 영감을 얻었다고 했다. 그는 40년 넘게 지속된 마카오의 카지노 운영 독점 체제가 해체되기를 기다렸다.

그 무렵 마카오의 지배자는 포르투갈 총독도 삼합회도 아닌 '카지노 황제' 스탠리 호였다. 마카오 정부 세수의 60% 이상을 차지하는 카지노 산업이 그의 손아귀에 있었다. 그가 마카오 정청으로부터 카지노 산업의 독점권을 획득한 것은 1961년으로 장장 50년간 마카오의 돈줄을 잡고 있었던 셈이다.

재미있는 점은 중국인인 그도 유대계라는 점이다. 유대계 중국인 3세로 그의 할아버지가 유대인이다. 스탠리 호는 포르투갈 지배 아래에서는 마카오 카지노의 1인 독점 체제를 영위하였다. 하지만 마카오가 포르투갈에서 중국 지배로 넘어오면서 그는 더 이상 1인 천하의 황제로 남을 수 없었다. 기존의 카지노 독점권이 2001년 만료되어 경쟁 체제로 바뀌었기 때문이다.

하지만 스탠리 호가 마카오 경제에 기여하는 비중은 여전히 막강하다. 리스보아 호텔 카지노를 비롯해 그가 경영하는 10개의 카지노장은 사업체 일부에 지나지 않는다. 그가 총수로 있는 '마카오 여행관리공사STDM'는 카지노를 비롯해 호텔, 경마장, 골프장, 선박업까지 거느리고 있다. 마카오~홍콩 간 페리선 운항도 그가 독점권을 갖고 있으며, 마카오 여행관리공사와 관련해 밥을 먹고 사는 사람이 마카오 인구의 30%에 이를 정도다.

마카오, 라스베이거스를 추월하다

아델슨은 독점 체제가 해체되기 무섭게 2004년 5월 외국인으로는 처음으로 마카오에 카지노를 개설했다. 마카오 반도의 중심부에 위치한 샌즈 마카오 호텔은 바다와 시가지 전경이 환히 보이는 호화로운 289개의 객실을 가지고 있다. 이 호텔은 2억 4,000만 달러의 투자 자금을 불과 10개월 만에 전액 회수하여 카지노 업계에 '샌즈 효과'라는 신조어를 남겼다.

샌즈 마카오 카지노에서는 테이블당 하루 평균 6,100달러를 거둬들인다. 라스베이거스의 베네치아 호텔보다 50% 많은 금액이다. 당시 중국의 1인당 국민 소득은 미국의 34분의 1밖에 안 되었지만, 라스베이거스의 도박꾼들이 게임당 평균 25달러를 걸 때 중국인들은 85달러를 걸기 때문이다.

2007년 8월, 샌즈 마카오 호텔 투자금의 거의 10배에 달하는 23억 달러를 들여 세운 세계 최대 규모의 카지노가 마카오에 탄생했다. 단일 건물로는 세계 2위이자 아시아에서는 가장 큰 실내 공간을 갖고 있는 베네시안 마카오 리조트가 오픈한 것이다. 개관 일주일 만에 50만 명을 끌어모은 이 리조트는 라스베이거스의 베네시안 리조트를 그대로 옮겨 놓은 형상이지만, 시설이나 규모 면에서는 마카오가 훨씬 더 크고 웅장하다. 또한 이탈리아 베네치아의 운하와 곤돌라까지도 그대로 옮겨 놓았다.

베네시안 마카오 리조트는 숙박, 쇼핑, 레저 등 모든 것이 한곳에서 이루어지는 대형 복합리조트이다.

운하 거리에는 350개의 매장들과 30여 개의 레스토랑이 있고, 각종 명품 브랜드 제품 등이 있어 쇼핑의 중심이 되고 있다. 그 유명한 태양의 서커스의 자이아 공연, 3,000여 전 객실의 스위트룸화와 수영장, 골프장까지 있는 베네시안 마카오 리조트에서는 며칠간 머무르면서 즐길 수 있는 모든 것들이 모여 있다.

아델슨은 2009년 말까지 마카오에 130억 달러의 자금을 쏟아 부었다. 그리고 마카오를 세계 최대의 카지노와 마이스 산업의 중심지로 바꾸어놓았다. 라스베이거스를 추월한 것이다. 대단한 안목과 추진력이었다. 그즈음 불어 닥친 세계 금융 위기에도 불구하고 투자는 계속되어 샌즈코타이 센트럴 등 마카오에 4개의 대형 리조트를 완공하였다. 마카오는 이미 2010년에 연 3,000만 명이 넘는 관광객들로부터 게임 수입만 150억 달러 이상 벌어들이고 있다. 라스베이거스의 두 배가 넘는 수익이다. 또한 마카오는 2015년까지 타이파 섬과 콜로안 섬 사이의 매립지에 총 150억 달러를 투자해 이곳을 종합 휴양지로 만든다는 계획을 발표했다.

싱가포르의 결단, 서비스 산업

아델슨은 싱가포르에도 진출하여 그 유명한 복합리조트 마리나베이 샌즈 리조트를 건설했다. 시공은 우리나라 쌍용 건설이 맡았다.

마리나베이 샌즈 리조트^{MBS}는 바다를 메워 조성한 11만 9,000m^2의 매립지에 자리 잡고 있다. 2,500여 개의 객실을 갖춘 최고 55층짜리 호텔 3개동과 컨벤션 센터, 쇼핑몰, 레스토랑, 극장, 전시관 등이 들어서 있는 복합리조트다. 호텔 옥상에 마련된 축구장 4배 크기의 수영장은 세계적인 명소로 떠올랐다.

싱가포르는 서울 정도의 면적에 인구 400여 만 명이 거주하는 아주 작은 도시국가다.

마리나베이 샌즈 리조트의 웅장한 외관.

1965~97년 국내총생산^{GDP} 평균 성장률 9%를 기록해온 싱가포르는 1997년 금융 위기와 2000년대 초 미국의 경기 침체 등을 겪으며 새로운 성장 동력이 필요했다. 그들이 찾은 결론은 제조업과 병행해 서비스 산업을 적극 발전시켜야 한다는 것이었다. 이에 일자리 창출과 내수 진작, 연관 산업 발전 효과가 높은 관광 산업을 적극 육성하기로 한다. 그리고 2005년 복합리조트를 국가 정책적 차원에서 도입하기로 결정했다.

싱가포르의 국부^{國父} 리콴유^{李光耀} 전 총리도 당초 자신의 눈에 흙이 들어가기 전에는 카지노를 허락하지 않겠다고 공언했었다. 하지만 결국 소신을 접었다. 그는 카지노를 싫어했지만 세상은 변하여 라스베이거스와 같은 복합리조트가 없다면 관광 산업과 마이스 산업을 제대로 펼칠 수 없다는 것을 알았다. 이 노정객은 국익 우선에 대한 신념을 밝혔고, 치열한 토론 끝에 야당도 결국 동의했다. 그 뒤 싱가포르 역시 관광업을 미래 핵심 전략 산업으로 설정하고 드디어 2010년 두 개의 대형 카지노를 개장했다. 이로써 아델슨은 싱가포르에서도 카지노 허가를 받은 첫 미국인이 되었다.

싱가포르의 2010년 상반기 GDP를 비약적으로 성장시킨 마리나베이 샌즈는 57억 달러짜리 카지노 리조트였다. 이곳은 2011년 60억 달러의 매출을 올렸고, 덕분에 싱가포르 관광 산업 규모는 17% 성장했다. 도덕 국가이자 세계적인 금융과 물류 중심지인 싱가포르 역시 이렇게 미래 성장 동력으로 국제회의, 인센티브 관광, 컨벤션, 전시 등의 복합 부가가치 산업인 마이스를 선택하면서 관광 대국으로 급부상하였다. 내국인 출입이 전격 허용된 마리나베이 샌즈 카지노의 경우 하루 방문객이 최대 15만 명에 이른다.

또한 센토사 섬에 지은 리조트월드 센토사는 가족형 복합리조트로, 49만m^2의 부지에 카지노, 호텔 6개를 비롯해 동남아 최초로 유명 테마파크인 유니버설 스튜디오를 유치했다. 마리나베이 샌즈와 리조트월드 센토사는 개장 첫해인 2010년 총 43억 달러를 벌어들였다. 리조트 개장 이후 싱가포르를 찾는 관광객 수는 20.2% 증가했다. 당시 전 세계적인 경기 침체 속에서도 싱가포르의 경제 성장률은 14.5%를 기록했으며, 싱가포르 정부의 세수도 7.75% 증가했다.

필리핀도 복합리조트 개발에 나섰다. 리조트월드 마닐라가 완공 단계이고, 마닐라 해안 매립지에도 4개의 카지노를 포함한 '엔터테인먼트 시티' 건설을 추진하고 있다. 말레이시아는 해발 1,772m 고지대에 복합리조트 겐팅 하일랜드를 지어 매년 1,900만 명의 관광객을 끌어모으고 있다.

마이스 산업에 최적의 입지 조건을 갖춘 영종도

아델슨은 마리나베이 샌즈에서 가진 공식 기자회견에서 "한국을 마카오와 싱가포르에 이어 아시아의 세 번째 투자처로 보고 있다"면서 "특히 서울이나 인천 영종도가 카지노가 포함된 복합리조트 위치로 좋다"고 말했다. 그는 또 한국 신문과 인터뷰하면서 다음과 같은 말을 남겼다.

"라스베이거스에는 카지노를 갖춘 대형 리조트가 25~30개나 됩니다. 경쟁이 아주 심하죠. 하지만 아시아 시장에서는 상대적으로 경쟁이 덜합니다. 마카오에도 도박장이 많이 있습니다만, 우리 건물에는 대규모의 컨벤션 시설이 있습니다. 여기에 각종 쇼를 위한 쇼룸과 350개의 상점, 25~30개의 레스토랑, 대규모 바^{bar}, 의료 관광객을 위한 병원이 있지요. 이런 복합리조트는 마카오에서 우리가 유일합니다. 전체 1,050만m^2 가운데 카지노는 40만m^2 미만이니까 전체의 4% 미만에 불과합니다. 우리는 이런 모델을 통해 라스베이거스를 바꿨고, 지금은 싱가포르를 바꾸고 있습니다. 다음에는 서울, 인천, 부산을 바꾸고 싶습니다."

그는 중국 부^{富}의 60%가 모여 있는 중국 동부 연안 지역을 마주보고 있는 한반도 서해안, 즉 영종도에 마카오를 능가하는 새로운 꿈의 도시를 그리고 있다. 비행기로 3시간 이내 거리에 구매력 있는 도시의 숫자가 마카오나 싱가포르보다 훨씬 더 많고, 중국을 비롯해 세계 인구의 4분의 1이 몰려 있다. 이중에 인구 100만 명이 넘는 도시만 51개가 있다. 최적의 입지인 셈이다. 게다가 베이징, 상하이, 도쿄, 오사카 등 비교적 잘 사는 아시아인들이 몰려 있는 중국과 일본의 대도시에서는 마카오나 싱가포르보다 오히려 영종도가 더 가깝고 오기도 훨씬 편하다.

우리 경쟁국들은 전시 컨벤션, 카지노와 테마 파크, 가족 휴양지 등을 연계해 고객 다변화를 통한 경쟁력을 강화해나가고 있다. 우리도 마이스 산업을 본격적으로 육성하려면 종합 전시 컨벤션 시설과 휴양 레저 시설을 갖춘 대형 복합리조트를 관광 전략 산업으로 키워가야 한다. 이제는 마이스 산업이 미래 산업으로 성큼 다가오고 있다.

5
일당백의 유대인

"세상 모든 민족이 네 자손의 덕을 입어서 복을 받게 될 것이다(창세기 22:18)."

노벨상 수상자 5명 중 1명이 유대인

1901년 노벨상이 시작된 이래 유대인들은 민족으로는 가장 많은 수상자를 배출했다. 유대인 노벨상 수상자는 1901년에서 2011년까지 모두 180명으로 조사되었다. 이는 '국경 없는 기자회' 등 조직이나 단체를 뺀 개인 노벨상 수상자의 22%이다. 수상자 5명 가운데 1명 꼴이다.

특히 경제학 분야에서는 42%가 유대인이다. 의학 분야는 28%로 콜레라균의 발견자 로페르트 고호, 스트렙토마이신의 발견자 왁스만

등이 있다. 물리학 분야는 26%로 아인슈타인, 쿼크를 발견한 제롬 프리드먼 등이 있고, 그밖에 화약 분야 20%, 문학 분야 12%다.

이러한 정보를 제공하는 사이트인 '유대인 정보[8]' 측은 "가계의 절반 이상이 유대인인 경우로 한정했다"고 밝혔다. 나중에 폴란드계 유대인으로 밝혀진 2009년 노벨 의학상 수상자 잭 조스택 박사처럼 숨은 유대까지 포함하면 줄잡아 3분의 1은 넘는다는 이야기이다.

세계에 흩어진 유대인은 모두 1,400만 명 정도라 한다. 이 작은 인구로 180명의 수상자를 낸 것이니, 세계 인구 대비 0.2%에 지나지 않는 유대인들이 노벨상의 22%를 차지한 것이다. 인구 비중 대비 100배니 단연 일당백인 셈이다.

2차대전 이전에는 세계의 유대인 인구가 1,800만 명 정도였다. 그러다 나치 독일의 유대인 대학살로 600만 명이나 희생되어 1,200만 명 정도로 줄어들었다. 오늘날 약 1,400만 명의 유대인들은 세계 134개국에 흩어져 살고 있는데, 미국에 660만 명, 이스라엘에 550만 명 정도가 있다. 그밖에 많은 지역으로 유럽에 240만 명, 라틴아메리카에 50만 명 정도다. 유럽에서 유대인이 가장 많은 곳은 헝가리로 100만 명 이상으로 추산된다.

역사상 유명한 유대인들은 너무 많아 일일이 거론하기조차 힘들다. 유대인으로 예수 이래 세상에 가장 큰 영향력을 행사한 칼 마르크스를 비롯해 정신분석학의 창시자 프로이트, 과학계에는 아인슈타인 등

---

8) www.jinfo.org. 이 사이트의 홈페이지 상단에 걸려 있는 글귀가 인상적이다. "살아남은 야곱의 후손은 뭇 백성 가운데 끼어 살며, 야훼께서 내리시는 이슬이 되리라. 푸성귀에 내리는 가랑비가 되리라(미가 5:6)."

이 있다. 그 외에도 광속도 연구의 알버트 마이켈슨, 양자역학의 이시더 래비, X선에 의한 유전자 돌연변이 연구의 허만 조셉, 소아마비 백신의 조나스 솔크, 암 연구소를 처음으로 개설한 솔로몬 슈피겔, 손쉬운 혈액정밀검사 방법을 세상에 소개한 로잘린 얄로우 등 너무나 많다. 철학계의 스피노자와 앙리 베르그송, 문학계의 하이네, 프루스트, 카프카, 라이너 마리아 릴케, 솔 벨로우, 아이작 싱어, 미술계의 샤갈, 모딜리아니 등도 유대인이다.

음악계는 특히 많은데, 멘델스존, 오펜바흐, 말러, 아메리칸 클래식의 창시자인 조지 거슈윈 등이 유명하다. 20세기 이전까지는 미국에 클래식 음악이라는 것이 없었다 해도 과언이 아니다. 그러다 러시아와 동유럽 출신 유대인 음악가들이 대거 미국으로 들어오면서 고전 음악계가 활기를 띠게 되었다. 이들은 고전 음악을 접하지 못했던 미국 일반 대중의 문화 의식을 크게 일깨우는 한편, 클래식 음악의 대중화에도 기여했다. 명지휘자로는 레너드 번스타인과 로린 마젤, 게오르그 솔티 등이 두각을 나타냈다. 지금도 유대인 명지휘자들은 주요 대도시의 교향악단을 하나씩 맡아 활약하고 있다.

뮤지컬은 20세기 들어 유대계 작곡가들이 만들어낸 새로운 음악 장르다. 레너드 번스타인이 작곡한 '웨스트사이드 스토리'는 미국 뮤지컬의 대표작이라고 할 수 있다.

기악과 현악 부문에서는 더욱 두드러진다. 피아니스트로는 블라디미르 호로비츠, 아서 루빈슈타인, 다니엘 바렌보임, 블라디미르 아슈케나지 등이 있다. 바이올린의 요아킴, 크라이슬러, 하이페크, 오이스트라흐, 세링크, 야샤 하이페츠, 에후디 메뉴인, 아이작 스턴, 이츠하크 펄먼, 핑커스 주커만 등도 유대인이며, 첼로에는 야노스 스타커, 그레고르 피아티고르스키·나탈리아 구트만, 미샤 마이스키, 오프라 하노이 등이 있다. 바이올린을 위시한 현악기 연주는 유대인의 독무대라고 해도 과언이 아니다. 피아노 같은 무거운 악기를 들고 방랑할 수 없어 가벼운 바이올린을 들고 유랑하는 통에 바이올린 연주자가 특히 많다는 우스갯소리도 있을 정도다.

정치계에서는 카를 마르크스의 공산당 이론을 처음으로 실천에 옮겼던 러시아의 혁명가이자 정치가인 레온 트로츠키, 영국 보수당 당수를 거쳐 수상까지 했던 벤저민 디즈레일리 등이 유대인이다.[9]

미 동부 명문 대학의 유대인들

미국에는 2012년 기준 약 660만 명의 유대인이 있다. 이는 미국 인구의 2%다. 그럼에도 하버드를 비롯한 아이비리그 대학원생의 약 30%가 유대인이다. 유대인 교수들의 비중은 약 40%로 더 높다. 그러니 명문 대학에 다니는 학생들은 유대인 교수한테 배우고, 유대인 학생들과 어울리며 자기도 모르게 유대 문화에 익숙해진다.

유대인 학생들은 아무리 가난해도 대학 교육은 물론 대학원 교육

---

9) 박재선, 《세계를 지배하는 유대인 파워》, 해누리, 2010.

하버드대학의 도서관 모습.

을 받으려 한다. 이들은 학자금을 융자받기도 하지만 유대인 커뮤니티나 시너고그에서 대주는 경우도 많다. 유대인 커뮤니티는 불우한 동족에게 최소한의 의식주와 의료, 교육 문제를 해결해준다. 이는 고대로부터 유대인 공동체가 지켜온 관습이자 의무이다.

유대인들은 아무리 곤란한 처지에 빠지더라도 학업을 중지해서는 안 된다는 생각을 갖고 있다. 배움은 그들에게 종교 생활의 하나다. 실제 유대교에서는 배움과 기도를 똑같은 비중으로 중요하게 여긴다.

배움을 숭상하는 민족이다 보니 미국 대학의 교수진은 물론 경영과 운영에도 많은 유대인들이 직·간접적으로 참여하고 있다. 그리고 대학에 대한 기부는 록펠러에서부터 이어져 내려온 유대인의 전통이다.

아이비리그의 유명 대학 교수 중에는 특히 유대인 경제학자가 많은데, 마틴 펠트스타인 하버드대학 교수, 폴 크루그먼 프린스턴대학 교수, 로렌스 서머스 전 하버드대학 총장, 노벨경제학상 수상자들인 조지프 스티글리츠와 다니엘 카네만 등이 있다. 그리고 40세 미만의 젊은 경제학자에게 2년에 한 번씩 수여되는 '존 베이츠 클라클 메달' 수상자의 67%가 유대인인데, 메달 수여자의 40%는 평균적으로 22년 후 노벨 경제학상을 받았다고 한다.

유대인들을 견제하기 위해 만든 시험 'SAT'

과거에는 교육계에서도 유대인에 대한 차별 정책이 있었다. 매년 200만 명 이상이 치르는 SAT 시험도 사실은 유대인들을 견제하기 위해 생겨난 것이다.

제1차 세계대전 이후 유대인들이 유럽에서 미국으로 대거 이주하면서, 머리 좋고 똑똑한 유대인 자녀들이 명문 대학에 무더기로 진학했다. 하버드대는 1900년 7%에 불과하던 유대인 신입생이 1922년에는 22%로 급증했다. 뉴욕에 있는 컬럼비아대는 1918년에 무려 40%에 육박했다.

이렇게 되자 명문 대학들은 비상이 걸렸다. 인종차별적 성격이 드러나지 않으면서도 유대인의 입학률을 낮출 수 있는 새로운 입학사정이 필요했다. 그래서 하버드, 예일, 프린스턴대학의 반유대주의 학장들이 착상한 것이 SAT 시험이다. SAT는 1923년 프린스턴대학의 인종차별주의 우생학자 칼 브리검이 만들었는데, 갓 이민 온 유대인 학생들은 SAT 시험의 어려운 영어 단어와 긴 문장, 함정 투성이 문제들 앞에서 추풍낙엽이 되었다. SAT만이 아니었다. 1922년 다트머스대는 학업 성적뿐 아니라 인성, 운동 실력, 지역 배분 등의 기준을 대입 전형 요소에 포함시켰다. 대입 결정에 주관적 요소인 개인적 성향이나 리더십, 그리고 지원자의 사회·경제적 배경을 고려할 수 있는 조건이 마련된 것이다. 따라서 대학은 원하는 신입생을 선발할 수 있게 되었다.

다른 대학들도 뒤따랐다. 인격, 리더십, 과외 활동, 봉사 활동, 졸업생 자녀 특혜, 운동선수 특별 전형, 추천서, 에세이 등 주관적 요소를 내세워 유대인의 입학을 제한했다. 1920년까지 고교 성적과 입학 시험으로만 평가하던 객관적 입시 제도가 유대인 봉쇄 전략으로 갑자기 주관적인 성격을 띠게 된 것이다.

이로 인해 1925년 28%였던 하버드대의 유대인 입학생 수가 절반 이하로 뚝 떨어져 1933년에는 12%로 급감했다. 물론 나중에는 이러한 규제에도 불구하고 유대인들이 많이 합격했다. 유대인들은 주관적 평가 요소들도 극복한 것이다. 1930년대 초 유대인 대학생 수인 10만 5,000명은 당시 미국 전역 대학생 총수의 10%에 가까운 숫자였다. 특히 유대인이 몰려 살았던 뉴욕시의 경우 대학생의 절반이 유대인이었을 정도다. 뉴욕 인근의 보스턴과 필라델피아 등 아이비리그 대학들도 유대인 학생이 크게 늘어나고 있었다.

이렇게 유대인 학생 수가 폭증하자 하버드와 컬럼비아 등 명문 대학들은 쏟아져 들어오는 유대인 학생 수를 제한하기 위해 이번에는 아예 쿼터 제도로 묶었다. 다른 소수 민족을 보호한다는 명분이었다. 나중에 이 쿼터제를 풀어준 사람이 프랭클린 루즈벨트 대통령이었다. 그 무렵 대공황으로 인해 유대인과 유대 자본의 협력이 절실히 필요했기 때문이다.

하버드 국제부 및 유대계 대학생 지원 단체인 힐렐에 따르면, 2010년 기준으로 아이비리그에 재학 중인 한중일 학생 비율은 모두 합해 4.25%이다. 반면 유대계 학생 비율은 하버드대의 경우 30%, 예일대 27%, 아이비리그 전체 기준으로 24%에 이르러, 인구 비율의

10배 이상에 이르는 수치를 기록하고 있다.

　미국 한인교포 자녀들 중에는 공부 잘하는 학생들이 많다. 고교에서 최상위권을 다투는 학생들은 대부분 한국 등 아시아계와 유대인 학생들이다. 특히 한국 학생들과 유대인 학생들이 정상을 놓고 치열하게 다투기 일쑤이다. 그런데 이들 한인학생 중에는 만점에 가까운 SAT 점수를 받고도 명문 대학에 떨어지는 사례가 부지기수다. 왜 그럴까?

　요즈음은 아시아계 학생들이 불이익을 보고 있기 때문이다. 명문 대학들은 아시아계가 제2의 유대인이라는 시각을 갖고 있다. 유대인들의 입학을 제한할 당시 대학의 입학사정관들은 유대인 지원자에 대해 '시험 점수는 높지만 상상력이 부족하고 원만한 성격을 갖추지 못한 학생'으로 유형화했었다. 이런 공정하지 못한 고정관념이 이제는 아시아계 학생들에게 적용되고 있는 것이다.

미국 사회를 주도하는 유대인 세력

　미국 3대 언론사의 사주는 모두 유대인이다. 미국을 움직이는 3대 신문인 〈뉴욕타임스〉 발행인 아서 슐츠버거, 〈워싱턴 포스트〉 명예회장이었던 캐서린 그레이엄과 아들 도널드 그레이엄, 〈월스트리트 저널〉 최고경영자였던 피터 칸이 모두 유대인이다. 게다가 해당 신문사의 기자와 칼럼니스트 가운데 상당수가 유대인이다.

　방송의 경우도 4대 메이저가 모두 사실상 유대계 자본에 의하여 운

미국 메이저 방송 3사 역시 유대 자본으로 운영되고 있다.

영되고 있다. 전 CBS 사주인 윌리엄 페일리, 전 NBC 사주이자 현 소니뮤직의 최고경영자인 앤드류 랙 및 ABC 방송사의 사주인 레오나드 해리 골덴슨 등이 유대 언론의 중추라고 볼 수 있다.

유대인들은 진취적이고 자유로운 데다 《탈무드》의 영향으로 논리적이며 합리적인 사고를 가지고 있다. 언론, 영화, 정보 산업의 속성에 꼭 들어맞는 기본 훈련이 잘 되어 있는 셈이다.

미국 언론계의 유대인은 전체 종사자의 6%에 불과하다. 그럼에도 유대 언론인의 사회적 영향력이 큰 이유는 이들이 주요 매체에서 여론을 주도하는 위치에 있기 때문이다. 유대 언론인의 27%는 가장 영향력 있는 매체인 〈워싱턴 포스트〉, 〈월스트리트 저널〉, 〈뉴욕타임스〉, 《타임》,《뉴스위크》 및 CNN, CBS, NBC, ABC 방송사에 종사하고 있다. 특히 〈뉴욕타임스〉와 〈월스트리트 저널〉의 경우 대표적인 친유대계 언론이다. 유대 언론인들은 여론을 만들고 확산하는 자리인 주필, 정치 평론가, 텔레비전 뉴스쇼 제작진 등의 요직에 많이 분포되어 있다. 그러므로 소수정예의 특성을 갖는다.

미국 경제는 재무부, 연방준비이사회(연준), 월가가 삼각편대를 이루며 이끌어가고 있는데, 2013년 현재 재무장관인 제이콥 루를 비롯해 티머시 가이트너, 헨리 폴슨, 로렌스 서머스, 로버트 루빈 등 역대 재무부 장관들이 모두 유대인이다.

이는 연준과 월가에서도 마찬가지다. 벤 버냉키를 비롯해 앨런 그린스펀, 폴 볼커 등 최근 30여 년간의 연준 역대 수장들이 모두 유대인이다. 또한 금융계의 살아 있는 전설 샌포드 웨일 전 시티그룹 회장을 비롯해 J.P. 모건체이스 회장 제임스 다이먼, 골드만삭스 회장 로이드 블랭크페인 등 다수가 유대인이다.

이들은 원래 서로를 견제하며 균형을 이루어야 한다. 그런데 관리, 감독해야 할 위치에 있는 재무부, 독립성이 보장되어야 할 연준이 월가와 엄격히 구분되어 있지 않다. 오히려 서로 긴밀하게 연결되어 이른바 '회전문 인사'가 관례화되어 있다. 유대인들이 서로 당겨주고 밀어주기 때문이다.

로버트 루빈 등 골드만삭스의 회장이 재무장관에 임명된 이래 이런 관행이 오히려 고착화되어가고 있다. 역대 재무장관이 대부분 월가 출신이며 재무부와 연준을 오가기도 한다. 가이트너 재무차관은 정권이 바뀌자 연준의 뉴욕 연준 총재가 되어 금융위기 시 월가를 지원한 후 오바마 정부 출범과 함께 다시 재무장관으로 컴백했다. 재무부, 연준, 월가가 견제와 균형을 지향하는 것이 아니라 오히려 한 울타리 안의 공동체인 셈이다.

미국에는 변호사와 의사 등 전문 직종에는 유대인들이 특히 많다. 미국 내 유대인 변호사 수는 전체 변호사 74만 명의 약 16%에 이른다. 이는 미국 인구 대비 유대계 인구 비율의 약 8배에 해당한다. 또한 워싱턴과 뉴욕에 집중되어 있는 영향력 있는 로펌의 변호사 45% 이상이 유대인이다. 미국인들은 평소엔 유대인을 얄미워하며 욕하기도 하지만 막상 법률상의 문제가 생기면 유대인 변호사를 찾는다. 소송에서 이기려면 유대인 변호사에게 사건을 의뢰해야 하기 때문이다. 한마디로 법에 관한 한 세계 어느 민족도 유대계를 당해낼 재간이 없다.

전문직종인 의사의 경우도 마찬가지다. 유대인이 받은 노벨상 중 3분의 1이 의학·생리학 분야다. 의학 분야에서 일가를 이룬 유대인 수는 헤아리기 어려울 정도로 많다. 유대인들이 랍비와 교수 다음으로 선호하는 직업이 의사이기 때문이다. 유대인들은 '하느님을 도와 세상을 개선한다'는 티쿤 올람$^{Tikun\ Olam}$ 사상에 따라 고대로부터 육신의 질병을 고치는 의사를 가치 있는 직업으로 여겨왔다.

미국의사협회 자료에 따르면 미국 내 의사의 15%가 유대인이다. 역시 인구 비례로 보면 7배나 높다. 명문 의대 교수의 80%와 뉴욕 의사의 절반이 유대인이며, 일반인들의 유대인 의사에 대한 신뢰도가 상당히 높아 중병일수록 유대인 의사를 선호한다고 한다.

유럽의 경우 유대인 의사 비율은 이보다 훨씬 더 높다. 중세시대에는 유럽 의사의 50% 이상이 유대인이었다. 노스트라다무스도 유대인 의사였다. 그가 예언가라는 사실은 많이 알려져 있으나 의사였다는 사실을 아는 사람은 그리 많지 않다.[10]

---

10) 김종빈, 《갈등의 핵, 유대인》, 효형출판, 2007.

위대한 조나스 솔크, 소아마비를 퇴출시키다

불과 수십 년 전만 해도 소아마비는 예방도 치료도 불가능한 공포의 대상이었다. 그 무렵 매년 미국에서만 5만 8,000명의 어린 아이 환자가 발생했다. 죽은 바이러스를 이용해 이러한 공포로부터 벗어날 치료의 실마리를 찾아낸 사람이 있었으니, 바로 조나스 솔크다.

뉴욕 브롱스에서 태어난 솔크는 어린 시절 동네 아이들이 유대인이라고 욕하며 돌을 던지는 탓에 골목 맨 끝에 있는 히브리 학교에 가는 길이 두려웠다. 그는 말년에 의학계에 들어온 이유에 대해 "어린 시절부터 유대인의 비극과 고통에 대해 많은 생각을 해왔다"며 "이런 고통의 사악한 고리를 끊고자 인류를 위해 긍정적인 일을 하고 싶었다"고 말했다.

피츠버그대학 세균학 교수였던 그는 200번에 걸친 실험에도 성공하지 못하자 연구에 지쳐 이태리 아시시에 있는 수도원으로 안식년을 떠났다. 그곳에서 우연히 영감을 얻어 드디어 오래 연구 끝에 1952년 3월 소아마비 백신을 개발하는 데 성공했다. 그런데 이를 임상 실험할 대상을 구하지 못했다. 그는 백신의 효용성을 입증하기 위해 먼저 자신과 가족들을 실험대상으로 삼았다. 이렇게 해서 안전성이 입증되자 이후 임상실험을 거쳐 1955년 4월 백신이 안전하면서도 효과가 있다는 것이 증명되었다.

20세기에만 프랭클린 루즈벨트 대통령 등 100만 명에 이르는 미국인의 목숨을 앗아간 소아마비는 이때부터 더 이상 두려운 병이 아니었다. 1960년대 이후 소아마비 발병 환자 수는 획기적으로 줄었다. 우리나라도 1984년 이후에는 단 한 명의 환자 발생도 보고되지 않아 마침내 2000년 소아마비의 종식을 공식으로 선언하였다.

백신의 빠른 보급으로 소아마비가 이렇게 단기간에 박멸된 데에는 솔크 박사의 위대한 결단이 있었다. 그는 백신 발명 이후 여러 제약회사로부터 특허를 넘겨달라는 제안을 받았다. 자자손손 떵떵거리며 살 수 있는 큰돈이었다. 그러나 모두 거절했다. 생명과 의술을 돈과 연결시킬 수 없다는 그의 신념 때문이었다. 지금 세계보건기구에 납품되는 소아마비 백신 1개의 값은 단돈 100원 정도다. 1993년 《타임》이 솔크 박사를 20세기 100대 인물에 선정한 까닭은 백신 개발보다는 연구 성과를 인류의 공동 자산으로 함께 나눈 숭고한 과학자 정신에 있었던 것이다.

솔크 박사의 숭고한 정신에 감복한 많은 기부자들은 돈을 모아 샌디에이고에 솔크연구소를 지어주었다. 솔크 박사는 세계적인 유대인 건축가 루이스 칸에게 연구소 설계를 의뢰했다. 그러면서 모든 것은 칸이 원하는 대로 설계해도 좋으나 단 한 가지 천정만큼은 수도원처럼 높게 해달라고 요구하였다.

"내 연구가 어려움에 봉착하였을 때 나는 수도원에 가서 생활하다가 그곳에서 영감을 얻어 백신을 발견하게 되었습니다. 그 수도원 분위기가 연구에 도움이 된 것 같습니다. 그런 분위기를 만들어주세요."

이렇게 해서 만들어진 곳이 건축학적으로도 유명한 솔크연구소다. 그래서인지 1965년 문을 연 솔크연구소는 그 뒤 노벨상 수상자를 5명이나 배출했고 학자들은 솔크연구소를 연구하기 시작했다. 그 결과 실제로 천정의 높이와 창의력 사이에 상관 관계가 있음을 발견했다고 한다.

이 밖에도 유대인이 만들어낸 의약품은 이루 헤아리기 힘들 정도로 많다. 비타민C, 매독 치료제인 바서만 테스트, 심장강화제, 당뇨병 치료제 인슐린, 위경련약 클로로하이드레이트 등 유대인들의 활약이 아니었다면 인류는 지금과 같은 생명 연장의 혜택을 누리지 못했을지도 모른다.

높은 층고와 멋진 디자인으로도 유명한 솔크연구소.

인문학을 사랑한 의과학자, 프로이트

지그문트 프로이트도 우리가 알다시피 의사였다. 그의 부모는 많은 유대인들이 그렇듯이 유대인에게 가장 좋은 직업은 의사라 믿었다. 프로이트는 법 공부를 원했으나 부모의 뜻에 따라 17살 때 오스트리아 의대에 진학하여 신경과 의사가 되었다. 그러나 그는 졸업 후 개업의가 되기를 거부한 채 13년 동안이나 연구실에 틀어박혀 의학 연구에 몰두했다. 그리고 무의식적인 마음과 억압의 메커니즘에 대한 이론을 개발했다. 또 환자와 의사 간 대화를 통해 정신 병리학을 치료하는 구

정신분석학의 창시자로 불리는 지그문트 프로이트.

두 심리 치료 분야를 개척하였다.

그렇다고 그가 연구실에만 틀어박혀 연구만 하는 연구광은 아니었다. 그는 인문학을 사랑한 의과학자였다. 그림도 그리고 문학에도 관심이 많아 다작의 수필을 발표하기도 했다. 프로이트는 특히 독일 문학에 기여한 공로로 1930년에 괴테상을 받기도 했다.

프로이트의 저서 《꿈의 해석》은 유대교에서 많은 요소를 받아들였다. 그는 꿈을 '인간 내면의 잠재의식(무의식)에 자리한 욕망이 표출되는 것'이라고 주장했다. 그의 꿈 판단법은 유대교 신비주의 카발라의 경전인 《조하르》에서 사용된 방법과 비슷했다. 그에게 있어 유대 정신은 그가 다방면에서 천재성을 발휘할 수 있게 해준 위대한 힘의 원천이었다.

오늘날 지구촌의 수많은 유대인 이름들

밀라노 바에서 영감을 얻어 만들어진 세계적인 커피전문점 스타벅스, 상류층의 전유물이던 초콜릿을 대중화시킨 허쉬 초콜릿, 미국인에게 달콤한 아침식사를 제공한 던킨 도넛. 이들의 공통점은 모두 유대인의 작품이라는 점이다. '하겐다즈'라는 브랜드로 세계 최초로 아이스크림을 대중화한 루빈 메터스도 유대인이다. 그들은 이처럼 일반적인 먹을거리도 세계적인 브랜드와 거대한 체인으로 엮어내는 독특한 창의성을 갖고 있다.

던킨 도넛 점포를 운영하면서 미국 최초로 프랜차이즈 영업 기법을 개발한 로젠버그는 국제프랜차이즈연합을 직접 조직하는 등 '프랜차이즈의 아버지'라고 불린다. 미국의 소매 영업 가운데 프랜차이즈를 통한 판매가 50%를 넘어서고 있다는 점은 그의 공헌이 어느 정도인지 말해준다.

오늘날 지구촌에서는 하루에도 수천 번씩 유대인의 이름이 불리고 있다. 페리에 생수와 배스킨라빈스 아이스크림, 에스테로다나 헤레나 루빈스타인 화장품, 비달사순 샴푸, 리바이스 청바지, 코닥 필름, 샘소나이트 가방, 헤르츠 렌트카 등이 그것이다. 이 모든 브랜드가 사실은 유대인들이 자신의 이름을 따서 만들었다는 것을 아는 사람은 그리 많지 않을 것이다.

강력한 유대인 단체들

2013년 에이팩[AIPAC] 총회가 워싱턴DC에서 3월 1일부터 4박5일 동안 개최되었다. 미국 내 유대계가 이스라엘을 부흐하기 위해 1947년에 설립한 단체가 바로 에이팩으로, 매년 3월 초순에 워싱턴DC에서 유대계 지도자 1만여 명이 모여 총회를 연다.

'에이팩 정책 콘퍼런스'에는 유명인사일수록 서로 오고 싶어 한다. 핵심은 '돈'이다. 에이팩에서 공식적으로 특정 정치인에게 돈을 거두어 주는 것은 불법이다. 비영리단체이기 때문이다. 그러나 에이팩에서 누구누구가 정치를 잘한다고 성적을 발표하면 그 순서에 따라서 자연스럽게 정치 자금이 모아진다. 그래서 에이팩 총회가 개최될 때엔 의회를 마치 에이팩 행사장에 옮겨 놓은 것 같다.

2013년에는 상원의원 100명 중 68명이, 하원의원 435명 중 318명이 회의에 참석했다. 정치적인 영향력만 놓고 보면 가히 '신의 조직'이라 불릴 만하다.

2012년의 경우, 에이팩 활동을 위한 현장 모금액만 3억 달러가 걷혔다. 총회 후 1만 3,000여 명의 참가자들은 435개의 연방하원 지역구별로 그룹을 만들어 의원실을 방문했다. 각자 손에 든 '대화 요점' 매뉴얼에는 의원들을 만나 어떻게 설득하고 어떤 점을 요구해야 하는지 등의 행동 요령이 적혀 있다. 미리 통보받은 하원 의원들은 에이팩이 요구하는 법안에 동의한다는 사인을 해주기 위해 의원실에서 대기하고 있는 게 상례다.

우리는 매년 에이팩 회의 기사를 접하며 이 단체가 가장 큰 영향력을 발휘하는 유대인 단체라고 생각한다. 그러나 이보다 더 큰 유대인 단체들이 있다. 현재 미국에는 3,500개의 크고 작은 유대인 단체가 있는데 그 가운데 대표적인 단체는 6개이다. 가장 큰 빅3가 미국유대인위원회[AJC], 미국유대인의회[AJ Congress], 유대인비방대응기구[ADL]이고 나머지 3개가 미국이스라엘공적위원회[AIPAC], 미국유대인단체회장단총회[CPMAJO],

세계유대인총회^{WJC}이다.

이들 단체의 본부격인 전미유대인협회^{NJCARC}는 국가 조직과 흡사화여 교육, 과학, 방위, 사회 등 각 분야에 산하조직을 두고 있으며, 미국 1,200개 도시별 지부 위에 30개의 중간 조직이 있다. 이 가운데는 회원 수가 100만 명이나 되는 단체도 5개나 있다.[11]

---

11) 〈김동석의 워싱턴 행간 읽기〉, 김동석 한인시민참여센터 상임이사

그들의 창의성은
어디에서 오는가

Chapter 2

JEWISH CREATIVITY

유대인 교육의 본질은 신앙과 사랑이다.
유대교는 '배움의 종교'이다. 그래서 그들에게 배움이란
신앙 생활의 하나이다. 《탈무드》도 '하느님은 천 가지 재물보다 1시간의
배움을 더 기뻐하신다'고 가르치고 있다. 또한 많은 선생님들 중에
가장 영향력 있고 위대한 선생님은 바로 부모다. 이 땅에서
부모보다 더 훌륭한 선생님은 없다. 유대인은 부모가
최고의 선생님이라는 것을 5,000년의 역사를 통해서 증명한 민족이다.

1
유대교의 두 기둥, 배움과 가정

유대인이란 유대교를 믿는 사람이다. 유대인들의 생각, 그들의 일상 하나하나가 모두 유대교 신앙과 연결되어 있다.

교육도 마찬가지로 유대교와 연결되어 있다. 유대인 거실에는 독서와 대화를 위해 대부분 TV가 없다. 유대교는 배움을 으뜸 가치로 여겨 이는 자연스레 독서로 연결되고 부모의 사랑은 대화로 이어진다. 특히 안식일에는 회당에 갔다 오는 일 이외에는 일체의 바깥출입을 하지 않고 온 가족이 함께 모여 독서와 대화를 한다. 유대인에게 독서와 대화가 생활화되어 있는 이유이다.

유대인에게 있어 종교는 신앙 이전에 엄마로부터 받아먹는 모유와 같다. 그들은 태어나 한두 돌이 지나 말귀를 알아듣게 되면 엄마로부터 율법을 배우기 시작한다. 아이는 그게 종교인 줄도 모르고 엄마가 가르치는 대로 무조건 따라 배운다. 유대교는 먼저 배움으로써 몸과 마음에 체화되는 종교다. 그래서 유대교에서는 《성서》와 《탈무드》 등 유대교 경전들을 배우고 연구하는 것이 하느님을 믿는 신앙과 동일시된다. 이것은 유대교에서 발견되는 매우 중요한 특징이다.

평생 공부하는 유대인

유대인들은 가르친다는 것과 배운다는 것이 가장 중요한 예배라고 믿는다. 즉, 가르친다는 것은 하느님을 존경(예배)하는 것이요, 또한 공부하는 것은 하느님께 드리는 최고의 기도라고 본다. 그러므로 회당의 예배에서도 가장 중요한 일은 함께 모여 《토라^{Torah}》를 공부하는 일이다.

사람은 일생 동안 공부해야 한다는 것이 유대교의 기본적인 믿음이다. 아무리 지혜로운 사람이라도 배우기를 중단하면 그 순간에 지금까지 배운 모든 것을 잊게 된다고 생각한다. 유대인들은 이러한 평생 배움을 통하여 신앙을 키우고 있다. 이것이 학자인 랍비가 가장 존경받는 이유이다.

유대인은 '모든 진리는 하느님에게서 나온다'고 믿고 있다. 진리는 인간이 만드는 것이 아니라 주어진 것을 단지 발견하는 것이라는 생각이다. 유대인들은 모든 과학 기술도 하느님이 창조한 세상과 생명의 원리를 인간이 이해하여 모방한 것이라는 시각을 갖고 있다. 이러한

〈아담의 창조〉. 미켈란젤로가 그린 시스티나 예배당 중앙 천장화에서 네 번째 부분.

믿음은 자연히 유대인들로 하여금 하느님의 섭리를 하나라도 더 이해하기 위한 배움으로 이끈다.

유대교는 인간이 하느님의 형상을 본받아 지음을 받았기에 인간 내면에 무한한 잠재력과 가능성이 있다고 가르친다. 《성경》을 보면 하느님이 인간을 빚은 뒤 코에 생기를 불어넣는 장면이 나온다. 유대인은 이 생기가 바로 하느님의 영혼이라고 믿는다. 곧 한 명 한 명 만들 때마다 하느님은 자신의 영혼을 불어넣었고, 그 영혼이 인간의 몸 안에서 살다가 죽으면 다시 하느님께로 되돌아간다는 것이다. 이 같은 유대인의 사고에 따르면 결국 실존하는 것은 인간이 아니라 인간 안에 깃든 하느님의 영혼이다.

기원전 1세기의 유명한 랍비였던 힐렐은 "인간 속에 심은 하느님의 형상이 완전히 개발되어 세계와 우주를 이해하고 지배하여, 모든 인류의 삶이 하느님의 평화에 이르는 것이 《성경》 전체의 뜻이다"라고 가르쳤다. 이 기본 신앙 이외에 나머지 설명들은 다 주석에 불과한 것이라고 했다.

유대교의 '티쿤 올람' 사상

유대인의 창의성을 이야기할 때 반드시 알아야 할 것이 있다. 바로 '티쿤 올람Tikun Olam' 사상이다.

19세기 다윈의 진화론이 나오면서 종교계는 충격에 휩싸였다. 기독교도들은 다윈이 하느님의 형상을 닮은 인간을 원숭이의 이미지로 격하시켰다고 비난했다. 하지만 유대교에선 진화를 단계별로 이루어지는 또 하나의 창조로 해석한다.

'티쿤 올람' 사상에 따르면 '세상은 있는 그대로'가 아닌 '개선시켜 완성해야 할 대상'이다. 티쿤 올람이란 유대교 신앙의 기본 원리로 '세계를 고친다'는 뜻이다. 곧 하느님의 파트너로 세상을 개선해 완전하게 만들어야 하는 인간의 책임을 뜻한다.

신은 세상을 창조했지만 이것은 아직 미완성의 상태이다. 하느님은 창조가 완전히 끝났다고 하지 않았다. 계속 창조하시고 계시다. 때문에 인간은 완성을 위해 계속되는 신의 창조 행위를 도와야 한다. 하느님을 도와서 창조의 역사를 완성해야 하는 것이다. 그것이 바로 신의 뜻이자 인간의 의무라는 설명이다.

이 사상이 유대인들의 현대판 메시아 사상이다. 메시아란 어느 날 세상을 구하기 위해 홀연히 나타나는 게 아니라 그들 스스로가 협력하여 미완성 상태인 세상을 완성시키는 메시아가 되어야 한다고 생각한다. 유대인들의 창조성이 강하다는 평가를 받는 이유 중 하나는 바로 이러한 사상이 그들의 의식 깊은 곳에 깔려 있기 때문이다.

그러므로 유대교에선 불완전하게 창조되어 각종 질병으로부터 고통받는 인간의 몸을 낫게 하는 의학 산업이 매우 가치 있는 일로 여겨진다. 유대인들이 인류의 생명을 구할 수많은 의약품들을 찾아낸 힘도 여기에서 비롯된 것이다. 이러한 생각은 비단 의학 분야뿐만이 아니라 모든 분야에 걸쳐 유대인의 의식을 관통하고 있다.

배우는 것은 신을 찬미하는 기도와 동일한 일

유대인들은 하느님의 계획에 자기들이 유용한 도구로 동참하는 협력자임을 믿어 의심치 않는다. 그래서 그들이 이 땅에 태어난 목적은 하느님의 빛을 만방에 보여주기 위함이라고 믿는다. 위대하신 하느님의 빛을 전달하는 사람이 되기 위해서는 교육을 받아야 한다. 교육을 받지 않고서는 결단코 빛의 전달자가 될 수 없다. 왜냐하면 자신이 무지와 어둠 속에 있으면서 다른 사람들을 빛 속으로 인도할 수가 없기 때문이다.

인간이 하느님 사업에 동참하기 위해서는 먼저 하느님의 섭리를 이해하여야 한다. 열심히 배워 하느님의 위대함을 자신의 속에 담아야 한다. 그래서 유대인은 하느님의 섭리를 배우는 것을 의무로 여긴다. 유대교의 오랜 전통에 의하면 하느님을 공경한다는 것은 배운다는 것과 같은 뜻이다. 그들은 '배운다는 것은 기도를 올리는 것과 동일한 일'이라고 말한다.

헤브라이어로 '기도하다'라는 말은 '히트 파레루'이다. 이 히트 파레루는 '스스로 가치를 잰다'는 뜻이다. 곧 하느님께 맹종하는 게 옳은 게 아니라 신께서 하시는 위대한 일을 먼저 이해하는 것이 인간의 의무이며, 그리고 난 후에 스스로 신의 의지에 합당하게 살도록 노력해야 한다는 것이다.

이렇듯 유대인에게 교육은 곧 신앙 그 자체이다. 그래서 시너고그의 주된 역할도 《토라》와 《탈무드》를 공부하는 곳이었다. 유대인이 배우는 민족이라 일컬어지는 것도 바로 이 때문이다.

유대인에게 배움은 인생에서 가장 중요한 가치이다. 그래서 그들은 예로부터 《토라》와 《탈무드》를 통한 평생 공부를 당연하게 여겼다.

유대교에는 원죄 사상이 없다

선악과 이야기를 그림으로 표현한 미켈란젤로의 작품 〈유혹과 낙원 추방〉.

기독교에서는 아담과 이브가 금단의 과일 선악과를 따 먹은 것을 '원죄'라 한다. 그래서 인간은 태어나면서부터 죄인인 것이다. 그러나 유대교에는 아담과 이브의 불순종 죄는 인정하나 이 죄가 후손 대대로 이어져 내려온다는 원죄 사상은 없다. 그들은 과거에 얽매이지 않는다.

유대인에게 죄란 과거에 있지 않고 현재에 있다. 유대교에선 현재에 충실하지 않는 삶이 죄다. 하느님의 뜻을 거스르는 삶이 죄다. 아담과 이브가 하느님에게 불순종한 것이 죄가 아니라 오늘을 사는 내가 하느님에게 불순종하는 것이 죄인 것이다.

인간은 하느님의 형상대로 지음 받았기에 하느님이 인간에게 거는 기대가 있다. 그래서 유대교에서는 하느님의 자녀로서 합당한 삶을 살지 않는 것을 죄로 여긴다. 주어진 가능성에 최선을 다하지 않는 '게으름'이 죄요, 하느님이 주신 자기 안의 달란트^{talent}를 찾아내 힘을 다하여 이를 키워나가지 않는 '무능력'한 사람이 되는 것이 죄인 것이다. 따라서 유대인에게 신앙이란 자기 자신 속에 내재된 하느님의 형상과 자신의 달란트를 찾아 자신을 발전시켜 나가려는 노력이다.

이렇게 자기가 잘할 수 있는 일, 좋아하는 일, 보람을 느낄 수 있는 일이 곧 자기의 달란트다. 이러한 달란트를 찾아내어 게으름을 부리지 않고 열심히 갈고 닦아 능력 있는 사람이 되는 것이 죄를 짓지 않고 사는 길이다. 열정을 갖고 자기 일에 매진하다 보면 어느새 자기 분야에서 우뚝 서게 된다. 그래서 유대인들은 자기 분야에서 일가견을 갖는 사람이 많다.

현대 경영학의 '기업가 정신' 분야에서는 유대교에서 말하는 삶의 조건, 즉 '자기가 잘할 수 있는 일, 좋아할 수 있는 일, 보람을 느끼는 일'을 찾아 직업을 구하라고 조언한다. 유대교의 이 기본 정신이 주체적인 삶을 찾는 모든 젊은이들의 직업 선택 기준이 된 것이다.

유대교는 가정 중심의 종교

유대인들은 전체적으로 그들의 삶 하나하나가 놀랄 정도로 하느님과 연결되어 있다. 그들은 태어나서 8일째 할례를 하고, 8개월째에 안식일 행사를 처음 배우게 되며, 이후 매주 한 번씩 안식일 행사를 꼭 한다. 또한 생활 곳곳에 종교가 생활화되어 있다. 아침 식사는 가족과 함께하며 주로 《탈무드》에 관해 이야기한다. 아침 식사를 끝내면 기도하고 각자 일터로 나간다. 오후에는 해지기 전까지 5분 정도 기도를 하고 저녁 때는 《탈무드》 학원에 가서 공부하기도 한다. 《탈무드》 연구는 시간 할당이 문제가 아니라 하루 일과 가운데 꼭 한 번은 해야 하는 필수 과정이다.

유대인들의 식사는 단순히 먹는다는 의미 외에 성찬식의 뜻이 있다. 성찬식이란 성체식이라고 할 수 있는데, 거룩한 몸, 즉 하느님의 생명을 나누어 갖는 예식이란 뜻이다. 유대인의 식사 시간, 특히 저녁 식사 시간은 온 가족이 하느님을 나누어 가지는 예배와 축제의 의미가 담겨 있는 귀한 시간이다. 저녁 시간의 축복 기도의 주제는 하느님에 대한 감사다. 가족과 자신들이 먹고 마심을 허락하고 공급해주신 은혜에 감사드리는 것이다. 그리고 생활 속에서 얻었던 삶의 승리와 하느님의 지혜를 나누는 기쁨의 시간이다.

유대인들은 모든 삶의 성취가 기도에 있다고 어려서부터 가르친다. 기도 속에서 삶의 신비인 하느님과 교제하고 자신의 모습을 새롭게 발견해 반성하고 새 출발을 할 수 있다고 믿기 때문이다. 그들은 이 땅에서 꿈과 환상이 이루어지는 신비한 힘이 기도에 있다고 믿는다.

오래되어 쓸데없을 것 같은 3,000여 년 전의 조상의 전통과 율법을 붙잡고 지금도 그것을 목숨처럼 지키며 사는 사람들이 유대인들이다. 그런데 그것이야말로 오늘날의 유대인들을 만든 기본이자 그들의 종교다. 유대교는 모든 이러한 종교적 축일도 항상 가정을 중심으로 이루어진다.

이집트 노예 생활에서 벗어난 것을 기념하는 유월절에는 누룩이 들어 있는 빵을 먹지 않고, 선조들이 황야에서 먹던 딱딱한 빵과 여섯 가지 음식을 먹으면서 조상들의 고생을 반추한다. 특히 누룩은 부풀어 오르는 교만의 위험성을 암시하는 것으로, 자부심이 이기심으로 변질하는 것을 경계하는 것이다. 그들은 옛날의 어려움을 잊지 않으려 고난의 역사를 '기억'하는 것이다.

유대인의 속담에 "망각은 포로 상태로 이어진다. 그러나 기억은 구원의 비밀이다"라는 말이 있다. 유대인은 역사를 망각하는 민족은 미래 또한 없다고 믿는다. 과거 고난의 역사가 현재의 스승이며 미래의 거울이라 믿는다.

역사적으로 유대인들은 외지에서 핍박받으면서 항상 이방인으로 살아왔다. 이러한 어려운 고난의 시기에 그들의 지친 마음을 쉬게 하고 삶의 의욕을 다시 북돋우어 주었던 곳이 가정이다. 유대인들에게 가정은 현실 세계에서 평화를 누리는 유일한 곳이자 마지막 보루였다. 유대인들은 평화를 하느님이 주시는 복 가운데서도 으뜸 가치로 여긴다.

쉐마 이스라엘(이스라엘아, 들어라)

《구약》에 지상 명령이 있다. 이른바 쉐마다. 쉐마는 '들어라'라는 뜻이다. 그리고 들은 말씀을 자자손손 전수하라는 것이다. 유대인 어린이가 세상에 태어나 말을 배우기 시작하면 제일 먼저 배우는 《성경》 말씀이 쉐마다. 처음에는 간단한 두 문장을 외우기 시작하는데 신명기 6장 4절부터 9절까지의 말씀이다.

> "이스라엘아 들어라. 우리 하느님 여호와는 오직 하나인 여호와시니, 너는 마음을 다하고 성품을 다하고 힘을 다하여 네 하느님 여호와를 사랑하라. 오늘날 내가 네게 명하는 이 말씀을 너는 마음에 새기고, 네 자녀에게 거듭거듭 가르치며, 집에 앉았을 때에든지 길에 행할 때에든지 누웠을 때에든지 일어날 때에든지 이 말씀을 강론할 것이며, 너는 또 그것을 네 손목에 매어 기호를 삼으며 네 미간에 붙여 표를 삼고 또 네 집 문설주와 바깥문에 기록할지니라(신명기 6:4-9)."

유대인은 최소한 하루에 두 번 이 말씀을 외운다. 특히 어린이들은 자기 전에 외운다. 유대인 어린이들로 하여금 쉐마를 자기 전에 외우게 하는 것은 만약 아이가 자다가 갑자기 죽을 경우라도 이 쉐마가 그 아이의 마지막 유언이 되게 하기 위해서다. 유대인들은 어른이 되어 나이 들어 죽을 때에도 쉐마를 마지막 유언으로 남기며 자식들이 여호와의 말씀을 맡은 자로서 사명을 영원히 감당하도록 한다.

유대인들은 쉐마의 말씀에 따라 출입문 오른쪽 문설주에 기도문을 붙여놓는다. 이것을 메주자^{mezuzah}라고 하는데, 땅에서 약 1.5m 눈높이 지점에 약 10Cm 길이의 욧 모양 장식으로 되어 있다. 메주자

유대인의 집에서 흔히 볼 수 있는 메주자.

는 나무나 금속, 유리 등으로 만들어졌는데, 이것이 달린 집은 다 유대인이 사는 집이다. 문설주에 메주자를 다는 것은 2,000년 이상 된 풍습이다. 어떤 유대인들은 집 안에도 방마다 붙여놓고 있다. 그리고 출입할 때마다 메주자를 만지거나 입 맞추면서 하느님의 사랑을 확인하고 하느님의 말씀대로 살겠다고 다짐한다. 이것은 유대인들이 집을 성소로 여긴다는 뜻이기도 하다.

유대인들은 하루에 네 번 정해진 기도 시간에 《토라》가 적힌 상자, 즉 '테필린^{Tefillin}'을 이마와 팔에 매고 얼굴을 가리는 숄을 머리에 두르고 기도를 드린다. 테필린은 양피지에 쓴 성구 두루마리를 넣은 작고 검은 가죽 상자이다. 주로 《토라》의 구절을 적은 것을 넣기 때문에 테필린을 성구함이라고 부른다.

유대인이 만든 인터넷 사이트 '통곡의 벽'에는 하루 약 2,500만 명이 방문하고 있다. 적어도 800만 명 이상의 유대인들이 하루 세 번 이상씩 접속하여 기도하는 삶을 산다는 증거라고 할 수 있다. 그들은 수천 년 동안 말씀과 기도의 삶을 통해서 하느님의 축복을 증명했다. 유대인이 받은 축복의 핵심에 바로 이 테필린이 있다.

또 학교와 직장에서 돌아오면 매일 밤 아버지로부터 히브리어로 된 《토라》와 《탈무드》를 배운다. 자기 전에는 컵에 물을 떠서 침대맡에 놓고 잔다. 다음 날 아침에 기도할 때 깨끗한 손으로 기도하도록 손 씻을 물을 미리 떠 놓는 것이다.

유대인들이 중히 여기는 '쉐마 이스라엘' 명령의 핵심은 '마음', '목숨', '힘'을 다하는 삶의 자세다. 평소 마음과 목숨과 힘을 다해 하느님을 사랑하는 것이 습관화되면 어느 분야에서도 최선의 결과를 이끌어 낼 수 있다. 특히 유대교는 무엇이든지 최선을 다하여 배우려고 하는 배움의 자세를 신앙과 동일하게 여기는 종교다. 기도보다도 배움을 먼저 내세우는 종교다. 그런 배움의 자세와 습관을 지니고 있는 사람은 스포츠, 예술, 학문, 연구 등 어느 분야에서건 반드시 최고를 달성할 수 있게 된다.

또 하나 여기서 놓치지 말아야 하는 것은 그 뒤로 꼭 이어지는 '거듭거듭'이라는 어구다. 이는 습관화, 체화를 의미한다. 곧 앞에서 말한 삶의 자세들이 몸에 밸 때까지 반복적으로 교육하고 훈련해야 한다는 것이다. 이로써 전인적인 자기계발이 완성된다고 할 수 있다.

《토라》와 《탈무드》는 2,500년 유대인 방랑의 역사 속에서 유대민족을 온전히 지켜주었다. 이는 하느님에 대한 경외가 지식의 근본이며, 하느님을 사랑하는 것이 세상 무엇보다도 중요함을 가르쳐 알게 하라는 하느님의 말씀이다. 대부분의 유대인들은 오늘날에도 이 말씀을 받들어 실제로 종교와 생활이 하나 되는 삶을 살려고 노력하고 있다.[12]

---

12) 차동엽, 《무지개원리》, 국일미디어, 2012

역사와 삶 속에 배어 있는 독서 문화

교육은 유대인에게 있어 고대로부터 이어진 질곡과 형극의 가시밭길 역사에서 유일하게 그들의 생존을 지켜주었던 자산이다. 그래서 자식 교육이 최대의 사업이라는 것이 유대인들의 공통된 생각이다. 교육이 과거의 삶을 지켜주었듯이 미래를 여는 열쇠라고 믿는 것이다.

예로부터 유대인은 책의 민족이라 일컬어져왔다. 유대인들이 역사적으로 다른 민족으로부터 숱한 박해를 받은 이유의 하나도 문맹사회에서 유독 유대인들만 책을 많이 읽었기 때문이다. 집권층은 유대인들이 책으로부터 획득한 지혜를 토대로 바른말을 하며 강력히 정의를 주장하지 않을까 늘 두려워해야 했다.

세계에서 가장 독서를 많이 하는 민족은 유대인이다. 유대인의 독서 전통은 어제오늘에 세워진 것이 아니다. 기원전 6세기부터 쓰이기 시작한 《탈무드》에는 독서에 관한 수많은 경구가 수록되어 있다. 《탈무드》에는 "돈을 빌려주기는 거절해도 좋으나 책 빌려주기를 거절해선 안 된다"는 말이 있다. 이것은 유대인이 고대로부터 얼마나 독서를 중요시하는가를 단적으로 나타내주는 말이다. 유대인들에게 독서는 《탈무드》가 명한 일종의 신앙 생활 중 하나였다.

고대의 이런 의식은 중세에도 마찬가지였다. 14세기 유대인 계몽가인 임마누엘은 "그대의 돈을 책을 사는 데 써라. 그 대가로 거기서 황금, 지성을 얻을 것이다", "만약에 잉크가 책과 옷에 동시에 묻었거든 먼저 책에 묻은 잉크부터 닦아낸 다음 옷에 묻은 잉크를 처리하라. 만

약 책과 돈을 동시에 땅에 떨어뜨렸다면 먼저 책부터 집어 올려라"라고 말했다. 이들은 많이 배운 자가 돈을 가진 자보다 훨씬 배가 부르다고 말한다.

근대에 들어와 18세기 유럽의 유대인촌에서는 책을 빌려달라는 것을 거부한 사람에게 벌금을 물렸다는 기록이 있다. 그만큼 유대인은 책벌레다. 책을 많이 읽기 때문에 자연히 유대인 중에 학자와 교사가 많이 배출되었다.

현대에도 독서 중시의 유대인 사상은 변함이 없다. 유대인 거실에는 대부분 TV가 없으며 대신 책장과 함께 토론을 할 수 있는 원탁 테이블이 놓여 있는 경우가 많다. 거의 예외 없이 도서관같이 꾸며져 있는 모습이다. 유대인 부모는 이곳에서 평소에 책 읽는 모습을 자주 보여줌으로써 자연스레 자녀들을 독서로 이끈다. 교육은 모방에서 시작되므로 부모 스스로가 모범을 보이는 것이다. 유대인들은 TV가 있어도 이를 거실에 두지 않고 방에 두면서 아이들에게는 어린이 프로그램만 허용한다. 이는 처음부터 자녀들하고 약속하고 훈련시킨다.

창의성은 특별한 사람의 유전자에 각인된 초자연적인 힘이 아니라 누구나 배우고 발전시킬 수 있는 능력이다. 독서는 창의력과 상상력의 원천이다. 또한 독서는 사고력을 키워준다. 특히 독서 후 독서 내용을 주제로 토론을 하는 것은 이를 극대화시키는 아주 좋은 방법이다. 유대인들의 이러한 독서 문화가 결국 다방면의 우수한 콘텐츠를 만들어낸 것이다.[13]

---

13) 고재학, 《부모라면 유대인처럼》, 예담friend, 2010

어릴 때부터 독서가 몸에 밴 습관 덕분인지 미국에서 고등학교 학생의 지능지수를 조사한 IQ테스트를 보면, 유대인 학생은 다른 미국 학생들보다 평균 11.8가량 높은 것으로 알려졌다. 미국 학생들의 평균 IQ가 98 정도이니 유대인 학생들은 110 정도 되는 것이다. 반면 다양한 인종의 이주민이 모여 사는 이스라엘은 평균 IQ가 94에 불과해 환경적 요인이 크다는 것을 알 수 있다.[14]

유대인 아이들의 독서 습관과 독서량을 잘 보여주는 사례가 또 있다. 한국 아이들이 외국에 나가서 공부할 때 가장 잘하는 과목이 수학이다. 대학입학 시험의 하나인 SAT에서 수학 점수가 다른 나라 아이들보다 보통 20% 정도 높게 나오는 편이다. 그에 반해 유대인 아이들은 영어 점수에서 20% 이상 앞서 나간다. 평소에 책을 많이 읽다 보니 보통의 다른 아이들보다 독해력과 언어 이해의 폭이 그만큼 넓어진 것이다. 그들의 평소 독서량을 알 수 있는 대목이다.

---

14) 참고로 영국 얼스터대학 및 핀란드 헬싱키대학 공동연구팀이 밝힌 바에 따르면, 한국인의 평균 IQ는 106 정도로 국가 단위로는 세계 최상위권이다.

2
하늘 아래
모든 인간은 평등하다

유대인 교육의 또 하나의 특징은 자녀에 대한 유대인 부모들의 인식이다. 부모들은 아이를 부모의 종속물이 아닌 부모와 동등한 인격체로 여긴다. 유대인들은 하느님 아래 모든 인간은 평등하다고 믿기 때문이다. 하느님이 선물로 맡긴 동등한 인격체인 자녀를 보살피려다 보니, 그 보살핌은 자연스레 대화로 이어진다.

유대인 엄마는 늘 아이 곁에서, 아이의 눈높이에 맞추어 이야기한다. 아이가 태어나서 만나는 첫 교육자가 엄마이다. 아이가 한 명의 온전한 유대인으로 클 수 있는 것은 엄마의 힘이 절대적이다. 그래서 이스라엘에서는 엄마가 유대인인지 여부가 유대인 판정의 가장 중요한 요소이다.

유대인 엄마는 아이와 수준을 맞추어 때로는 인내를 갖고 때로는 기도하는 심정으로 대화하며 가르친다. 실제로 그들은 아이를 야단칠 일이 있으면 먼저 기도부터 하고 아이의 이야기를 듣는다.

자녀는 신이 맡기신 선물

유대인들은 하느님이 자녀를 13살 성인식 때까지 부모에게 맡겼다고 생각한다. 그래서 그들은 자녀를 한 사람의 온전한 유대인으로 만들어 성인식 때 하느님께 되돌려드려야 한다고 믿는다.

유대인은 자녀의 근본 소유권은 하느님에게 있기 때문에 하느님이 맡긴 아이를 하느님의 뜻에 따라 키우는 것이 부모의 의무라고 여긴다. 성인식을 치르고 나면 부모는 비로소 자녀 교육의 책임에서 벗어나고 그 뒤의 인생에 대한 책임은 자녀 본인과 하느님에게 있다고 생각한다.

아이를 부모와 동격인 인격체로 보느냐, 아니면 부모의 종속물로 보느냐는 중요한 차이이다. 아이를 인격체로 볼 때는 동등한 인격끼리의 대화가 가능하다. 하지만 인격 형성 과정에 있는 부모의 종속물로 볼 때는 지시와 명령을 통해 부모의 바람이 아이에게 투영된다.

유대인은 자녀를 신의 축복으로 여겨 가급적 인위적인 피임을 하지 않는다. 때문에 자녀가 많은 편이다. 실제 18세기 세계 최고 금융가문을 일으킨 암셀 로스차일드의 경우 아이가 무려 20명이었다. 그중 반이 자라는 과정에서 죽었다. 그리고 나머지 10명 가운데 아들 5명이 힘을 합쳐 유럽 각국에서 금융 왕으로 성장하여 세계적인 금융 그룹을 일구었다.

유대인들은 건강한 아이를 출산하기 위해 계획 임신과 태교를 중요하게 여긴다. 《탈무드》에는 '닛다 계율'이라는 것이 있다. 이것의 핵심은 여자의 생리가 끝나고 나서 일주일간 부부가 금욕 생활을 하는 것이다. 생리 일주일 후에 시작되는 배란일에 맞추어 남성의 정자 수를 늘리고 강하게 만들기 위해서다. 유대인들은 금욕 기간을 통해 만들어진 건강한 정자를 여성의 배란일에 맞추어 싱싱한 난자와 만나게 해야 똑똑한 유전자를 가진 아이가 탄생한다고 믿는다.

태교를 할 때는 보통 태아에게 솔로몬의 지혜서 등 《성경》 말씀을 읽어주거나 찬송을 들려준다. 지혜롭고 신앙심 깊은 아이가 태어날 것을 기원하는 것이다.

전통적으로 유대인들은 그들 종교의 내용을 자녀들에게 가르치기 위해 고대로부터 자기들만의 독특한 교육 방법을 개발해왔다. 그중 하나가 갓난아기 때부터 자녀들에게 하느님에 대한 이야기를 해주는 것이다. 하느님의 존재와 유대교의 핵심 교리를 아이들에게 심어주기 위해서이다. 그리고 반복 암송을 통해 율법을 귀와 몸에 체화시키도록 한다. 어려서부터 율법을 배우면 사람이 매사에 신중해지는 법이다. 이것이 유대인이 일등 민족이 된 비밀의 하나이다.

유대인들이 아기
목욕 시킬 때의 기도문

유대인들은 아기가 태어나면 하느님의 말씀이 수놓인 강보에 싸는데, 그 이유는 평생 하느님의 말씀 안에 거하라는 뜻이다. 아기를 목욕시킬 때는 먼저 아기에게 허락을 받는다. "목욕시켜도 될까요?"라고 친절하게 물어 아이의 동의를 얻고, 엄마는 기도문을 외우며 목욕을 시킨다.

얼굴을 씻어주면서는, "하느님, 이 아이의 얼굴은 하늘을 바라보며 하늘의 소망을 갖고 자라게 하소서."
입안을 씻어주면서는, "하느님, 이 아이의 입에서 나오는 모든 말이 축복의 말이 되게 하소서."
손을 닦아주면서는, "하느님, 이 아이의 손은 기도하는 손이요, 사람을 칭찬하는 손이 되게 하소서."
발을 씻어주면서는, "하느님, 이 아이의 손과 발을 통해 온 민족이 먹고살게 하소서."
머리를 감기면서는, "하느님, 우리 아기의 머릿속에 지혜와 지식이 가득 차게 하소서."
가슴을 씻어주면서는, "하느님, 우리 아기 가슴에 나라와 민족을 사랑하는 마음을 주소서. 5대양 6대주를 가슴에 품고 살게 하소서."
배를 씻어주면서는, "하느님, 우리 아기의 오장육부를 건강하고 튼튼하게 자라게 하소서."
성기를 씻어주면서는, "하느님, 우리 아기가 자라나 결혼하는 날까지 순결을 지켜, 하느님이 원하시는 가정을 이루고 축복의 자녀를 준비하게 하소서."
엉덩이를 씻어주면서는, "하느님, 교만하지 않고 겸손한 자리에 앉게 하소서."
등을 씻어주면서는, "하느님, 부모를 의지하지 않고 안 보이는 하느님만을 의지하게 하소서."

아이의 자존감을 최우선으로 생각한다

세상에 갓 태어난 아기는 탯줄이 끊어졌음에도 여전히 자신을 엄마의 일부라고 느낀다. 자신을 독립적인 존재로 여기지 않기 때문에 자존감 또한 백지 상태다. 자존감이란 자신을 있는 그대로 인정하고 사랑할 줄 아는 귀한 정서이다. 자존감이 높은 사람은 자신에 대한 신뢰와 사랑을 바탕으로 어떤 일이든 최선을 다하고 설령 실패하더라도 자기 비하를 하거나 낙심하지 않는다.

아이에게 자존감을 불어넣기 위해서는 우선 엄마와의 애착 관계attachment relationship가 형성되어야 한다. 애착이란 삶에서 특별한 사람에게 느끼는 강한 결속감을 뜻한다. 만 3살까지의 아이에게 필요한 것은 자신이 보호받고 있다는 안정감과 사랑받고 있다는 느낌이다. 이처럼 중요한 시기에 가장 바람직한 것은 엄마가 항상 아이 옆에서 대화하고 아이를 안아주며 스킨십을 많이 나누는 것이다. 이때에는 아이가 잘못해도 야단치지 않는다. 자존감 형성에 장애가 되기 때문이다.

아이가 잘잘못을 이성적으로 가릴 수 있는 나이는 만 4세부터라고 한다. 이때부터는 아이가 잘못할 경우 대화로써 납득시키고 바로 잡아야 한다. 또 4살부터는 아이가 호기심이 많아지면서 질문을 퍼붓기 시작한다. "엄마, 이건 뭐야?", "엄마, 이건 왜 그래?" 등 그간의 부모의 말과 행동을 모방하여 배우던 입장에서 능동적인 학습 태도로 바뀌는 것이다. 한창 세상에 대한 호기심으로 이것저것 물어오는 아이에게 유대인 부모들은 절대 짜증을 내지 않는다. 오히려 아이의 호기심을 자극하여 더 적극적으로 질문을 하도록 유도한다. 질문을 통해 아이의 사고력을 키워주는 것이다. 유대인 아이들은 모두 똑똑하게 태어난다 기보다는 똑똑하게 키워지는 것이다.[15]

유대인 자녀 교육의 핵심은 대화

랍비 허쉬는 "어머니란 자녀에게 육체적 생명만 주는 게 아니라 영적 신앙도 주어야 하는 사명이 있다"고 설명한다. 이러한 유대교 가르침에 근거하여 유대인 어머니들은 여성이야말로 최초의 교육자이며, 자녀들을 가르치는 의무는 여성의 몫이라는 자부심을 가지고 있다.

미국에는 'Soccer Mom'이라는 말과 'Jewish Mom'이라는 말이 유명하다. 'Soccer Mom'은 미국에서 자녀 교육에 열정적인 주부를 이르는 말이다. 한국에서의 치맛바람과는 조금 의미가 달라서 방과 후 체육이나 재능 교육에 열성적인 부모를 뜻한다. 'Jewish Mom(유대인 엄마)'도 '자녀들에게 배움의 필요성을 강조하는 극성스러운 엄마'란 뜻인데 교육에 관한 한 'Soccer Mom'보다 더 지독한 엄마라는 뜻이다. 그만큼 유대인 엄마의 교육에 대한 열정은 극성스럽기로 유명하다.

유대인 속담 가운데 '하느님은 엄마의 손을 빌어 사랑을 베푸신다'라는 말이 있다. 또 유대인 격언에 '신은 언제 어디에나 존재할 수가 없어 어머니를 만들었다'는 말도 있다. 어머니의 애정은 이처럼 아이들

---

15) 조세핀 킴 지음, 《우리 아이 자존감의 비밀》, 비비북스, 2011

에게 있어 신처럼 절대적인 가치를 갖고 있는 것이다. 엄마의 손은 아이들을 돌보고 일하는 손이며, 엄마의 입은 지혜를 말하는 입이며, 엄마의 마음은 영원한 사랑을 담고 있다.

이러한 애정을 토대로 한 유대인 교육의 핵심은 대화식 교육법이다. 아이를 가르쳐야 할 대상이 아닌 동등한 인격체로 대하여 어른과 똑같이 토론하고 결론을 이끌어내려고 노력하는 것이다. 이런 교육법은 당연히 부모에게 상당한 인내와 끈기를 요구한다.

예를 들어 아이가 장난감 가게에서 무언가를 사달라고 떼를 쓰면 유대인 엄마는 몇 시간이 걸리든 왜 사줄 수 없는지 그 이유를 아이에게 설명하고 또 아이가 무엇을 원하는지 들어준다. 그래서 유대인 가정에서는 엄마와 아이가 논쟁하는 모습을 언제 어디서나 쉽게 볼 수 있다. 대화식 교육은 아이에게 논리적 사고를 할 수 있는 바탕을 길러준다. 나아가 자신의 의견을 당당하게 말할 수 있는 자신감을 고취시킨다.[16]

이런 대화식 교육이 가능한 근저에는 자녀에 대한 믿음이 있다. 유대인들은 기본적으로 자녀를 믿는다. 자녀 안에서도 하느님이 역사하고 계시다는 것을 믿기 때문이다.

아이가 태어나서 성인식을 치르는 13살까지는 아버지가 가정에서 자녀들에게 이성적인 논리 교육을 담당하고, 엄마의 몫은 마음과 마음 사이의 감정을 교류하는 감성 교육이다. 아버지가 IQ 교육이라면 엄마는 EQ 교육을 담당하는 것이다.

---

16) 유태영 교수의 〈이스라엘 영재 교육법〉, blog.naver.com/0zeroma0

후츠파 정신이 나온 역사적 유래

모세가 전해준 율법은 어떤 성문법보다도 '정의와 평등'을 목표로 '민주주의 정신과 여성 존중'이라는 새로운 시대 정신을 담고 있다. 특히 그 무렵 '법 앞의 평등'이라는 개념은 파격이었다.

율법에 담긴 '하느님 아래 모든 인간은 평등하다'라는 유대인의 사상은 애굽 탈출 이후 세계 최초의 민주주의 제도를 도입하게 된다. 왕이 없는 지파별 공동체를 꾸려 평등 사회를 지향했고, 지파 간의 이해관계를 조정해줄 판관을 민의民意로 뽑아 재판을 맡겼다.

나중에는 전쟁통에 일사불란한 지휘 체계를 위해 왕을 뽑았다. 그러나 그도 다른 나라처럼 절대군주가 아니라 단지 하느님의 통치와 율법 아래, 즉 입헌군주제하의 대표자일 뿐이었다. 다윗이 호구조사를 하다 하느님께 크게 벌 받은 이유가 바로 하느님만이 유대인들의 유일한 통치자이자 군주라는 이러한 사상을 어기고 월권을 했기 때문이었다. 이러한 평등 사상이 현대에 이르러 이른바 '후츠파chutzpah 정신'을 낳았다.

후츠파 정신은 역사의 산물이다. 유대인들은 '생각이 바로 경쟁력이다'라는 철학이 있다. 사고의 범위를 무한대로 넓혀야 성공한다는 생각이다. 그렇기에 타인의 생각에 자신을 묶어두지 않는다.

유대인들은 나이나 직위에 상관없이 모두가 평등하다는 뿌리 깊은 믿음을 갖고 있다. 따라서 그들은 수평적인 관계 속에서 상호 묻고 답하며 논쟁하는 것이 습관화되어 있다. 다른 사람의 의견에 대해 의문이 생기거나 이해가 안 되면 누구에게나 주저하지 않고 질문하고 따지는 것이 몸에 밴 것이다.

이스라엘 대학에선 교수든 학생이든 서로 의견이 다를 땐 몇 시간이고 '끝장 토론'을 벌인다. 지위고하를 막론하고 자유롭게 의견을 교환하고 자기 주장을 말하는 것을 서슴지 않는다.

후츠파 정신, 로시가돌로 날개를 달아라

실패를 두려워하지 않는 후츠파 정신은 유대 민족의 창의성을 키우는 원동력이다. 이 정신이 에디슨과 아인슈타인은 물론 오늘날 IT 업계와 벤처 업계를 주도하는 유대인 경영자들을 길러냈다.

최근 우리나라가 창조경제를 강조하며 이스라엘의 후츠파 정신에서 원동력을 찾는 것은 좋지만 이 정신과 반드시 병행해야 하는 내용이 하나 빠져 있다. 바로 책임감과 주인의식을 강조하는 '로시가돌roshgadol'이다.

로시가돌은 원래 '큰 머리'라는 뜻이다. 하지만 이스라엘 군대에서는 '책임감을 가지고 적극적으로 맡은 일 이상을 해내는 것'이라는 의미로 쓰인다. '지시받은 일만 마지못해 한다'는 뜻인 '로시카탄(작은 머리)'의 반대말이다. 후츠파 정신은 더 나은 사회를 만들려는 주인의식인 로시가돌이 뒷받침되어야만 그 가치가 더욱 빛을 발할 수 있다.

3
'베스트'가 아닌 '유니크'를 지향한다

유대인은 아이를 부모가 바라는 형태로 이끌지 않고 먼저 아이의 재능이 무엇인지 알아내려고 한다. 그래서 어려서부터 아이의 지적 호기심을 부단히 자극시켜 아이가 스스로 자신의 재능을 찾게끔 도와준다.

유대인 부모들은 자식이 최고가 되는 것을 바라지 않는다. 그들은 하느님이 개개인에게 남과 다른 독특한 달란트를 주신 것을 믿는다. 그래서 유대인 부모들은 자기 자녀가 하느님이 주신 독특한 재능을 살려 창의적인 사람이 되기를 바랄 뿐이다. '베스트^{Best}'는 단 한 명뿐이지만 '유니크^{Unique}'는 모든 사람이 될 수 있다.

아이의 재능과 개성에 주목하는 유대인

유대인을 지칭하는 '헤브라이'는 '강 건너온 사람'이라는 뜻이다. 여기서 유래하여 '혼자서 다른 편에 서다'라는 의미도 있다. 즉, 그들은 아이에게 '남보다 뛰어나라'는 요구를 하지 않는 대신 '남과 다른 사람이 되라'고 주문한다.

유대인은 자녀들을 다른 사람보다 더 똑똑하고, 더 많이 배우고, 더 성공시키기 위해서 가르치지 않는다. 다만 그들은 자녀들에게 하느님의 선민답게 살라고 가르친다. 그들은 획일적인 방식이 아닌 하느님이 주신 달란트대로 다른 사람들과는 다르게 살라고 가르친다.

유대인 자녀는 경쟁을 통해 다른 사람을 이기려 하지 않는다. 그들은 하느님이 자신에게 준 재능을 가지고 최선을 다해 산다. 때문에 유대인 부모는 학교 공부보다는 하느님의 말씀을 공부하고 그 말씀대로 사는 것을 교육의 최우선 목표로 삼는다.

형제자매끼리도 머리나 능력을 비교하지 않는다. 다만 각자의 장점 곧 '개성'을 키워주려고 애쓴다. 유대인 격언에 "형제의 머리를 비교하면 양쪽을 다 죽이지만, 개성을 비교하면 양쪽을 다 살릴 수 있다"는 말이 있다. 개성을 중시하는 유대인의 교육관을 잘 보여준다.

유대인 부모들은 대신 '싫으면 하지 말고 하려면 최선을 다하라'고 가르친다. 정규 학교에서 퇴학당한 에디슨과 아인슈타인도 이런 풍토 아래에서 세계적인 과학자로 클 수 있었다. 이것이 유대인 교육의 요체이다. 자녀의 재능을 찾아 키워주는 것이 진정한 영재 교육이다.

옛날 우리 초등학교 성적표에는 '수, 우, 미, 양, 가'라는 평가가 있었다. 비록 상대 평가 등급이었지만 그 말뜻은 참으로 아름답다. 수^{秀}는 '우수하다'는 뜻이다. 우^{優}는 '넉넉하다'는 의미가 포함되어 있다. 미^{美}는 '좋다'는 뜻으로 역시 잘했다는 의미이다. 양^{良} 역시 '좋다, 뛰어나다'는 뜻처럼 괜찮다는 의미이다. 마지막으로 가^{可}는 '가능하다'고 할 때의 '가'자로 충분한 가능성을 가지고 있다는 뜻을 내포하고 있다. 모든 아이들은 충분한 재능과 가능성을 갖고 있는 것이다.

학습 장애아로 판정받은 호기심쟁이, 에디슨

에디슨은 1847년 오하이오주에서 일곱 자녀 중 막내로 태어났다. 아버지 사무엘은 네덜란드계 유대인으로 지붕 판자를 만드는 공장 사장이었다.

에디슨은 어려서부터 궁금한 게 많았다. 그래서 물어보는 것을 밥 먹듯했다. 하지만 대부분의 사람들은 에디슨의 질문에 답하지 못했다. 오로지 어머니만이 언제나 자상하게 질문에 대답해주었다.

유대인들은 자녀가 태어날 때 그만의 독특한 재능을 신으로부터 부여받고 태어난다고 믿는다. 그래서 그들은 자녀를 양육하면서 신이 자녀에게 부여한 재능을 발견해내는 것을 가장 큰 과제로 삼는다. 그들이 자녀의 재능을 발견해내는 가장 좋은 방법은 끊임없이 자녀의 지적 호기심을 자극하는 것이다. 이런 호기심의 자극은 고유한 자신만의 재능을 발견하게 하고, 그 재능에 집중하면 결국 그 분야에서 최고의 인물이 되는 것이다.

하루는 밤이 늦도록 에디슨이 집에 들어오지 않았다. 전 식구가 동원되어 마을로 찾아 나섰다. 결국 아버지가 거위와 함께 알을 품고 있는 아이를 찾아내 집으로 데려왔다. 그는 거위가 알을 품고 있다가 후에 알이 부화되는 과정을 보고, 자신이 거위를 부화시켜보고 싶었던 것이다. 이는 에디슨을 얘기할 때 빠지지 않고 등장하는 일화이다.

에디슨은 일곱 살 때 미시간주로 이사를 가 그곳 초등학교에 들어갔다. 어려서부터 상상력이 풍부하고 호기심이 많았던 그에게는 모든 게 호기심의 대상이었다.

어느 날 선생님이 '1 더하기 1은 2'라고 가르쳐주자, 그는 선생님에게 왜 1 더하기 1이 2가 되냐고 물었다. 선생님은 너무 당연한 걸 물으니 대답이 궁했다. "태양은 왜 빛이 나요?", "비는 왜 어두울 때 내리나요?", "바람은 왜 부나요?" 에디슨의 질문 공세가 끊이질 않아 선생님은 수업을 진행하지 못할 정도였다.

어린 시절의 에디슨.

사람들은 자꾸만 질문을 퍼붓는 에디슨을 이상한 아이로 보았고, 에디슨은 당시의 주입식 교육에 적응하는 데 심한 어려움을 겪었다. 나중에는 계속되는 질문들 때문에 선생님들 모두가 에디슨에게 손을 들었다. 결국 그는 도저히 학교 수업을 따라가지 못하는 '학습 장애아'로 판정받았다.

아들의 재능을 믿은 어머니의 노력

교장 선생님은 에디슨의 어머니를 학교로 불러 학교에서는 도저히 이 아이를 가르칠 수 없다고 통보했다. 1 더하기 1이 2임을 이해 못하는 아이라고 설명하자, 에디슨은 밖으로 나가 진흙 두 뭉치를 가져와 합쳐 보이며 1 더하기 1이 1일 수 있음을 교장 선생님에게 보여주었다.

교장 선생님으로부터 아이가 정신적으로 문제가 있다는 말을 들은 에디슨의 어머니는 화를 진정시키며 이야기했다. "내 아들은 결코 저능아가 아닙니다. 다만 호기심이 많을 뿐입니다. 다른 아이들과 다를 뿐입니다. 그것은 어머니인 내가 누구보다 잘 압니다. 선생님의 뜻이 정 그러시다면 제가 집에서 가르치겠습니다."

이렇게 정규 교육을 몇 개월 받지도 못하고 학교에서 퇴출된 학습장애아를 에디슨의 어머니는 직접 가르쳤다. 그녀는 이런 아들을 생각이 많고 호기심과 탐구욕이 강한 아이라고 생각했다. 그래서 아들의 질문에 함께 답을 찾아보곤 했다.

에디슨은 어머니에게 글쓰기와 산수 같은 초등학생이 배워야 하는 것들을 배우기 시작했다. 믿음이 좋은 어머니는 에디슨에게 늘 긍정적으로 대해주며 용기를 주었다. 아이가 잘하는 것에는 칭찬을 아끼지 않았다. 에디슨이 초등학교 전 과정을 마친 것은 집에서 공부를 시작한 지 채 1년도 안 되어서였다. 전직 교사였던 어머니는 엉뚱한 에디슨의 생각이 꽃피울 수 있도록 맘껏 실험을 해볼 수 있게 도와주었다. 그녀는 12살까지 아들을 집에서 가르쳤는데, 에디슨 어머니의 교육관은 전형적인 유대인 부모의 그것이었다.

에디슨의 아버지는 아들에게 책을 사주며 독후감을 쓰게 했다. 에디슨은 학교를 못 가는 데 대한 보상 심리 때문이었는지 지나칠 정도로 책을 많이 읽었다. 이러한 인문학적 소양이 그의 상상력과 호기심을 키웠다.

우리는 문제아를 예로 들때 에디슨과 함께 아인슈타인을 이야기한다. 이론물리학의 천재인 아인슈타인도 결코 뛰어난 학생이 아니었고, 어린 시절 에디슨 못지않게 문제아로 낙인찍혔다. 그는 초등학교 때 말을 잘 못했을 뿐 아니라 운동신경이 둔해 아무 운동도 할 줄 몰랐다. 당연히 함께 놀 친구조차 없었다. 둘의 공통점은 그들에게 모두 헌신적인 유대인 어머니가 있었다는 점이다.

발명왕 에디슨으로 거듭나다

10살 무렵에 에디슨은 벌써 집 지하실에 실험실을 만들어 실험을 시작했다. 실험 도구와 재료를 사야 하는데 돈이 필요하자, 그는 야채를 시장에 내다 팔지 않고 집집마다 돌아다니며 팔았다. 그래야 돈을 더 벌 수 있다고 생각했기 때문이다. 그렇게 번 돈을 어머니에게 맡겼다가 나중에 받아 필요한 실험 도구를 마련했다.

집안이 가난했던 에디슨은 열두 살 때에는 기차 신문팔이가 되었다. 집이 있는 포트 휴런과 디트로이트를 오가는 기차에서 간식, 신문,

잡지는 물론 채소까지 팔았다. 그렇게 신문을 팔다 보니 자기도 신문을 만들 수 있다고 생각되었다. 에디슨은 15살 되던 해인 1862년 기차 안에서 직접 〈그랜드 트렁크 헤럴드〉라는 신문을 제작, 판매하여 짭짤한 수익을 올렸다. 그의 신문은 남북전쟁으로 새로운 정보를 얻기 힘들던 고객들에게 좋은 정보를 제공했다. 일하면서도 한편으로는 열차 칸에 이동 실험실을 만들어 틈틈이 실험을 하였으며, 쉬는 시간을 이용해 도서관을 찾아가 책을 읽었다. 이것이 모두 발명왕으로서의 밑거름이 되었다.

에디슨은 같은 해 3살 연상의 역장 아들 짐 맥켄지의 목숨을 구해 준 것이 인연이 되어 전신기사가 되었다. 짐의 아버지 J.U. 맥켄지는 에디슨을 너무 고맙게 여겨 에디슨을 전신기사로 훈련시켰다. 그는 훌륭한 전신기사가 되어 유능한 기사 생활을 했다. 계속된 실험의 결과로 그는 인류의 발명품 중 가장 위대한 것으로 여겨지는 '백열전구'를 발명해낸다. 이로써 인류는 밤을 낮처럼 밝히며 살 수 있게 되었다. 백열전구를 발명한 1879년 10월 21일은 '에디슨 전구의 날'로 선포되었다.

발명왕 에디슨은 "천재는 1%의 영감과 99%의 노력으로 이루어진다"는 명언으로 유명하다. 이 말에서 알 수 있듯이 그는 발명을 하기 위해 엄청난 노력을 했던 과학자다. 그가 전구를 발명할 때까지 약 2,000번의 실패가 있었다고 한다. 그에게 실패란 성공의 방법을 발견하기 위한 전 단계였을 뿐이다.

에디슨은 이외에도 아름다운 음악을 들려주는 축음기, 장거리 통화를 가능케 한 탄소전화기, 오늘날의 영화가 있게 한 영사기 등 특허

에디슨이 발명한 축음기.

수가 1,000종을 넘어 세계에서 가장 많은 발명을 남긴 사람이다. 현재 1,093개의 미국 특허가 에디슨의 이름으로 등록되어 있다.

당대 최고 재벌 J.P. 모건이 백열전구의 발명 가능성을 사전에 감지하고 에디슨에게 사업 제휴를 제안하였다. 그와 함께 만든 제너럴일렉트릭^{GE}은 석탄을 이용한 세계 최초의 '중앙화력발전소'를 1882년 뉴욕에 건설했다. 바로 이 중앙화력발전소가 세계 최초의 상업 발전소이다. 동시에 그의 첫 발전기도 아울러 건조했다. 이때부터 전기의 대량 생산이 시작된 것이다. 인류사에 남을 또 하나의 획기적인 전환점이었다. 수력발전소는 이보다 조금 늦은 1892년에 선보였다.

19세기 말부터 미국의 주요 도시들은 조명의 혜택을 누렸다. 이로써 도시는 한결 안전한 곳이 되었다.

인류는 전기에 관한 한 유대인의 덕을 톡톡히 보고 있다. 낮을 밝히는 빛은 하느님이 창조하였지만, 밤을 밝히는 빛은 유대인들이 만든 것이다. 전등과 발전소가 에디슨에 의하여 발명되었다면 이를 실용화하여 전기를 대량 공급할 수 있게 된 것은 역시 유대인 J.P. 모건의 자본력 덕분이었다.

지진아 아인슈타인

아인슈타인은 1879년 독일 도나우 강변 울름에서 유대인 가정의 장남으로 태어났다. 부모들은 그를 할아버지의 이름을 따서 아브라함이라고 불렀는데, 그 이름이 너무 유대인 티가 나서 훗날 첫 글자 'A'만 따서 알버트 아인슈타인으로 부르기로 했다. 아버지는 전기 부속품을 파는 작은 가게를 운영했고 어머니는 피아니스트였다. 그가 태어난 이듬해 그의 가족은 뮌헨으로 이사하여 조그마한 전기 부품 공장을 세우고 전기 관련 일을 시작했다.

알버트 아인슈타인은 태어나면서부터 부모에게 걱정을 안겨주었다. 처음 태어났을 때는 뒷머리가 너무 커서 기형아로 의심받았고, 뒷머리가 들어갈 무렵부터는 말을 하지 않아 벙어리 취급을 받기까지 했다. 그는 내성적이고 순한 아기로 말 배우는 것이 남보다 한참 늦었다. 4살까지 단 한 마디도 못했다. 그리고 그 뒤에도 독일어가 어눌해 학교에 입학해서도 말을 잘하지 못했다.

아인슈타인이 5살 무렵 몸이 좋지 않아 병원에 입원을 한 일이 있었다. 이때 아인슈타인의 아버지는 병원에서 그냥 누워 시간을 보내는 아들 아인슈타인에게 선물로 '나침반' 하나를 사주었다. 아버지에게 받은 나침반을 손에 쥔 아인슈타인은 그때부터 침대에 누워 나침반 바늘의 움직임을 관찰했다. 아인슈타인은 흔들흔들 움직이는 자침의 배후에 사람의 힘을 초월한 힘이 숨어 있다는 것을 어렴풋이 느꼈다. 그는 계속적인 나침반 관찰을 통해 자연현상 뒤에는 무언가 규칙이 있다는 사실을 알았다. 장차 자연법칙의 탐구자가 될 자질은 이미 이 때부터 움트고 있었다.

훗날 그는 이 나침반이 상대성이론을 낳은 매개물이라고 밝혔다. 나침반의 자침을 움직이는 더 큰 힘이 존재한다는 것을 깨달으면서 자연과 우주의 법칙을 탐구하고자 하는 열망이 시작되었다는 것이다. 이때 그를 자극한 것은 다름 아닌 호기심과 상상력이었다. 그는 정작 지식보다 중요한 것은 상상력이라고 말한다. "지성의 참된 모습은 지식이 아닌 상상력에서 나타난다"는 것이다.

독일에서는 학습 지진아를 '츠바인슈타인'이라 부르는데, 독일말로 츠바인은 둘을 뜻한다. 즉 '츠바인슈타인'은 바로 '제2의 아인슈타인'이라는 뜻으로 지진아의 미래를 촉망하는 호칭이다.

유대인이라 왕따가 되다

아인슈타인의 아버지는 유대인인 그를 유대인 학교에 보내지 않고 뮌헨의 가톨릭 학교에 보냈다. 그곳의 교육은 지나치게 규칙에 얽매여 있었고 기계적이어서 아인슈타인은 공부에 전혀 흥미를 느끼지 못했다. 그는 권위주의적인 독일 학교를 싫어해 늘 교실에서 말썽을 일으키기 일쑤였다.

게다가 초등학생 때 가톨릭을 믿는 교사가 수업 시간에 대못을 보여주며 유대인은 예수를 죽인 민족이라고 말했다. 그 뒤 급우들이 유대인을 비난하고 욕하여 아인슈타인은 학생들에게 따돌림을 받았다. 왕따가 된 것이다. 그는 독일 교육의 엄격함과 단체 훈련 속에서 무섭고 지루함을 느꼈다.

아인슈타인은 학업 성적도 너무 좋지 않아 학교 선생님들에게 학업 성과를 바랄 수 없는 아이라는 평가를 받고 결국 지진아로 분류되었다. 당시 아인슈타인의 담임은 성적기록부에 '이 아이는 나중에 무엇을 해도 성공할 가능성이 없음'이라고 기록하였다.

담임 선생님의 의견을 본 그의 어머니는 어린 아인슈타인에게 "너는 세상의 다른 아이들에게는 없는 훌륭한 장점이 있단다. 그래서 이 세상에는 너만이 감당할 수 있는 일이 너를 기다리고 있단다. 그 길을 찾아가야 한다. 너는 틀림없이 훌륭한 사람이 될 거야"라고 믿음으로 격려했다.

어머니는 아인슈타인이 남보다 뛰어나길 바라지 않았다. 무언가 남과 다른 특출한 재능이 있을 거라 믿었다. 그녀는 곧 아들에게서 남과 다른 무언가를 찾으려 노력했다. 다른 모든 유대인 어머니들이 그런 것처럼 말이다.

싫으면 하지 마라, 그러나 하려면 최선을 다하라

피아니스트인 어머니는 아인슈타인에게 6살 때부터 피아노와 바이올린을 가르쳤다. 처음에는 아인슈타인이 배우기 싫어하여 1년쯤 배우다 그만두었다. 어머니도 더 이상 강요하지 않았다.

몇 년이 지난 후 아인슈타인은 모차르트의 음악을 연주하고 싶어 다시 바이올린을 배우기 시작했다. 자기가 하고 싶어 다시 시작한 일이었기에 아인슈타인은 최선을 다했다. 나중에는 바이올린을 손에서 놓지 않을 정도였다. 그 결과 아인슈타인에게 놀라운 집중력이 발견되었다. 집중력이야말로 모든 것의 원천이었다.

그 뒤 아인슈타인은 복잡한 수학공식이 풀리지 않을 때 바이올린을 연주했다. 그리고 얼마 지나지 않아 "아! 그거였구나"라고 소리쳤다고 한다. 곧 음악을 연주하면 그의 마음은 평화로운 상태로 되돌아왔고 그것이 그가 해답을 찾는 데 도움을 주었다.

아인슈타인은 바이올린을 배운 지 7년 만에 모차르트의 음악에서 수학적 구조를 깨달았다. 음악 속에 수학이 있다니 놀라운 발견이었다. 이로써 그는 새로운 진리의 세계에 눈을 뜨게 된다. 눈에 보이지 않는 곳이나 미처 깨닫지 못한 것에 진리가 숨어 있을 수도 있다는 것을 알게 된 것이다. 이로부터 아인슈타인은 혼자서 깨닫는 것이야말로 중요하다는 인식을 갖게 되었다. 사물의 뒤에 무엇인가 감춰진 진리가 있다는 생각을 평생 가지게 된 계기였다.

그는 이후 눈에 보이는 세계보다 그 뒤에 감추어진 눈에 안 보이는 세계의 법칙에 강한 호기심을 느꼈다. 유대인 교육에 있어서 이처럼 '호기심 배양'과 '문제의 답을 스스로 찾는 해결법'은 가장 중요한 부분들이다. 그는 호기심과 상상력 속에서 혼자서 감추어진 진리 곧 과학의 법칙을 깨달아가는 데 즐거움을 느꼈다. 아인슈타인은 점점 혼자서 깨닫는 것이 늘어나기 시작했다.

아인슈타인은 12살 때 학교에서 배우기도 전에 기하를 스스로 깨우쳤다. 그 과정에서 기하학의 규칙성과 논리가 그에게 영원히 잊지 못할 인상을 남겼고, 12살 어린 나이에 '거시 세계'의 수수께끼를 푸는 데 헌신하려는 결심을 하게 되었다. 또한 이것은 후에 그가 물리학자로서 능력을 펼치는 원동력이 되었다.

강한 지식욕으로 스스로 길을 찾다

아인슈타인에게 큰 힘이 된 것은 아버지의 독서 교육이었다. 그의 아버지는 평소 집에서 고전문학을 많이 읽었다. 이러한 분위기에서 자란 아인슈타인은 독서로 유년기를 보낸다. 12살 때 혼자 《기하학》을 독파한 후, 14살 때 벌써 칸트의 《순수이성비판》을 읽었다. 이밖에도 그는 플라톤, 존 스튜어트 밀, 데이비드 흄, 칼 피어슨이 쓴 책을 읽으면서 인문학적 사유를 키워 나갔다. 어릴 때 지진아였던 아인슈타인이 커서 천재적인 재능을 발휘할 수 있었던 데에는 인문 고전의 도움이 컸다.

아인슈타인 아버지의 사업이 기울기 시작해 1895년 일가족은 뮌헨을 떠나 이탈리아의 밀라노로 이사를 갔다. 아인슈타인은 중등교육기관인 김나지움Gymnasium에서 공부를 계속하기 위해 혼자 뮌헨에 남았지만 역사·지리·어학에서 낮은 점수를 받아 졸업장도 못 받고 15살 때

학교를 중퇴했다. 아인슈타인은 독일어로 '하나의 돌멩이'라는 뜻이다. 아마 아인슈타인도 다니기 싫은 학교를 억지로 다녔을 때에는 하나의 돌멩이였을 것이다.

가족을 만나기 위해 이탈리아로 건너간 아인슈타인은 그 무렵 뉴턴, 스피노자, 데카르트 등 그의 관심을 끄는 책들을 섭렵하고 있었는데, 훗날 그때의 자신은 강한 지식욕을 가졌었다고 술회했다. 당시엔 아무도 그 사실을 발견치 못했지만 말이다. 만일 그때 그가 다른 아이들과 똑같이 되라는 강요로 계속 억눌려 지냈다면 그의 뛰어난 재능은 꽃을 피우지 못했을지도 모른다.

아인슈타인은 16살 때 미적분을 독학으로 습득했다. 그 무렵 그는 또한 베른스타인의 《통속과학대계》를 읽기 시작해 자연의 현상과 법칙에 깊은 감동을 받았다.

집안의 경제 사정이 좋지 않아 아인슈타인은 빨리 직업을 구해야 했다. 그는 기사가 되기 위해 공대 진학을 염두에 두었다. 하지만 고등학교 졸업증명서가 없어 어떤 대학도 입학할 수가 없었다. 그러다 당시 취리히 연방공대가 입학시험 때 고등학교 졸업증명서가 필요 없음을 알게 되어 응시했으나 실패했다.

그러나 그의 탁월한 수학 성적에 주목한 학장이 그를 불렀다. 아인슈타인은 학장의 배려로 아라우에 있는 자유로운 분위기의 고등학교에서 1년간 더 공부하게 되었다. 1895년 10월의 일이었다. 주립 학교에 들어간 아인슈타인은 그곳의 자유로운 분위기가 아주 마음에 들었다. 아인슈타인이 다녔던 그 학교는 바로 페스탈로치가 설립한 학교였다.

그는 공부에 열중하여 마침내 취리히 연방공대의 입학시험에 합격하게 된다.

대학 시절 아인슈타인은 수업에는 거의 출석하지 않았다고 한다. 그보다는 정치, 종교, 과학, 수학 등의 주제로 친구들과 토론하고 바이올린을 연주하며 즐겁게 대학 생활을 보냈다. 그가 학교 수업에 출석하지 않았다고 해서 공부를 게을리 한 것은 아니었다. 그는 수리물리학자가 되기로 마음먹고 그 기초를 독학으로 공부하였다.

상상력으로 미래를 연 과학자

유대인 두뇌 계발의 첫 번째 비밀은 '상상력'이다. 유대인들은 무언가 추상적인 것을 믿은 최초의 사람들이다. 태양, 산, 황소 등 남들이 다 보이는 신을 믿을 때 눈에 안 보이는 추상적인 존재로서의 하느님을 처음으로 믿었다. 상상력의 시작이었다. 그들은 상상력을 통해서 창조적인 생각에 이를 수 있었다.

아인슈타인도 이런 창조적인 상상력으로 상대성원리라는 결론에 도달할 수 있었다. 16살 여름의 어느 날, 공상에 잠겨 기분 좋게 길을 걷다 '인간이 빛의 속도로 달릴 수 있을까?'라는 생각을 한 것이 계기가 된 것이다.

그 뒤 특허청 심사관으로 근무하던 1905년, 아인슈타인은 독일의 물리학연보에 일련의 중요한 논문 5편을 연달아 발표했다. 5월 한 달동안에 '브라운 운동', '빛의 광전 효과' 그리고 '특수상대성이론'을 연속 게재했다. 세 논문은 저마다 다른 주제로 그 하나하나가 너무나 중요한 것이었다. 이로써 그는 물리학의 지평을 크게 넓혔다. 아인슈타인의 천재성이 눈부시게 타올랐던 시절이다.

또한 같은 해 7월에 '분자 차원의 새로운 결정'을 발표했다. 아인슈타인은 이것으로 나중에 취리히 대학교에서 박사 학위를 받았다. 이 논문은 분자의 운동과 에너지에 관련된 것이었다. 그리고 다음 달 8월에는 '질량과 에너지의 등가설'을 발표했다. 1905년은 정말이지 축복받은 해였다.

아인슈타인은 그동안 자신의 '특수상대성이론'을 중력^{重力} 이론이 포함된 이론으로 확대하고자 1915년 '일반상대성이론'을 발표하였다. 이 이론에서 유도되는 하나의 결론으로 "강한 중력장^{重力場} 속에서 빛은 구부러진다"는 현상을 예언하였다.

이 예언이 옳은지는 개기일식 때 태양 바로 옆에 보이는 별의 위치를 측정하면 확인할 수 있었다. 만약 별에서 나오는 빛이 태양의 중력으로 굽어진다면, 별은 평소의 위치에서 어긋나 보일 것이다. 제1차 세계대전이 끝나고 얼마 안 된 1919년 5월 29일에 그것을 확인할 기회가 찾아왔다. 이것이 영국의 관측대에 의하여 확인되어 아인슈타인은 국제적인 명성을 얻게 된다. 이 사실이 발표되자 온 세계는 발칵 뒤집혔다. 1919년 11월 7일 〈런던타임스〉는 '과학의 혁명―뉴턴주의는 무너졌다'라는 제목 아래 일반상대성이론을 대서특필했다. 다른 나라들도 앞다투어 이 사실을 보도했다.

학자들 사이에서뿐 아니라 위대한 과학자로서 아인슈타인의 이름은 일반인에게도 널리 알려져 신문기자들이 몰려들고 편지가 쏟아져 들어왔다. 사람들은 상대성이론을 거의 이해하지 못했다. 하지만 그 가설들은 대단히 혁명적이어서 아인슈타인이 지구에서 가장 위대한 천재로 환호받았다.

72세 생일날 찍은 아인슈타인의 사진. 경매에서 1억 원에 팔렸다.

"교육의 목적은 기계적인 사람을 만드는 데 있지 않다. 인간적인 사람을 만드는 데 있다. 교육의 비결은 상호존중의 묘미를 알게 하는 데 있다. 일정한 틀에 짜인 교육은 유익하지 못하다. 창조적인 표현과 지식에 대한 기쁨을 깨우쳐주는 것이 교육자 최고의 기술이다." 아인슈타인의 말이다.

오늘날 우리가 집 안에서 위성 텔레비전을 보고 자동차의 내비게이션을 사용할 때, 한 번쯤은 아인슈타인에게 고마운 마음을 가져야 한다. 이러한 것들이 가능하게끔 인류에게 우주의 길을 열어준 과학자가 바로 아인슈타인이기 때문이다. 그가 상대성원리를 발견하여 인공위성 발사와 우주 여행이 가능해졌다. 아인슈타인은 지난 세기 인류에 가장 큰 영향을 미친 인물 중 한 명이다.

평범한 외톨이 소년이었던 스티븐 스필버그

아주 평범했던 유대인 소년이 있었다. 그는 학교에서 친구들 사이에 왕따를 당해 외톨이였다. 단지 유대인이라는 이유였다.

그의 어머니는 "학교에서 4년 동안 C만 받았다"고 회고했다. 여동생은 "사람들은 여드름이 나고 수줍음 타는 안경잡이를 얕잡아 보았다. 심지어 그를 '이상한 아이', '겁쟁이', '멍청이'로 보는 사람도 있었다"고 말했다. 초등학교 때의 담임 선생님 역시 "그는 매우 조용한 아이였다. 친구가 없어서 참 안타까웠다. 특징이 없는 착하고 몸집이 작은 소년이었고 수줍음을 많이 탔다. 다른 애들은 모든 일을 자신의 마음대로 하기를 바라는데, 그는 그렇지 않았다. 왜 그랬는지는 잘 모르겠지만, 자신감 부족 때문이라는 생각도 든다. 나는 정말 꿈에도 그가 어른이 되어 지금의 그가 될 줄은 상상도 못했다"고 말했다.

책을 읽지 못하는 난독증에 시달렸던 소년. 학습 지진아 학급에 편성되기도 했고 급기야 고등학교 2학년 때 학교를 그만둔 소년이 스티븐 스필버그다. 여기까지만 보면 이 주인공은 장래가 촉망되는 인물이 되기에는 턱없이 부족한 소년이었다.

하지만 이 아이가 자라 36살 때 매일 50만 달러를 벌어들이며 억만장자가 된다. 그는 부와 명성을 동시에 거머쥐며 극장을 갖춘 1,200만 달러를 호가하는 저택에 살고 있다. 그의 어린 시절은 결코 천재가 아니었다. 부족한 아이였다. 하지만 그런 스필버그가 세계 100대 갑부에 올라 재산만 무려 30억 달러(약 3조 원)에 이른다. 많은 사람들이 그를 유명한 영화감독으로만 알고 있으나, 그는 제작자이자 드림웍스를 경영하는 기업인이기도 하다.

그가 다소 부족한 아이였음에도 꿈을 이룰 수 있었던 것은 바로 부모님의 영향이 컸다. 스필버그는 아주 자유로운 어린 시절을 보냈는데, 그의 어머니 레아 애들러 역시 당시 어머니들과 다른 사람이었다. 평생 어린아이와 같은 감성을 지녔던 그녀는 유별난 아들을 전적으로 신뢰했으며, 그가 원하는 것을 하도록 내버려두었다.

부모님의 특별한 교육

레아는 피아니스트를 꿈꿀 만큼 음악적 재능이 있는 여성이었다. 결혼 후에는 경제적인 이유로 예술가의 길을 포기했지만 피아노 치는 일을 멈추지 않았고, 집에는 늘 클래식 음악이 흘렀다. 그 덕에 스필버그는 기저귀를 차는 아기였을 때부터 엄마 무릎에 앉아 음악을 들으며 박자를 맞추곤 했다. 그를 잘 아는 사람들은 이런 음악적 영향이 스필버그의 창의력 발달 과정을 이해하는 열쇠라고 말한다. 태내에서부터 들은 엄마의 피아노 소리가 그의 내면으로 스며들었을 것이기 때문이다.

레아는 아들이 많은 호기심과 상상력을 가졌다는 걸 알았지만 그의 유별난 행동을 통제하려 들지 않았다. 그녀는 당시의 보편적인 어머니들보다 개방적이고 진보적이었으며 관용의 미덕을 지니고 있었다.

학교에 들어간 스필버그는 공부에는 흥미가 없고 늘 외톨박이로 공상에 잠겨 있었다. 그런 그를 누구도 눈여겨보지 않았다. 하지만 레아는 자신의 아들이 다른 아이들과 '다르다'는 믿음과 기대를 버리지 않았다. 이런 레아의 긍정적인 사고방식이 스필버그에게 영향을 미쳤다.

훗날 레아는 자녀를 인격체로 대한 자신의 방식에 대해 이렇게 설명했다. "나는 자녀에게 설교하지 않고 친구처럼 대화했다. 그래서 내 충고는 자녀에게 성가시다는 느낌을 주지 않았다. 때문에 자녀들은 내 충고를 진심으로 받아들였다. 많은 아이들이 단지 부모가 말했다는 이유만으로 부모의 말을 들으려 하지 않는다. 나는 자녀들과 친구처럼 지냈다. 나는 그들이 나를 친구로 생각해주기를 바랐다." 레아는 그 모든 것을 다음과 같은 말로 비유적으로 압축했다. "자녀 교육은 마치 자녀와 함께 춤을 추는 것과 같다. 그러나 반드시 자녀가 리드하도록 해야 한다."

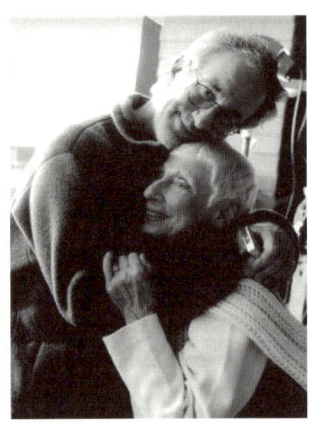

스티븐 스필버그와 그의 어머니 레아 애들러.

이렇게 어머니 레아는 항상 아들과 대화하며 아들의 이야기를 잘 들어주었다. 아들의 눈높이에 맞춘 것이다. 스필버그는 한 인터뷰에서 "내 이야기를 가장 재미있게 들어주고 늘 대화를 충분히 나누며 옆에 있을 수 있는 사람은 어머니뿐이다"고 말했다.

그러나 그의 재능이 전적으로 어머니에게서 온 것은 아니다. 그의 영화에는 온갖 첨단기술에 대한 열정과 영화 제작 도구에 대한 전문적 기술이 아주 두드러지게 나타나는데, 그것은 아버지에게서 물려받은 재능이다. 그의 아버지는 컴퓨터 분야에서 몇 개의 특허를 갖고 있을 만큼 기계공학에 능한 사람이었다. 스필버그는 아버지처럼 기계공학에 관심을 보이지는 않았지만 영화 제작에 대한 관심과 탁월한 첨단 기계의 사용은 아버지로부터 물려받은 재능이다.

게다가 그의 아버지는 어린 아들의 상상력과 창의력을 키워주었다. 어느 날 밤 아버지는 아들을 데리고 사막 한가운데로 차를 몰았다. 아들은 아무 말도 없이 사막으로 달려가는 아버지가 무서웠다.

"10살 때쯤 애리조나에 살던 어느 날 저녁이었다. 자고 있는 나를 깨운 아버지는 잠옷 차림이었던 나를 황급히 차에 태웠다. 무슨 영문인지 몰랐다. 너무 무서웠다. 당시에 어머니는 함께 있지 않았다. 자꾸만 무슨 일이 일어나고 있는지 생각해 보았다. 아버지는 커피가 담긴 보온병과 담요를 챙겼고, 30분 정도 운전했다. 마침내 아버지는 길가에 차를 세웠다. 그곳에는 수백 명이나 되는 사람들이 길가에 누워 하늘을 쳐다보고 있었다. 아버지는 빈자리를 찾아서 담요를 깔고 나와 함께 누웠다. 아버지가 하늘을 가리켰다. 하늘에는 거대한 유성비가 떨어지고 있었다. 수만 점의 빛이 하늘을 십자형으로 가로지르고 있었다. 그런데 이런 현상이 있을 것이라는 예견은 앞서 기상청에서 보도된 것이었다. 아버지는 나를 놀라게 했던 것이다. 아니, 나는 놀라움 이상으로 공포에 떨었다. 동시에 이런 현상을 유발하는 근원이 무척 궁금했다."

스필버그에게 이 충격은 가히 우주적인 경험이었다. 이 경험은 이후 그의 삶에 상상력의 원천이 되었고 영화감독으로 성공하는 계기를 제공해주었다.[17]

13살 때 이미 첫 영화를 만들다

스필버그는 1946년 신시내티 유대인 가정의 장남으로 태어났다. 스필버그의 어머니는 유대교를 믿는 가정에서 자랐지만 자신의 아이들을 유대인 거주 지역에서 편협하게 키우지 않았다. 항상 기독교도들이 살고 있는 지역에서 다른 아이들과 자유롭게 어울릴 수 있도록 해주었다. 그러나 다른 아이들이 유대인이라고 놀렸기 때문에 스필버그는 아이들과 싸우는 일이 많았다. 어머니는 언제나 아이들의 주장을 잘 들어보고, 그들이 옳다고 여기는 것들을 할 수 있게 도와주었다.

그는 학창 시절 굴욕적인 경험들을 갖고 있다. 유대인이 없는 애리조나주 피닉스 근교에 살면서 급우들로부터 심한 따돌림과 굴욕을 당했다. 고등학교 시절에는 동급생들이 그를 쓰러뜨리고 1센트 동전으로 때린 사건이 있었다. 유대인은 지나치게 욕심이 많다며 그에게 동전을 주우라고 시켰던 것이다.

스필버그는 당시 자신이 학교를 증오했다고 말한다. 그는 이미 12세 때 영화감독이 되기로 결심했던 터라 공부에 아예 뜻을 두지 않았다.

---

17) 이코노미플러스 조선닷컴, 최효찬 자녀경영연구소장.

수업 시간에도 페이지마다 그림을 그려놓고 책 페이지를 좌르륵 넘기면 그것이 움직이는 것처럼 보이게 하는 장난에 몰두했다. 그러나 아버지는 일정 성적을 유지하는 조건으로 스필버그가 영화를 만드는 걸 허락했기 때문에 그는 낙제를 겨우 면할 정도의 공부만 했다.

13살 때엔 어느 덩치 큰 아이에게 늘 얻어맞으며 지냈다. 그는 당시 '이길 수 없으면 타협해야 한다'는 생각을 하게 되었다고 회고했다. 그래서 스필버그는 자기를 때리는 아이에게 자신이 만드는 영화의 주인공을 해달라고 제의했다. 그 아이는 제의를 수락하였고, 둘은 아주 친한 친구가 되었다. 스필버그의 영화 〈백 투 더 퓨처〉에 등장하는 소년 깡패가 바로 자신을 괴롭히곤 하던 아이의 투영이다. 스필버그는 이렇게 해서 13살 때 이미 자신의 첫 영화 〈탈출할 길이 없다〉를 완성했다.

고등학교 때는 아버지가 사준 8밀리 코닥카메라에 푹 빠져 그때부터 본격적인 영화인의 길로 들어섰다. 스필버그가 16살 때 제작한 〈불꽃〉은 2시간 30분짜리 8mm 영화로, 밤하늘의 신비로운 빛을 조사하는 과학자들에 관한 이야기였다. 스필버그는 이 영화를 만든 뒤 아버지의 도움으로 동네 극장을 빌려 상영해 하루 만에 제작비 500달러를 뽑아냈다.

그는 대학교에 들어가기 전부터 유니버설영화사에 출입하곤 했다. 촬영장에 몰래 들어갔다 쫓겨난 것만도 여러 번이다. 정문을 통과하기 위해 신사복을 입고 아버지 가방을 들고 직원인 척하는 수법을 쓰기까지 했다. 그는 빈 사무실을 찾아내 '스티븐 스필버그'라는 명패까지 붙여놓곤 하루 종일 촬영장에서 지내는 일을 한동안 계속했다. 그런

식으로 알프레드 히치콕 같은 감독들이 일하는 걸 직접 보면서 자신도 언젠가는 대감독이 되겠다는 꿈을 키워나갔다.

스필버그는 대학 시절 신비롭고 개인적인 주제의 영화들을 만들었다. 하지만 무슨 생각이 들었는지 상업적 성격이 강한 영화 한 편을 만들었다. 1978년에 만든 35mm 영화 〈앰블린〉이 그것이다.

모하비사막에서 태평양 연안까지 히치하이킹을 하는 한 소년과 소녀에 관한 22분짜리 이 영화는 매끄럽고 서정적인 느낌을 주는 작품이었다. 그는 나중에 그게 펩시콜라 광고 같은 것이라고 부끄러워했지만, 뜻하지 않게 이 영화가 그에게 큰 행운을 가져다주었다. 베니스영화제와 애틀랜타영화제에서 수상을 한 것이다. 이로 인해 유니버설영화사 중역들의 눈에 들었고, 당시 유니버설영화사의 텔레비전 부문 책임자인 시드니 샤인버그는 그 영화에 감명을 받아 스필버그와 7년 계약을 체결했다. 계약 당시 스필버그의 나이는 20세였다.

할리우드를 제패한 가장 영향력 있는 영화인

스티븐 스필버그는 이렇게 영화감독이 되었다. 그래서 〈죠스〉라는 영화를 찍기 시작했지만 기계로 만든 상어는 자꾸 고장이 나 돈을 날리고, 영화 상영이 미루어지자 영화사에서 잘릴 위기에 처했다. 그러나 그는 제작을 강행했다. 원래 제작비는 350만 달러였는데, 영화를 끝냈을 때에 투자된 제작비는 그 2배나 되었다. 하지만 〈죠스〉는 미국

역사상 최초의 블록버스터 영화로 기록되어 있는 〈죠스〉의 포스터.

에서만 첫 달에 6,000만 달러의 수익을 기록했다.

그 뒤로 컴퓨터그래픽을 이용하여 〈주라기 공원〉이라는 역사적인 영화를 만들고 〈라이언 일병 구하기〉, 〈인디아나 존스〉 등 수많은 걸작들을 탄생시킨다. 스티븐 스필버그는 감독뿐 아니라 제작자로도 활약해, 친구인 조지 루카스의 〈스타워즈〉 시리즈를 제작하기도 했다. 그는 영화전문지 《프리미어》가 뽑은 할리우드에서 가장 영향력 있는 인물로 선정되었다. '더러운 유대인 놈'에서 '가장 영향력 있는 영화인'으로 거듭난 것이다.

그의 창의성의 원천은 '상상력, 호기심, 도전 정신'이었다. 그중에서도 성공 열쇠는 단연 무한한 상상력이었다. 그의 영화는 환상과 모험, 미지에 대한 호기심으로 가득 차 있다. 그의 엉뚱하고 기발한 상상력은 그대로 영화 속에서 재현됐다.

스필버그는 유대교의 성인식을 치렀지만 계율에 충실한 유대인은 아니었다. 그가 유대인으로서 정체성을 확립한 것은 유명해지고 나서부터다.

그는 유대교로 귀의하고 〈쉰들러 리스트〉를 찍었다. 이 작품을 통해 대학살로 죽어간 자기 뿌리에 대해 직시함으로써 앞으로 다시 닥칠지 모르는 위험에 대비하도록 경종을 울린 것이다. 홀로코스트의 참상을 전 세계에 전한 〈쉰들러 리스트〉에 대해 스필버그는 "다른 사람의 영혼을 구해주는 것은 전 세계를 구해주는 것과 같다"는 《탈무드》의 간단한 가르침을 세상에 알리고 싶었다고 말했다. 영화평론가들은 속편을 두 편씩이나 만들었던 〈백 투 더 퓨처〉도 "우리의 시대를 과거처럼 새롭게 만들어달라"는 유대 교회의 기도문이 의미하는 바와 다르지 않다고 지적한다.

'거룩한 나무Holy Wood'로 교회를 지으면서 세상에 영향을 주려고 하였던 아브라함의 후손들이 이제는 '할리우드Hollywood'를 만들어 세상을 뒤흔들고 있다.[18]

---

18) 육동인, 《0.25의 힘 : 유대인에게 배우는 인생경영법》, 아카넷, 2009.

4
가정은 가장 중요한 성소이자 배움의 장이다

"하느님은 먼저 아담을 지으셨다. 아담은 다른 피조물을 돌보며 행복하게 사는 것 같았으나 사실은 외로웠다. 그래서 하나님은 아담의 갈비뼈로 여자를 만들어 함께 살도록 했다. 아담은 너무 기뻐했다(창세기 2:18-25)."

유대인의 가정관은 남다르다. 가정을 하느님이 주신 가장 존귀한 선물로 인식하고 있다. 하느님이 아담과 이브를 만들고 가장 먼저 한 일이 둘을 결혼시켜 가정을 이루게 하신 일이라 믿고 있다.

유대인 가정의 중심은 가장이다. 하느님을 대신해 가정을 이끄는 아버지로서 그 권위를 인정받는다.

아버지는 밥상머리 교육과 베갯머리 이야기로 아이를 가르친다. 유대인 아빠들은 아무리 바빠도 가족과 저녁 식사를 같이하며 대화를 나누려 노력한다. 대화는 일반적으로 가족 간의 칭찬과 격려의 말로 시작된다. 그리고 《성경》이나 《탈무드》 또는 관심 사항을 주제로 서로 질문하고 토론한다. 그들은 이러한 식사 문화를 당연한 것으로 여긴다. 이렇게 질문과 토론을 통해 길러진 사고력과 통찰력은 자녀를 성공적인 삶으로 이끈다.

중매결혼의 일반화와 결혼계약서

유대인 사회에서는 서구 사회와 달리 중매결혼이 일반화되어 있다. 공동체 속의 학식과 덕망이 있는 학자나 원로들이 주로 중매를 서서 서로 잘 맞을 것 같은 사람들끼리 짝을 지어준다. 《탈무드》는 이상적인 남녀의 결합은 모세의 기적보다 더 큰 기적이라고 말한다. 곧 인간이 꿈꾸는 행복한 결혼이란 바닷물이 갈라지는 기적보다도 쉽지 않다는 이야기다.

유대인 속담에 '기적을 이기는 것은 노력이다'는 말이 있다. 이상형을 만나 결혼에 이르는 것이 '기적'이라면, 부부가 서로 원하는 이상형으로 발전해나가기 위해 함께 '노력'하는 것은 그보다 더 위대한 일이다. 그리고 이것이 곧 '사랑'이다. 유대인 사회 심리학자 에리히 프롬이 쓴 《사랑의 기술》은 이것을 설명한 책이다. 곧 유대인들은 남녀가 연애 감정으로 만나서 결혼하는 것보다는 인격적 결합을 통하여 결혼하여 '노력과 의지'로 사랑을 완성시켜가며 가정을 꾸미는 것을 더 높게 평가한다.

유대인은 성인이 되면 결혼할 수 있다. 남자는 만 13세, 여자는 만 12세에 성인식을 올린다. 유대인은 가정을 상

가정을 상징하는 '후파' 아래서 결혼식을 올리는 유대인들.

징하는 천막인 '후파' 아래서 결혼식을 올린다. 후파는 중요한 뜻을 지니는데 바로 다른 사람들하고 함께 어우러져 살며 좋은 인간 관계를 유지하는 것을 의미한다. 공동체 생활을 강조하는 것이다.

그리고 신랑의 의무 및 신랑이 신부에게 줄 돈, 그리고 여성이 가지고 가는 지참금에 대해 명시해놓은 결혼계약서를 랍비가 낭독할 때, 비로소 결혼의 법적 효력이 생긴다. 이 결혼계약서야말로 고대로부터 여성의 경제적 지위를 보호하고, 남성들에게 이혼을 어렵게 하는 법적 조치로, 유대인의 진보적 사고 방식이 잘 드러나 있다. 여성은 남편이 죽거나 이혼할 때 결혼계약서를 돌려주면서, 계약서에 명시된 신랑이 지불할 돈이나 신부가 가지고 간 지참금을 되돌려받는다.

고대로부터 유대인들은 결혼할 때 신랑이 신부에게 히브리어로 '크투바'라 부르는 결혼계약서를 주었다. 유대교는 기독교와 달리 이혼이 합법적이다. 결혼계약서에 대한 가장 오래된 증거는 기원전 5세기의 것으로 이집트 엘레판틴에서 발견되었다. 유다 왕국이 기원전 586년에 멸망한 이후 많은 유대인들이 이집트에 내려와 살았다.

옛날에는 결혼을 하려면 신부를 데려오기 위해 신랑이 지참금을 내야 했다. 그래서 경제적으로 여유가 없으면 결혼하기도 어려웠다. 기원전 1세기 랍비 시몬 벤 쉐타흐는 이런 폐단을 막기 위해 신랑이 지불해야 할 금액을 결혼계약서에 기록하는 것으로 대신하도록 했다. 실제로는 돈을 지불하지 않지만 그렇게 한 것처럼 여기는 것이다.

유대인의 결혼계약서는 여성을 위한 제도다. 고대 사회에서 여성의 권리는 존중받지 못했다. 고대 사회 남편은 아내를 쉽게 내쫓을 수 있었다. 그러나 유대 사회에서는 그렇게 하기가 어려웠다. 만일 남편이 아내와 이혼하려면 결혼계약서에 명시되어 있는 금액을 실제로 아내에게 지불해야 했다. 결혼할 때는 지불하지 않았지만 이혼하려면 큰 액수를 지불해야 하는 이 규정은 힘없는 여성을 보호하기 위한 제도적 장치였다. 그 옛날부터 이러한 여성 보호 제도가 있었다는 것은 정말 놀라운 일이 아닐 수 없다.

유대인들은 결혼의 지속을 위해 결혼계약서라는 관습을 지켜왔다. 가정은 하느님이 축복하시는 가장 아름다운 공동체이기 때문이다.

세계에서 가장 낮은 이혼율

유대인들은 가정에 이 세상 무엇보다도 귀중한 가치를 부여하고 지키기 때문에 세계에서 가장 낮은 이혼율을 자랑한다. 유대인들의 결혼식을 살펴보면 그들은 결혼하기 1년 전부터 준비를 한다. 그 사이에 예비 신랑 신부는 결혼에 대해 많은 공부를 한다. 그리고 멀리 떨어져 있거나 타국에 있는 친지들에게 결혼 소식을 알리고, 초청장과 함께 비행기 티켓을 예약한다. 친척들은 결혼식을 위해 오래전부터 계획을 세우고 일주일 동안 휴가를 내어 모여든다. 그들은 결혼식을 너무나 중요하게 생각하는데, 그 이유는 '경건한 백성'을 만들 수 있는 유일한 예식이기 때문이다.

신랑 신부는 결혼하면 함께 유대인 결혼교육센터를 다닌다. 성스러운 가정을 꾸려 나가기 위해 배울 게 많기 때문이다. 남편의 경우엔 그 뒤 유대인학교에 입학하는 경우도 있다. 미국 뉴저지 남쪽 레이크시티나 워싱턴DC 근처 볼티모어에 가면 정통파 유대인 자녀 수천 명이 밤낮으로 《성경》과 《탈무드》를 연구하는 유대인학교가 있는데, 정통파 유대인 남자들은 재학 중이나 졸업 후 아니면 결혼 후 최소 1년간 유대인학교에 입학하여 《성경》과 《탈무드》를 배운다. 이때 가정 경제를 지탱하는 밥벌이는 신부가 한다. 이는 남자들이 사회 생활과 가정 생활을 정식으로 시작하기 이전에 영적으로 더 성숙한 사람이 되어 사회와 가정을 이끌어달라는 의미가 담겨 있다.

아버지의 권위는 자녀들의 정신적 기둥

유대인 사회는 기본적으로 부계사회이다. 유대인 가정에는 아버지만 앉을 수 있는 의자가 따로 있다. 그 자리는 다른 가족들이 앉을 수 없는 특별한 권위를 갖고 있다. 유대인에게 있어 아버지의 권위는 하느님으로부터 내려 온 것으로 인식된다. 곧 가정의 제사장인 것이다.

히브리어로 아버지란 단어는 '아바'인데 《성서》에서 이 단어가 의미하는 뜻은 네 가지가 있다. 첫째, 공급자^{Supplier}, 둘째, 보호자^{Protector}, 셋째, 인도자^{Guider}, 넷째, 교육자^{Instructor}가 그것이다. 이는 우리가 흔히 하느님을 아버지라고 부를 때의 개념과 같다.

다시 말해 가정에서 자녀들의 아버지와 회당에서 부르는 하느님 아버지는 사역적인 면에서 동일하다. 하느님 아버지는 우리에게 일용할 양식을 공급하시는 공급자이시고, 우리를 위험에서 보호해주시는 보호자이시며, 우리를 인도해주시는 인도자이시다. 그리고 하느님의 형상을 닮도록 교육하시는 교육자이시다. 그리고 곧 가정에서는 아버지나 하느님 아버지나 같은 역할을 하며 모두 교육자란 뜻을 갖고 있다.

유대인 교육의 담임 교사는 아버지이다. 유대인들은 이렇게 말한다. "모를 때에는 아버지에게 물어라. 아버지가 모르면 랍비에게 물어라."

유대 민족은 전통적으로 가부장적인 사회다. 《탈무드》의 전통에 따라 강조되는 것이 아버지의 권위를 존중하는 것이다. 집안의 중요한 결정은 항상 아버지가 한다. 부인은 가정의 제사장인 남편의 권위를 절대적으로 존중하고 모든 결정을 따른다. 이렇듯 가정에서 아버지의 권위는 아내가 세워주어야 한다. 아내가 남편의 권위를 무시하면 아이들도 아버지의 권위를 무시한다.

아버지를 더없이 존경하는 어머니를 보고 자란 자녀들은 아버지에 대한 절대적인 존경과 신뢰를 갖게 된다. 이것이 바로 유대인 가정에

정연한 질서를 가져다주는 원동력이다.

유대인은 아버지를 '아바', 어머니를 '이마'라고 부른다. 이는 우리 한국인이 아버지를 '아빠', 어머니를 '엄마'라고 부르는 것과 비슷하다.[19]

대대로 이어지는 밥상머리 교육

'식구食口'란 한자는 '밥을 함께 먹는 사람'을 뜻한다. 우리 민족은 '밥상(식사 자리)'을 끼니를 채우는 식사 본연의 목적뿐 아니라 예절과 교육의 장으로 활용하곤 했다. 우리 조상들은 유년 시절부터 조부모님, 부모님, 형제·자매가 늘 식사를 함께했다. 아침에 일어나면 세숫대야에 조부모님 세숫물, 양칫물을 준비해드리고 다 끝나면 아이들의 차례가 되어 세수를 마쳤다. 그 후 밥상에 둘러앉아 할아버지가 수저를 든 후에야 식사가 시작되었다.

식사 자리는 밥만 먹는 자리가 아니었다. 아버지는 할아버지께 집안의 대소사는 물론 다양한 정보를 말씀드리고, 어른들의 가르침을 받는 자리였다. 그 예절과 예의는 공동체의 질서를 유지하고 구성원들 간의 관계를 돈독히 하는 데 꼭 필요한 것들이었다. 자연스레 질서와 나눔, 가족 간의 소통이 이루어지는 교육의 장이었던 것이다.

이러한 밥상머리 교육을 핵가족이 되어서도 잘 지키는 민족이 유대인들이다. 유대인들에게 가족식사를 함께하는 것은 가정 공동체가 지

---

19) 현용수 지음, 《IQ는 아버지 EQ는 어머니 몫이다》, 쉐마, 2009.

밥상머리 교육이 이루어지는 유대인들의 식사 시간.

켜야 할 소중한 의무의 하나이다.

그들의 식사는 항상 감사의 기도로 시작된다. 가족이 함께 모인 것을 고마워하고 그 자리에 하느님이 함께하셔서 감사하다는 뜻이다. 그리고 아버지는 아내가 한 일에 감사하며 아이들을 축복한다. 그래서 아버지가 앉는 자리를 '축복의 자리'라 부른다. 어머니는 자녀가 잘한 일을 구체적으로 열거하며 격려한다. 유대인 부모들은 아이가 한 일 중 결과에 대한 칭찬보다는 과정에 대해 격려한다. 자녀가 목표 달성을 위해 스스로 노력하는 것에 대해 응원을 보내는 것이다.

결과보다 과정을 중시하는 것은 유대인의 오랜 삶의 자세이다. "만약 천사가 눈앞에 나타나 《토라》의 모든 것을 가르쳐준다 해도 나는 거절할 것이다. 배우는 과정은 결과보다 훨씬 중요하기 때문이다"라는 유대인 격언이 있을 정도다.

이렇게 축복과 칭찬과 격려로 시작한 식사 자리가 유쾌하지 않을 리 없다. 유대인에게 밥상머리는 가족이 함께 모여 식사하면서 대화를 통해 가족 간의 공감대를 넓히고 가족 사랑을 확인하는 소중한 곳이다. 또한 식사 시간은 가족들이 하루의 일과를 나누는 소통의 시간이다. 이는 유대인의 오랜 전통으로 유대인 가장은 아무리 바빠도 저녁 식사만은 가족들과 함께 하려고 노력한다. 그도 그의 부모로부터 그렇게 배워왔기 때문이다.

그들은 식사 중에 절대 민감한 이야기나 훈육조의 가르침을 늘어놓지 않는다. 아이들에게 부담을 주지 않는 게 원칙이다. 꾸짖을 일이 있더라도 식사 이후로 미루고 밥상머리에서는 절대 아이를 혼내지 않는다. 밥상머리 대화를 소중하게 생각하기 때문이다.

유대인들은 아이들에게 부정적인 말은 피하고 공감과 긍정적인 말을 많이 한다. 그리고 아이들의 이야기를 중간에 끊지 않고 끝까지 경청한다. 유대인의 밥상머리는 아이들이 자신들도 모르는 사이에 부모로부터 자연스럽게 인내심, 예절, 공손, 나눔, 절제, 배려를 배우는 곳이다. 식사와 가정 교육과 예배가 따로 분리되지 않고 한자리에서 모두 이루어지는 것이다.

정통 보수파 유대인의 식탁은 마치 교회 교리 시간 같다. 식사 때마다 《탈무드》를 공부하는데 이것은 손님이 와도 계속된다. 어떠한 경우에도 예외 없이 식탁에서 신앙과 인생 교육이 행해진다. 식사 때 《탈무드》를 공부하지 않는 일반 가정이라 하더라도 보통 역사와 율법 그리고 도덕을 가르친다.

그들은 식사 시간에 출장 등으로 참석하지 못하는 식구가 있거나 결혼하여 분가한 형제들이 있다고 하더라도, 그 자리를 치우지 않고 평소처럼 식기 등을 그 자리에 차려둔다. 가족은 떨어져 있어도 마음을 항상 함께한다는 표현이다. 유대인들이 가족 간의 단결력이 강하고 나아가 공동체의식과 협동심이 강한 것도 바로 이러한 밥상머리 교육 덕분이다.

사회적으로 바쁜 사람일수록 그들의 밥상머리 교육에 대한 노력은 더욱 치열하다. 유명한 영화감독이자 제작자인 스티븐 스필버그의 경우, 저녁 식사 시간이 다 되었는데도 정 중요한 사업상의 이야기가 남아 있으면 차라리 그 손님을 자기 집 저녁 식사에 초대한다고 한다. 그렇게 해서라도 가족과의 저녁 식사 습관을 지키려 노력하는 것이다.

유대인들은 가치 기준 1순위가 가족이다. 기실 그들은 율법에 의거한 음식 계율을 지키기 위해서라도 가정에서 부인이 차려주는 음식을 먹어야 한다. 그들의 율법 자체가 그들을 가정 중심으로 생활하게끔 만들어져 있다.

구글의 창업자 래리 페이지는 "식사 시간마다 벌어지는 격렬한 토론 때문에 나는 끊임없이 읽고 생각하고 상상해야 했다"고 한다. 스티븐 스필버그는 "학업보다는 다른 분야에 빠져서 엉뚱한 상상만 일삼는데도, 부모님은 항상 내 이야기에 귀를 기울였고 재미있다고 격려해 주셨다"고 말한다. 이렇게 자란 스필버그는 지금도 식사 시간에 아이들과 함께 '이야기 끝 이어가기' 놀이를 하는 것으로 유명하다. 식구들이 돌아가면서 이야기 끝 이어가기 놀이를 하다보면 하나의 스토리가 완성된다. 그 속에는 반전도 있고 엉뚱한 결말도 있다. 이는 아이들의 창의성 개발에도 좋을 뿐만 아니라 심지어 영화 제작에 써먹기도 하는 훌륭한 소재가 되기도 한다.

하버드대 캐서린 스노우 박사팀 연구에 의하면 만 3세 어린이가 책 읽기를 통해 배우는 언어는 140개지만, 가족 식사를 통한 대화에서는 1,000여 개를 학습하는 것으로 나타났다.

칭찬과 격려로 더 훌륭한 아이를 만들 수 있다

말이 씨가 된다는 말이 있다. 말은 마치 땅에 뿌려진 씨와 같아 때가 되면 그 열매를 거둔다는 뜻이다. 그렇게 볼 때 말은 생산적인 힘도 갖고 있으며 파괴적인 힘도 갖고 있음을 알 수 있다. 인간은 기본적으로 인정받고자 하는 욕구를 갖고 있다. 특히 유아기와 유년기, 청소년기에 이 같은 욕구는 더욱 크다.

칭찬은 고래도 춤추게 한다는 말도 있지 않은가. 격려와 칭찬은 인간을 고양시키는 힘이 있다. 아이들의 잠재력에 불을 지르고 그 불꽃을 계속 타오르게 하는 힘이 있다. 격려와 칭찬을 하게 되면 이게 동기부여가 되어 칭찬받을 행동을 하게 된다. 그 행동에 대한 보상으로서 또 칭찬을 받게 되면 이것이 긍정적인 선순환을 일으켜 계속 칭찬받을 행동을 하게 된다. 이렇게 자란 사람은 남을 칭찬하는 데에도 인색하지 않다.

이것을 뒤집어 이야기하면 자녀를 키울 때 단점을 먼저 지적하는 식으로 접근하면 아이는 변명을 늘어놓거나 결사적으로 방어하게 된다. 결국 부모는 흥분하기 쉽고 계속해서 꾸짖다 보면 서로 감정이 부딪친다. 그러므로 우선 단점은 그대로 두고 아이의 좋은 행동을 늘리는 쪽에 집중해야 한다. 결국 좋은 행동이 많아지면 단점은 줄어들게 되어 있다.

"가족들의 더할 나위없는 귀염둥이였던 사람은 성공자의 기분을 일생동안 가지고 살며, 그 성공에 대한 자신감은 그를 자주 성공으로 이끈다." 지그문트 프로이트의 이야기이다.

영어 단어 'praise'는 인간에게 사용될 때는 '칭찬'이라는 뜻으로 쓰이며 하느님에게 사용될 때는 '찬양'의 의미로 사용된다. 하느님은 '찬양받으시기에 합당하신(praiseworthy)' 분이지만 사실상 인간은 칭찬받기에 그리 합당한 존재는 아니다. 그럼에도 하느님은 아브라함의 자손들을 사랑하시어 "나의 종 너 이스라엘아, 나의 택한 야곱아, 나의 벗 아브라함의 자손아, 두려워 말라, 내가 너와 함께함이니라, 놀라지 말라, 나는 네 하느님이 됨이니라, 내가 너를 굳세게 하리라, 참으로 너를 도와주리라, 참으로 나의 의로운 오른손으로 너를 붙들리라(사 41:8-10)"고 말씀하셨다.

유대인들은 항상 이 말씀을 기억한다. 그래서 그들의 삶 속에서 하느님의 기대를 저버리지 않기 위해 서로 칭찬하고 격려하면서 하느님 보시기에 합당한 삶을 살려고 함께 노력한다.

아이가 잘못했을 때도 대화가 먼저

유대인들은 아이를 꾸짖을 때 화난 상태에서는 가급적 말을 자제한다. 우선 자신의 화를 가라앉히고 보통은 기도를 한다. 그리고 평상심을 찾은 다음에 대화를 시작한다. 이때 야단치기보다는 먼저 이유를 묻는다. 왜 잘못을 저지르게 되었는지, 어떻게 했어야 했는지 등에 대해 대화를 나누면서 아이 스스로 생각하고 반성하는 시간을 갖게 한다. 체벌을 해야 할 상황에서도 부모는 목소리를 높이지 않고 아이와 대화를 나눈다. 자신의 입장을 들어주는 부모의 모습을 보면서 아이는 억울하다는 생각을 하지 않게 되고, 차근차근 대화해가는 과정을 통해 잘못을 진심으로 뉘우치게 된다.

자녀를 꾸짖을 때는 기준이 분명해야 한다. 꾸짖더라도 아이에게 수치심을 주는 말이나 인격을 폄하하는 말은 하지 않는다. 한 인격체로서 아이의 자존심을 지켜주는 것이다.

유대인들도 교육상 아이들에게 체벌이 필요하다고 믿는다. 벌주는 일을 주저하다가 나쁜 사람으로 자라게 하기보다는 체벌이 교육적이라고 믿는다. "초달을 차마 못하는 자는 그 자식을 미워함이라(잠언 13:24)"는 말씀이 체벌에 대한 《성경》의 입장이다. 하지만 유대인의 체벌에는 나름의 원칙이 있다. '아이들을 때릴 수밖에 없게 되었을 때는 신발 끈으로만 때리라'는 유대 격언에 따라 아이가 잘못을 저지르면 엉덩이 등에 체벌을 가하되 머리에는 절대 손대지 않는다. 매가 아닌 빗자루 등의 도구도 사용해서는 안 된다.

체벌할 때라도 아이를 절대 '위협'하지 않는다. 위협은 사랑의 행위가 아니기 때문이다. 벌을 주거나 용서해주거나 둘 중 하나다. 아이들을 바른 인간으로 길러내기 위해 체벌한 뒤에는 아이들이 마음의 상처를 받지 않도록 반드시 보듬어주는 것을 원칙으로 한다. 특히 아이를 혼내준 날에는 재울 때 반드시 아이를 따뜻하게 안아준다.

아이들의 상상력을 자극하는 베갯머리 이야기

유대인 부모들의 하루 일과 중 빼놓지 않는 게 잠자리에 든 자녀에게 책을 읽어주거나 이야기를 들려주는 일이다. 그들은 자녀가 돌을 지날 때쯤부터 베갯머리에서 반드시 동화책을 읽어주거나 이야기를 해준다. 자신들의 할아버지나 조상에 대한 이야기를 들려주거나 다윗과 골리앗, 삼손 이야기 등 《성경》의 재미있는 이야기를 골라 들려주기도 한다. 이런 이야기들을 아이들에게 얘기해줌으로써 민족적 긍지를 심어주는 것이다.

조금 더 크면 동화를 읽어주고 느낀 점을 물어 본다. 동화책 한 권을 읽더라도 아이에게 생각하는 습관을 길러주는 것이다. 느낀 점이나 등장인물에 관해 자신의 의견을 말하는 것은 아이의 지적 훈련에 큰 도움이 된다.

침대에 누운 아이에게 다정한 음성으로 책을 읽어주거나 이야기를 해주는 동안 아이는 잠이 든다. 잠자리에서 읽어주는 베갯머리 이야기는 무엇보다도 상상력을 키워주게 되고, 이 시간을 통해 아이들은 부모에 대한 애정과 신뢰를 가슴 깊이 지닐 수 있다.

특히 아버지가 잠들기 전에 책을 읽어주거나 이야기를 해주는 것을 'bed side story'라 한다. 아무리 바쁘고 피곤해도 유대인 아빠들은 15분 이상 베갯머리 이야기를 빠트리지 않는다. 어떤 때는 조용히 자장가를 불러주기도 하는데, 이 같은 베갯머리 이야기나 노래가 아이들의 정서를 풍부하게 만드는 것은 의심의 여지가 없다.

유대인은 13세 이전의 자녀교육은 부모의 가장 중요한 의무라고 생각하는데 그중에서도 밥상머리 교육과 베갯머리 이야기를 제일 중요하게 생각한다. 돌이 갓 지날 무렵부터 부모가 책을 읽어주고 밥상머리 교육을 한 덕분에 유대인 아이들은 4살이면 보통 1,500자 이상의 어휘력을 갖게 된다고 한다. 이야기를 듣는 동안 아이들은 추상적인 개념들도 자연스럽게 익히며, 여러 가지 감정적 경험을 하게 된다. 이야기를 들려준 뒤 그 느낌을 나누는 과정에서 아이들의 사고력도 발달하고 표현력도 길러진다. 이러한 아이들은 커가면서 독서에 대한 호기심과 집중력이 무섭게 발전한다.

필자의 아이들이 외국에서 학교 다닐 때 같이 공부하던 유대인 아이들을 보면, 책을 많이 읽어 대체적으로 감성이 풍부할 뿐 아니라 지적 이해력이 높았다. 그래서 유대인 학생들의 SAT 영어 성적이 대체로 다른 학생들보다 월등하였다.

아이의 두뇌는 24개월 때까지 60%가 발달하고 초등학교 입학 전까지 90%가 발달한다고 한다. 입학 전 가정 교육이 중요한 이유이다.

신명기 6장 7절에 보면 '누워 있을 때에든지', '일어날 때에든지' 자녀들을 부지런히 가르치라고 얘기하고 있다. 유대인들은 베갯머리에서 이를 실천하는 것이다. 그들에게 이것은 선택 사항이 아니라 하느님의 명령이다.

그들은 베갯머리 이야기를 통하여 조상들의 이야기나 민족의 위인들에 대해 이야기해줌으로써 자연스레 유대인으로서의 정체성을 교육한다. 그들이 겪어온 고난의 역사도 중요한 교육 내용의 하나다. 어린 시절에 처절한 고난의 역사를 인식하는 것은 사람을 정신적으로 성숙하게 하는 역할을 한다.

매일 밤 아버지의 베갯머리 교육이 큰 힘을 발휘한 사례가 있다. 미국의 섬유 메이커 몰덴밀즈사가 1995년 말 화재로 불타버리고 말았다. 엄동설한을 맞아 아무 대책도 없는 3,000명의 히스패닉계 노동자들에게는 청천벽력 같은 일이었다. 사장 또한 망연자실하기는 마찬가지였다. 하지만 사장인 아론 페어스타인은 3,000명의 노동자들에게 3개월 후의 조업 재개를 약속했다. 그러면서 그때까지 건강보험, 급여, 보너스 등도 지급하겠노라고 보장해주었다.

이 이야기를 들은 미국 전국의 미디어가 '90년대의 성자'라고 대대적으로 칭송했다. 당시 클린턴 대통령이 그를 백악관에 초대해서 축복의 말을 건넸다. 그는 정통파 유대교도였는데, 아버지에게서 배운 현자의 가르침을 실천했을 뿐이라고 했다. 곧 2,000년 전의 현자 힐렐의 '도덕적 혼돈이 닥쳤을 때, 사람으로서 어찌 처신해야 할 것인지 최선을 다하라'는 가르침을 떠올렸다고 한다. 베갯머리맡에서 아버지한테 들은 선조의 가르침이었다.

안식일의 의미

유대교는 두 개의 큰 기둥으로 이루어져 있다. 하나는 '가정'이고 또 다른 하나는 '배움'이다. 이러한 종교관 덕분에 유대인들은 관습적으로 가정을 지키고 가꾸어나가는 것을 가장 소중한 가치의 하나로 삼고 있다. 한마디로 삶이 종교이며 종교가 삶인 민족이다.

유대 신앙은 기본적으로 이기적 이유로 행해지는 산아 제한이나 낙태에 반대한다. 자녀들이 없는 가정은 축복이 없는 가정이라고 생각하기 때문이다. 인간이 할 수 있는 최고의 선행은 자녀들을 많이 낳아 키우는 것이고 가정을 잘 가꾸어나가는 것이다. 유대인 율법에 따르면 모든 남녀는 최소한 2명의 자녀를 키울 의무가 있다. 물론 산모나 태아의 건강에 문제가 있을 경우는 예외다. 그래서 아이를 낳을 수 없다면 입양을 하기도 한다.

유대인은 안식일을 만든 최초의 민족이다. 그들은 토요일을 '사바스'라 하여 안식일로 정했다. 사바스는 밖으로 놀러 나가는 날이 아니라 집에서 가족과 함께 지내고, 자기 자신과 대면하기 위한 날이다. '나'를 찾는 날인 것이다. 사바스에는 일을 생각나게 하는 모든 활동이 금지되어 있다.

유대인의 두드러진 특징 가운데 하나가 안식일을 철저히 지키는 것이다. 엿새 일하고 하루를 쉰다는 것은, 그 옛날에는 받아들이기 어려운 개념이었다. 먹을 것이 풍부하지 않았던 시절에 하루를 쉰다는 것은 곧 굶주림을 뜻했다. 더구나 노예들에게까지 적용시킨 유대인의 휴일 제도는 이민족의 큰 반발을 샀다.

당시는 일주일 내내 일해도 먹고살기 힘든 때였다. 휴식의 날을 따로 정해 하루 종일 쉰다는 것은 생각조차 할 수 없었다. 하지만 유대인들은 안식일을 지켰다. 하느님의 명령이었기 때문이다. 출애굽기

20장에는 하느님께서 지키라고 주신 10계명이 등장한다. 이때 하느님은 안식일을 기억하고 지키라고 명령하신다.

안식일은 창조 기념일이다. 하느님이 6일간 만물을 창조하시고, 제7일에 쉬셨다. 그리고 그 쉬는 날을 거룩한 날로 정하여 축복하셨다. 이처럼 인간도 안식일에 쉬면서 육체적인 노동에서 벗어나 우주 만물을 지은 하느님을 기억하라는 뜻이다. 동시에 보잘 것 없는 나 자신을 되돌아보아 교만에 빠지지 말라는 의도도 담고 있다. 여기서 교만이란 인간 사이에서의 교만이 아니라 하느님을 도외시 한 자기 중심적인 생각을 의미한다.

철저하게 지키는 안식일

"너는 이스라엘 자손에게 고하여 이르기를 너희는 나의 안식일을 지키라 이는 나와 너희 사이에 너희 대대의 표징이니 나는 너희를 거룩하게 하는 여호와인 줄 너희로 알게 함이라(창세기 2:18-25)."

유대인들은 안식일을 지키지 않는 유대인은 가차 없이 죽였다. 안식일에 노동을 금지하는 법이 매우 엄격해 마카비 시대 신심 깊은 유대인들은 안식일에 전쟁을 하느니 차라리 죽음을 택했다. 이렇게 그들은 어려운 환경에서도 안식일을 목숨 걸고 지켰다.

안식일 개념은 이후 1,500년이 더 흘러서야 로마 제국에 의해 받아들어져 이방인들도 일주일에 하루를 쉴 수 있게 되었다. 안식일 제도는 노동의 피로를 풀고 삶의 기쁨을 증가시키는, 유대인의 위대한 공헌 가운데 하나다. 유대인들이 인류에게 '휴식의 날'이라는 개념을 선물한 것이다. 목숨을 걸고 안식일을 지킨 유대인 덕에 인류는 6일간의 노동에서 해방되어 하루를 쉴 수 있게 되었다.

안식년과 희년 또한 안식일과 마찬가지 개념이다. 유대인에게 적용된 율법이 노예에게도 적용되어, 노예도 7년만 일하면 해방될 수 있었다. 당시로서는 파격이었다. 그리고 50년이 되는 희년에는 모든 것이 용서되고 모든 빚이 면제되며 모든 사람에게 해방이 선포된다. 율법 정신의 최고 목적은 정의의 실현에 있다. 안식년과 희년 법은 사회적 불평등을 정기적으로 해소해준다.

이러한 율법 정신은 공동체 자본주의를 지향하는 현대인에게도 많은 숙제를 내주고 있다. 안식년과 희년은 아직 이방인에게는 받아들여지지 않은 제도로 앞으로 인류가 본받아야 할 제도다. 특히 안식년은 일자리를 나눌 수 있는 귀한 제도다. 전체 기업이 안식년제를 도입하면 일거에 실업이 해소될 수 있다. 정부와 기업과 개인이 안식년 급여를 3분의 1씩 공동 부담하면 추진이 불가능한 일도 아니다.

유대인들은 금요일 일몰 시간에 시작해서 토요일 일몰 시간에 끝나는 그들의 성스러운 주일인 '사바스' 혹은 '샤바트라 부름' 기간에 아무 일도 하지 않는다. 히브리어로 안식일을 뜻하는 '샤바트'라는 말 자체가 '그만두다'라는 뜻을 갖고 있다. 그 날은 모든 일이 금지된다. 출애굽기는 특히 불을 댕기는 일을 금하고 있다. 그래서 그 날은 자동차 시동도 못 걸고 엘리베이터 단추도 못 누른다. 《미쉬나》에서는 불을 사용하는 노동을 39가지나 예로 들어놓아 나뭇가지조차 부러뜨릴 수가 없다. 또한 짐 나르는 일을 금하고 설혹 남의 것이라도 말을 탈 수가 없었다.

안식일에 유대인들은 모두 걸어서 회당으로 향한다.

유대인 회당에는 아예 주차장이 없다. 안식일에 차를 운전하는 것은 계율에 어긋난다고 해서 온 가족이 걸어서 회당에 가기 때문이다. 이들은 안식일 내내 음식 만드는 일, 전기 스위치를 켜고 끄는 일을 하지 못한다. TV도 안 보고 전화도 받지 않는다. 회당 내에서는 마이크를 사용하지 않고, 전깃불을 켜거나 끄지도 못하기 때문에 안식일이 시작되기 전에 미리 켜놓고 아예 끄지 않는다. 이 날은 노동은 물론이고 놀이, 여행이 금지된다. 돈을 다루어도 안 된다.

그래서 정통파 유대인들은 집에 여닫아도 불이 켜지지 않는 냉장고, 자동으로 불이 켜지고 밤 12시에 꺼지는 조명기구 등을 장만해놓고 산다. 이 날은 집 안 잡일을 해주는 기독교도(샤바트 고이)를 고용하기도 한다. 오늘날에는 생명을 구하기 위한 일, 임산부를 돕는 일, 정당방위를 위한 행동은 허용하고 있다.

안식일에는 주로 독서와 대화

안식일에 유대인들은 시너고그에 예배를 보러 갔다 오는 시간을 제외하고는 밖에 나가지 않는다. 대부분 가족들과 지내는 것을 원칙으로 삼고 있다. 업무에 관한 책이나 편지를 읽어서도 안 되고 일에 대한 말을 해서도 안 된다. 그 시간에 다른 일상사에서 벗어나 오롯이 하느님과 가족들만 생각하며 휴식을 취하도록 계율화되어 있다. 그러다 보니 대부분의 가정에서 안식일 날은 주로 독서와 대화로 시간을 보낸다.

이스라엘에선 안식일 곧 토요일마다 음식점, 유원지, 공원, 박물관이 모두 문을 닫는다. 대중교통도 거의 정지되며 혹시 탄다고 해도 30% 할증 요금을 내야 하고 주유소들도 문을 닫는다. 사회 전체가 안식을 취하기 때문에 밖에 나가는 게 매우 불편하다. 하지만 근래 들어 미국의 경우, 정통파 유대교가 아닌 보수파와 개혁파에서는 안식일에 자동차 운행을 하는 것을 인정했다. 실생활에서 차 없이는 살 수 없는 넓은 땅 미국에서는 환영받을 수밖에 없었다. 보수파와 개혁파는 재미 유대인의 각각 30%를 차지한다.

참고로 유대인의 히브리력은 달의 운동을 중심으로 한 음력이다. 우리가 사용하는 그레고리력과 다르다. 하루는 해가 지는 일몰에서부터 시작하고, 한 주일은 토요일 일몰부터 시작된다. 일몰로부터 하루의 시작을 계산하는 것은 창세기에 묘사된 창조 설화에 기초하고 있다. "저녁이 되며 아침이 되니 이는 첫째 날이다." 또한 그들은 밝은 무렵에 시작해서 어두워진 뒤 끝나기보다는, 어두움에서 시작해서 밝을 무렵에 끝나는 편이 낫다고 생각한다.

해가 바뀌는 정월 초하루 역시 가을에 시작된다. 유대인들은 태음력인 히브리력을 태양력과 일치시키기 위하여 19년을 주기로 7번의 윤년을 집어넣는다. 그러나 히브리력과 같은 태음력을 사용하는 이슬람력은 태양력보다 부족한 11일 차이를 조정하지 않는다. 그래서 이슬람의 정초는 매년 11일씩 당겨진다. 금식월인 라마단이 3년마다 한 달씩 앞당겨지는 이유다.

유대인은 아담이 기원전 3761년에 창조되었다고 믿었다. 그래서 유대력은 양력에 3,760년을 더한다. 흔히 '인류의 5,000년사' 혹은 '유대인의 5,000년사'라 함은 이 때문이다. 우리도 단군왕검이 고조선을 세운 기원전 2333년을 원년으로 하는 단기檀紀를 쓰고 있다. 이러한 민족의 기원력을 쓰고 있는 민족은 한민족과 유대민족뿐이다.

경건하고 정성스럽게 준비하는 안식일 식사

유대인 가정은 사바스가 시작되기 전부터 가장 정성 들인 저녁 식사를 준비하고 집을 깨끗이 청소한다. 그리고 금요일 날만큼은 가족 모두 일찍 들어와 목욕하고 가장 좋은 하얀 옷으로 갈아입는다. 몸과 마음을 깨끗하고 경건하게 준비하는 것이다. 해가 진 후 사바스가 시작되면 어떠한 일도 하면 안 된다. 음식도 미리 준비해놓아야 한다. 불을 켜는 것도 하면 안 되기 때문에 어두워지기 전에 촛불도 미리 켜 놓고 음식 데울 불도 미리 켜놓는다. 그리고 안식일 날은 가족이 함께 세 끼 식사를 하고, 기도하고, 배우고, 노래 부른다.

유대인에게 식사는 곧 하느님과 교제를 나누는 행위 가운데 하나다. 때문에 엄격하고 정성스럽게 준비한다. 예루살렘 성전이 파괴된 이후부터 제사할 곳을 잃은 유대인은 하느님께 제사 드리는 일을 가정으로 가져왔다. 안식일이 시작되는 금요일 저녁 식사는 이런 의미가 담겨 있다. 그래서 유대인들은 밥상을 '앨터^{Alter}' 곧 제단이라고 부른다. 유대인에게 있어 안식일 날의 가정은 성전의 개념을 갖고 있는 것이다.

식사 자리에서 가족 예배는 남편이 아내가 얼마나 아름다운가를 찬미하는 말을 《성서》에서 찾아 읽는 것으로 시작한다. 유대인은 고대로부터 부부 간의 사랑을 으뜸 가치로 여겨왔다. 그리고 아버지가 자녀들에게 한 사람씩 축복 기도를 해준다. 그 뒤 행복한 일주일이 되기를 모두 합심해서 정성껏 기도하고, 가족이 입을 모아 평화를 기원하는 사바스의 찬미 노래를 부른다. 그리고 잠언 31장 10~31절에 있는 현숙한 여인에 대한 찬송을 불러 어머니를 기쁘게 해준다.

안식일이 시작되는 금요일 저녁의 밥상머리 예배는 엿새 동안 세속에서 살다가 거룩한 날로 들어가기 위해 드리는 예배이다. 예배는 절기에 따라 길게 이어질 수도 있다. 이렇게 예배를 드리는 사이 아이들에게는 인내심과 자제심이 길러진다. 예배 도중에 가난한 이웃에 전할 동전 모으기 의식도 있다. 이는 유대인에게 있어 기부 행위나 자선은 선택이 아니라 의무임을 마음에 새겨주는 것이다. 그리고 부엌에 가서

유대인 가족의 안식일 식사 모습.

손을 씻고 와 준비된 음식을 먹기 전에 식구들끼리 덕담을 나눈다. 서로에게 감사의 말을 전하며 소중한 사랑의 끈을 보듬고 연결하는 것이다. 식사 중에《성경》공부를 하고 대화를 많이 하므로 전체 식사 시간은 보통 2시간 이상 걸린다.

이 밥상 공동체와 밥상 준비가 유대인 교육의 핵심이다. 손수 음식을 준비하는 어머니의 정성, 가족이 한자리에 모여 나누는 이야기꽃, 새로운 반찬이 하나씩 올려질 때마다 하느님께 드리는 감사와 찬양, 밥상 앞에서 자녀들이 부모님께 드리는 고마움의 표시, 그리고 아버지가 아이들을 축복해주는 모습들이 그것이다.

안식일에는 일과 관련된 일은 하지 못한다. 하지만 아이들 공부는 돌보아줄 수 있다. 그래서 안식일에 가정에서 나누는 화제는 주로 애들 공부와 교육에 관계된 것들이다.

사바스는 곧 성가정을 이루고자 하는 노력이요, 가정과 종교의 합일이다. 이렇듯 유대인의 생활 중심은 '가정과 학습'이다. 이 두 가지가 사바스의 주된 테마다. 휴일인 'Holiday'의 어원은 말 그대로 거룩한 날인 'Holy day'에서 유래했다. 유대인은 안식일을 가족과 함께 거룩하게 보낸다.

바쁘다고 하는 것은 얼핏 근면함을 나타내는 것처럼 보이나 실제로는 그렇지 않다. 인간은 더러 일을 떠나 일주일에 하루 정도는 '도대체

왜 태어났는가? 인생의 목표는 무엇인가? 내게 어떤 사명이 주어졌는가? 자연의 섭리는 무엇인가?' 하는 가장 본질적인 문제에 조용히 마음을 모아 침잠할 필요가 있다.

삶을 열정적으로 바쁘게 사는 것도 좋지만 사색하며 자신을 돌아보는 시간도 중요하다. 유대인들이 인류에 큰 족적을 남긴 수많은 창의적인 인물을 배출한 것은 우연이 아니다. 일주일에 하루 모든 걸 내려놓고 쉬면서 독서하고, 토론하고, 사색하는 습관이 유대인의 성공 요인 중 하나이다.

여자에 대한
《탈무드》의 설명

〈이브의 창조〉. 미켈란젤로가 그린 시스티나 예배당 중앙 천장화의 일부분.

우선 남자와 여자는 동등하다. 그러나 여자는 남자보다 훨씬 더 아름답고, 더 지혜롭고, 감정이 풍부하며 남자를 조정할 수 있는 능력을 가졌다고 한다. 어떤 남자라도 여자의 이상한 아름다움에는 저항할 수 없다고 한다. 왜 그럴까? 랍비들의 설명을 들어보자.

하느님은 여자를 만드실 때 여자는 사랑이 많고 심성이 깊도록 만들려고 하셨다. 그리고 남자를 사랑하고 잘 도와줄 지혜로운 여자를 생각하셨다. 그러기 위해서는 남자의 몸 일부를 떼어 여자를 만드는 것이 가장 좋다고 보셨다.
그러면 남자의 몸 어느 부분을 떼어 여자를 만들까?
머리를 떼어 만들면 너무 자존심이 강하고 교만한 사람이 될 것 같고,
눈을 떼어 만들면 호기심이 너무 많아 호사가가 될 것 같고,
귀를 떼어 만들면 남의 이야기들을 엿듣기 좋아하는 도청자가 될 것 같고,
입을 떼어 만들면 수다쟁이가 될 것 같고,
심장을 떼어 만들면 질투심 많은 여자가 될 것 같고,
손에서 떼어 만들면 무엇이든지 만지는 대로 가지려는 욕심쟁이가 될 것 같고,
발에서 떼어 만들면 놀러 다니기 좋아하는 게으른 여자가 될 것 같아서
결국은 몸 안에 숨겨진 갈비뼈를 빼어서 여자를 만들었다고 한다.

그러나 어떤 랍비는 이렇게 해석하기도 한다.

남자의 머리로 만들지 않은 것은 남자를 지배하지 않도록 하기 위함이고,

발로 만들지 않은 것은 남자의 노예가 되지 않게 하려는 것이고,
가슴에 있는 갈비뼈로 만든 것은 여자가 항상 남자의 마음 가까이에 있을 수 있도록 하기 위한 것이라고….

또 어떤 랍비는 여자도 남자와 동등하다는 뜻에서 머리도 아니고 발도 아니라 가슴의 갈비뼈로 만들었다고 한다. 또 어떤 랍비는 남자의 갈비뼈를 빼서 여자를 만들었으므로 남자는 자기의 잃어버린 것을 되찾으려고 여자를 따라간다고 한다.
유대인들은 이러한 여러 가지 해석들을 남녀가 함께 살아가는 데 모두 알아야 할 지혜의 말씀으로 믿고 살아간다.[20]

---

20) 한상휴의 생활칼럼, 〈유대인의 삶의 지혜〉, www.webegt.com.

5
《탈무드》 교육법, 질문과 토론

《탈무드》에는 '혼자서 배우면 바보가 된다'는 구절이 있다. 그래서 전통적으로《탈무드》를 가르칠 때 질문과 토론의 방식으로 가르친다. 이러한 방식은 학교 교육도 마찬가지이다. 학교 교육 또한 주입식 교육이 아니라 개념을 이해하고 원리를 스스로 깨우치게 하고 있다. 그렇다 보니 수업은 질문과 토론으로 진행된다. 질문을 매개로 토론이 진행되는 것이다. 질문은 준비된 자의 노고의 산물이다. 좋은 질문일수록 그렇다. 이러한 질문 문화가 유대인 창의성의 뿌리이다.

질문과 토론은 개념의 이해와 응용을 전제로 가능한 것이다. 불꽃 튀는 질문과 토론은 여러 사고방식의 충돌과 융합에 의해 창의성을 길러내는 토양이 된다.

유대인과 한국인의 교육 방법 차이

유대인과 한국인은 교육을 중시한다는 점에서 공통점을 가진다. 하지만 그 방법은 크게 다르다. 유대인 부모는 아이들에게 먼저 이야기부터 들려주고 수수께끼를 내어 사고력을 기른다. 재미있게 배우게 함으로써 공부는 즐거운 것이라는 인식을 갖게 한다.

한국인의 공부 방법은 주로 암기식인데 반해 유대인의 교육은 주로 토론식이다. 유대인 학교에서는 학생들이 선생님에게 묻고 선생님이 대답하는 형식으로 수업이 진행된다. 선생님이 되묻기도 한다.

자녀가 돌아오면 유대인 어머니는 아이들에게 오늘 학교에서 무엇을 배웠느냐고 묻지 않고 오늘은 선생님에게 무엇을 여쭈어보았느냐고 묻는다. 유대인 부모는 입학 첫날 아이에게 "학교에 가면 훌륭한 선생님을 만나게 되는데, 모르면 무엇이든지 물어보아라" 하고 가르친다. 반면 우리 부모들은 "학교에 가면 선생님 말씀 잘 들어라" 하고 가르친다. 한쪽은 주도적인 자율성을 강조하는 반면 다른 한쪽은 수동적이고 타율적이라 할 수 있다.

유대인 가르침 가운데에는 "사람은 잘 배워야 한다. 하지만 수동적으로 배우는 습관을 가져서는 안 된다"는 말이 있다. 아이가 수동적으로 배우는 습관을 들이면 인간의 천성적인 창의력은 서서히 죽어가기 때문이다.

《탈무드》는 "교사는 혼자만 알고 떠들어서는 안 된다. 만약 아이가 듣기만 한다면 가르치는 것이 아니라 앵무새를 키우는 것일 뿐이다.

유대인 사회에서 교사는 **일방적으로 가르치기만 하는 사람이 아니다.**

교사가 이야기하면 학생은 거기에 대해 질문을 해야 한다. 그래서 교사와 학생이 주고받는 말이 활발하면 할수록 교육 효과는 상승한다"고 가르치고 있다. 말 잘 듣는 학생보다 호기심이 넘쳐 모르는 것을 당당히 묻는 학생이 더 창의적인 사람이 되는 것은 당연한 결과다. 이래서 유대인 부모가 자녀에게 제일 강조하는 것이 '질문'이다.

질문에도 격이 있다. 질문이란 것은 내용을 어느 정도 파악하고 알아야 할 수 있는 것이다. 질문하는 것을 보면 학생의 수준을 알 수 있다. 실제로 유대인 학교에서는 좋은 질문을 하는 학생이 학급의 리더가 된다. 문답식 교육은 유대인 고유의 전통적인 교육 방법이다. 이런 관습이 유대인의 토론 문화를 키웠다.

정답은 하나만 있지 않다

우리들은 흔히 누군가가 정답을 발견하면 더 이상 또 다른 정답을 구하려 하지 않는다. '하나의 정답'을 찾는 습관은 문제를 생각하는 방법이나 취급하는 방법에 미리 한계를 정하는 것이다. 문제를 해결하고 개선하기 위해서는 종종 두 번째, 세 번째 혹은 열 번째가 정답일 경우도 있다. 창의성을 높이기 위해서 중요한 것은 실제로 다각도로 답을 구하고 찾는 일이다.

또 하나 중요한 것은 '답은 묻는 질문에 따라 달라진다'는 점이다. 여러 가지 답을 이끌어낼 수 있도록 질문하는 말의 표현을 여러 각도로 해보자. 한 가지 방법은 둘 이상의 답을 유도하는 질문을 하는 것이고, 또 한 가지는 상대방이 깜짝 놀랄 만한 질문을 하는 것이다.[21]

《탈무드》식 교육의 핵심은 이처럼 질문과 토론이다. 유대인 아이들은 어릴 때부터 《탈무드》식 토론이라는 것을 한다. 부모와 아이가 식탁이나 거실 등 함께 있는 시간을 정해서 《탈무드》를 펼쳐놓고 마주 앉는다. 짤막한 이야기 형식으로 된 《탈무드》의 내용을 하나 읽은 후 토론을 한다. 이때 각자의 생각대로 논리적 공격과 방어를 한다.

그러면 상대의 논리를 반박하기 위해 갖가지 아이디어를 떠올린다. 그리고 치밀하고 빈틈없는 방어 논리를 개발한다. 이러는 동안 사고력이 키워지는 것이다. 이렇게 어릴 때부터 매일 토론을 해온 아이들은 갈수록 왕성한 호기심과 창의력을 발휘하게 된다.

토론 문화는 창의성을 키운다. 창의성은 남과 다른 생각을 하는 것에서부터 출발한다. 토론하는 사람들과 다른 생각을 하든지, 어제의 나와 다른 생각을 하는 것을 말한다. 곧 창의력은 남과 다른, 어제의 나와 다른 새로운 생각을 해내는 능력이다. 토론은 다양한 사고와 접근 방법을 유도하여 각자가 항상 새로운 것을 찾아내게 한다.

---

21) 허정림 글, 김지훈, 장유정 그림, 《재미있는 발명 이야기》, 가나출판사, 2007.

토론 문화의 학문적 확대는 융합으로 이어진다. 둘 이상이 합쳐져 새로운 하나가 창조되고 서로 다른 분야가 합쳐져 시너지 효과가 나는 것이다. 과학과 인문이 만나 새로운 감성이 태어나듯이, 이를 통해 창의성의 불꽃이 사방에서 피어날 수 있다.

유대인의 종교 교육

유대인의 종교 교육은 반복된 암송을 통해 일단 몸에 체화시킨다. 그 다음 공부 방법은 질문식 수업으로 진행된다. 유대인 선생들은 아이들에게 답을 즉시 가르쳐주지 않는다. 질문을 계속하여 스스로 답을 찾도록 도와준다. 그리고 설사 틀리더라도 절대로 윽박지르지 않는다. 오히려 더 잘할 수 있다는 가능성을 심어준다.

그리고 대부분의 교육은 토론을 통해 진행된다. 특히《탈무드》교육은 친구 간 1대1 토론 방식으로 진행된다. 그들은《탈무드》의 내용 중 한 구절을 놓고 한두 시간씩 논쟁을 벌이기 일쑤이다. 한쪽이《탈무드》를 해석하면 다른 쪽은 그것을 왜 그렇게 해석했는지 질문하는 역할을 한다. 그리고 그에 대한 답을 말하면 상대방은 다시 그 답의 부당성을 조목조목 반박한다. 여기서 상대방이 허점을 보이면 사정없이 공격해 곤경에 빠뜨린다. 그러니 답변자는 모든 가정假定에 대비해 대책을 세워야 한다. 이후 역할을 바꾸어 다시 논쟁을 시작한다. 일방적으로 주입하는 지식은 자기 것이 되지 않는다는 것을 경험하고 스스로 깨우치기를 바라는 것이다.

이러한 과정에서 모르는 부분이 있으면 그제야 두 사람은 랍비를 찾아간다. 토론이 끝난 후에는 언제 논쟁을 벌였냐는 듯 금방 다정해진다. 이렇듯 유대인은 어려서부터 따질 때 따지고 절제할 때 절제하는 능력을 키워온 사람들이다.

잠언에 "철이 철을 날카롭게 하는 것같이 사람이 그 친구의 얼굴을 빛나게 하느니라"는 구절이 있다. 《성경》과 《탈무드》를 근거로 한 신학적 토론의 장점은 날카로운 마음과 선한 성품을 동시에 개발하여 인간에게 기쁨을 준다는 데 있다.[22]

잘 듣고 제대로 말하게끔 훈련시켜라

유대인의 질문과 토론을 통한 교육은 바꾸어 말하면 잘 듣는 훈련과 제대로 말하는 것을 가르치는 것이다. 이렇게 수없이 많은 질문과 토론 과정을 통해 유대인 아이들은 먼저 주제에 대한 본질과 핵심을 파악하는 능력을 키우게 된다. 이것은 대단히 중요한 능력이다. 그리고 주제에 대한 자신의 의견이나 문제의식을 논리적으로 생각하고 정리하게 된다. 이것들이 훈련을 통해 습관화되고 발전되면 자기들의 의사를 명확히 표현하는 방법을 자연스레 터득하게 된다. 이렇게 질문과

---

22) 《신동아》, 2004년 8월호, 현용수 쉐마교육연구원장.

토론을 통한 지식과 지혜가 늘어날수록 깊이가 생기고 통찰력이 키워지는 것이다.

불과 13살에 랍비가 된 천재 소년이 있었다. 그가 어려서부터 부모로부터 반복하여 받은 교육은 "자신의 생각을 정리하여 할 말이 정해지면 똑바로 서서 큰 소리로 분명하게 발표하라"는 것이었다. 이 충고에 따라 훈련된 그는 랍비 자격을 얻기 위한 발표 때 성인들을 앞에 놓고 2시간에 걸친 연설을 하였다. 그때 청중들은 그 13살 소년에게 완전 매료되어 감탄하였다. 그리고 그의 연설을 들은 100명의 랍비들은 어린 나이임에도 그를 랍비로 임명했다. 유대인 사회에서 가장 존경받는 대상인 랍비가 되기 위해서는 점잖은 태도보다 자기 의사를 확실히 표명할 줄 아는 자세가 훨씬 더 중요했던 것이다. 그가 러시아 혁명사의 권위자로 유명한 아이작 도이처 랍비이다.

서양 사람들이 동양 사람들과 이야기할 때 가장 난처한 경우가 상대방과의 대화 사이에 어색한 침묵이 끼어드는 일이다. 사실 필자도 그러한 경우가 많았다. 우리는 제대로 된 대화 방법에 대한 교육을 받은 적이 없다. 뿐만 아니라 심지어는 어려서부터 사내 녀석은 말이 많으면 안 된다고 배웠다. 그러다 보니 서양 사람들과 자리를 함께해보면 일방적으로 그들만 이야기하고 동양 사람들은 주로 듣는 편이다. 물론 어학 실력의 차이도 있겠지만 근본적으로 대화 습관이 몸에 배지 못한 측면이 더 많다.

어려서부터 대화를 통해 배우는 것을 습관으로 삼아온 유대인들에게 있어 침묵이란 배우기를 거부하거나 상대방과의 대화를 거부하는 걸로 여겨진다. 그들은 처음 만나는 사람들과 날씨 이야기만으로도 30분 이상 이야기할 수 있는 사람들이다. 주변의 가벼운 이야기로 시작해서 매사를 분명하게 말한다는 것은 외부를 향해 자기 마음을 열어 놓는 일과 같다. 그럼으로써 다른 사람에게 "나는 배우고 싶다", "나는 당신을 알고 싶다"는 신호를 보내는 것이다.[23]

진정한 교육의 목표는 청출어람

짝을 지어 대화하고, 질문하고, 토론하고, 논쟁하는 것을 단순화하면 함께 이야기를 나누는 것이다. 이야기를 진지하게 주고받으면 질문과 대답이 되고, 거기서 더 전문화되면 토론이 되고, 더욱 깊어지면 논쟁이 된다.

이러한 토론식 교육은 자녀의 머리를 분석적이며 조직적이고 통합적으로 만든다. 토론을 하는 동안 본인이 평상시에는 도무지 생각하지 못했던 아이디어들이 무수히 떠오른다. 곧 창의력 개발이다. 그리고 토론하는 두 사람의 창의력이 부딪치면서 파생되는 고차원적인 시너지 효과는 대단하다. 유대인들이 창의력이 강한 이유이다.

《탈무드》식 토론에는 분명한 원칙 세 가지가 있다. 첫째, 여러 가지 다른 의견을 들을 것, 둘째, 여러 가지 다른 의견을 말할 것, 셋째, 모

---

23) 마빈 토케이어 저, 편집부 역, 《탈무드》, 문화광장, 1990.

두가 빠짐없이 말할 것이 그것이다.

유대인들이 남의 말을 진지하게 경청하고, 남과 생각이 다를 때는 언제든지 합리적인 의견을 내세워 상대방을 설득시키는 것도 바로 이런 전통에 근거한다. 유대인들은 토론을 통해 다양한 해결 방안을 찾는 탁월한 협상 능력을 가지고 있다.

유대인들은 기존 학설이나 이론을 가르치는 것을 교육이라고 부르지 않는다. 어떻게 하면 기존 이론에다 새로운 것을 보탤지를 가르치는 것을 교육이라고 생각한다. 그래서 유대인들에게 진정한 교육이란 청출어람이 되어야 한다. 스승보다 뛰어난 제자가 나와 스승의 이론을 극복하고 그 위에 새로운 이론을 정립할 수 있어야 진정한 학자가 되는 것이다.

이러한 생각은 《탈무드》로부터 기인하였다. 《탈무드》에서는 "가르침을 무턱대고 받아들이는 사람은 권력과 자기 자신을 부패하게 한다"라고 가르치고 있다. 그들은 아무리 스승이라 해도 그 가르침을 무턱대고 받아들이지 않는다. 그 이론의 허점을 딛고 일어서 스승보다 더 나은 이론을 만들어내야 하는 것이다.

유대인들은 새로운 학설을 제기하면 찬사뿐 아니라 물질적 보상까지 하는 전통을 가지고 있다. 이는 통념이나 고정관념에 안주하지 않고 새로운 영역을 개척하려는 의지를 키운다. 그들의 창의성이 메마르지 않는 이유 중 하나이다.

삶의 지혜서, 《탈무드》

유대인에게 율법은 두 종류가 있다. 하나는 글로 쓰인 '성문 율법'이요, 또 다른 하나는 말로 전해 내려오는 '구전 율법'이다. 둘 다 모세가 시내산에서 하느님께 받은 가르침이다. 그러나 하나는 글로 쓰여 《성경》의 모세오경, 곧 《토라》로 남겨졌고 또 다른 방대한 내용은 미처 글로 쓰이지 못하고 구전으로 내려왔다.

《구약성경》의 도입부 5권(창세기, 출애굽기, 레위기, 민수기, 신명기)을 모세가 썼다고 하여 이를 모세오경이라 부르며 이것이 유대인의 경전 《토라》이다. 유대인들은 《구약성경》의 나머지 부분은 《토라》를 설명하는 보조 경전으로 본다.

> "하느님의 말씀이 처음엔 모세에게, 다음엔 제사장인 아론과 두 아들에게, 다음으로 70인 장로들에게 전해졌고, 그리고 70인 장로들은 백성들에게 전했다(출애굽기 24:9-18)."

이 구전율법을 《미쉬나 Mishna》라 부른다. 그리고 유대인들이 이 《미쉬나》를 잘 이해할 수 있도록 당대의 고명한 랍비들에 의해 해설서 《게마라 Gemara》가 쓰였다. 후대에 《미쉬나》에 《게마라》를 덧붙인 게 바로 《탈무드》다. '위대한 연구'라는 의미의 《탈무드》는 나라 잃은 유대민족에게 정신적 지주가 되어 온 생활규범이다.

유대인들은 《토라》가 절대적인 하느님의 가르침이라고 믿는다. 그러나 《토라》의 오묘한 진리를 더 깊이 연구해서 터득하는 것은 사람들이 해야 할 몫으로 하느님이 남겨놓았다고 생각한다. 그래서 《토라》를 '써진 율법'이라고 부르는 반면, 그 연구에서 비롯된 《탈무드》를 '구술된 율법'이라고 부른다. 이것은 《토라》는 이미 기록되어 있어 변경이 불가능한 반면, 그 해석인 《탈무드》는 시대 상황과 연구에 따라 해석이 달라질 수 있다는 뜻이기도 하다.

기원전 1세기의 유명한 랍비 힐레는 《토라》를 간단히 요약해달라고 하자, "너희가 남에게서 요구받기 싫어하는 일은 결코 남에게 시키지 말라는 가르침"이라고 하였다. 그 밖의 다른 모든 해설은 이 말의 부연 설명에 지나지 않는다고 하였다. 유대인 경전에도 이와 비슷한 이야기가 있다. "다른 사람의 마음을 불편하게 하는 사람은 하느님 마음을 불편하게 하는 것이다." 그리고 랍비 요하난도 비슷한 이야기를 하였다. "착한 마음씨, 그 이상도 그 이하도 아니다."

이러한 종교의 황금률 Golden Rule 은 거의 모든 종교에서 공통적으로 발견되는 현상이다. 황금률이란 그야말로 금쪽같은 으뜸 진리를 말한다.

불교는 "내게 해로운 것으로 남에게 상처주지 마라"고 하였다. 유교에서 공자는 "네 자신이 원하지 않는 바를 다른 사람에게 행하지 말라"고 하였다. 이슬람교는 "나를 위하는 만큼 남을 위하지 않는 사람은 신앙인이 아니다"고 하였다. 이와 같은 내용은 기독교의 황금률에서도 발견된다. "남에게 대접을 받고자 하는 대로 너희도 남을 대접하라." 이것은 철학에서도 인간관계의 황금률로 제시되었다. 칸트는 이것을 "네 의지의 행위 원칙이 보편적 입법의 원리에 타당하도록 행위하라"는 말로 표현했다.

《탈무드》의 역사

《탈무드》는 세계 곳곳에 흩어져 있는 디아스포라 유대인들의 종교적 지침과 민족적 동질성을 지켜주기 위하여 만들어졌다. 기원전 6세기 바빌론 1차 이산 이후, 세계 도처에 흩어져 있는 유대인 젊은이들에게 밀려오는 외래 문화와 헬레니즘 문화를 바르게 소화하기 위해서는 율법도 시대에 맞게 변해야 한다고 유대 원로들은 생각했다.

하지만 유대 민족의 선지자였던 에즈라와 느헤미아는 모세오경은 일점일획도 고쳐져서는 안 된다고 이미 못 박아두었던 터라, 묘안을 찾는 데 골몰하였다. 이때 거론된 것이 율법을 건드리지 않고도 율법을 이야기할 수 있는 새로운 학습서를 만드는 것이었다. 이로써 탄생한 것이 《탈무드》다.

《탈무드》는 기원전 500년부터 약 1천 년 동안 2,000명 이상의 유대 현인들의 말과 글을 모아놓은 삶의 지혜서이자 정보의 보고이다. 이렇듯 《탈무드》는 1,000년 동안 설계된 책이다.

《탈무드》 교육의 가장 중요한 목적이 유대인을 공동체의 충실한 일원으로 훈련시키는 것이다. 그리고 이를 위해 조상들의 종교적 유산을 후손들에게 잘 전달해주어야 하는데, 종교적 유산의 핵심은 《토라》와 《탈무드》에 대한 지식을 갖도록 가르치는 것이다.

《탈무드》는 《성경》을 해석한 것만이 아니다. 오히려 인간이 당면하는 모든 문제들, 즉 법, 역사, 사상, 건강, 문학, 과학, 철학 등 일반 생활에 필요한 모든 지혜들을 다루고 있다. 더구나 나라를 잃고 이리저리 쫓겨 다니는 유대인들은 개인뿐 아니라 민족의 생존을 위한 믿음과 지혜가 필요했다. 그래서 《탈무드》를 '가지고 다니는 조국' 혹은 '유대인 5,000년의 지혜'라 부르기도 한다.

유대인들은 《탈무드》를 하느님의 말씀인 《성경》으로 간주한다. 그러므로 평생 교육의 교과서로 삼는다. 《탈무드》는 《성경》을 보완해주는 보조서이자 유대 교육의 중심서이다.

《탈무드》는 '농사절기, 축제, 여자와 가정, 시민법, 성결, 의식법' 등 여섯 항목으로 구성되어 있다. 여섯 가지 카테고리 63권의 1만 2,000페이지에 달하는 방대한 책이 바로 《탈무드》이다. 삶의 전 영역에 대한 것을 폭넓게 다루고 있으므로 며칠 만에 읽어낼 수 있는 책이 아니라 평생 연구해야 하는 책이다. 《탈무드》는 책이라기보다는 엄격히 말하면 '학문'이라고 해야 옳다. 그것도 '위대한 학문'이다.

《탈무드》의 3대 가르침

유대인에게 《탈무드》 교육은 《성서》 공부를 도와 하느님에게 가까이 가는 길을 가르치는 것이다. 《탈무드》는 인생에서 세 가지 원리를 가르친다. 《토라》의 연구', '하느님 사역에의 참여', '자비와 선행의 실천' 이 그것이다. 이를 실천하기 위한 배움과 지혜에 대한 사랑은 유대인들의 신앙이자 그들의 사명이다.

실제로 《탈무드》의 특징은 많은 부분이 주입식 교육이 아닌 스스로 연구하여 지혜를 깨우치도록 짜여져 있다는 점이다. 획일적인 해답을 가르쳐주기보다는 여러 시각으로 사물을 볼 수 있도록 논쟁 거리를 제공하고, 대답보다는 의문을 품어 질문하도록 유도한다. 창의성 개발에 주안점을 두고 있는 셈이다.

유대인들이 《탈무드》를 공부해가면서 키우는 능력의 하나가 합리적인 비판 능력이다. 그들은 교육이란 타인의 주장으로부터 자신을 해방시키는 데 목적이 있다고 가르친다. 그들의 비판 능력은 합리성의 원천이었다. 유대인의 비판 능력과 창의성은 어려서부터 공부해온 《탈무드》의 영향이 크다. 《탈무드》는 첫 장과 마지막 장이 공백으로 되어 있다. 하느님의 말씀을 담은 책은 항상 밤이나 낮이나 반복하여 평생 읽는 책이지, 시작과 끝이 있는 책이 아니라는 뜻이다.

유대인은 평생 《토라》와 《탈무드》를 공부하고 연구하며 그 속에서 살고 있다. 이것은 그들 신앙의 근원이자 삶의 등대이며 지혜의 원천이다. 이러한 민족의 집단지성화는 종교와 민족적 틀을 넘어서 아이러니컬하게도 이성에 근거한 합리주의를 크게 고양시켰다. 또 비판 의식을 증대시켜 대안을 제시하는 능력을 키웠다 곧 변화와 혁신을 주도하고 뭔가 새로운 것을 찾아내는 창의적인 아이디어를 제공하는 모태가 된 것이다.

유대인 힘의
원천은 무엇인가

Chapter 3

JEWISH CREATIVITY

유대인 고유의 공동체의식은 유대 사회를 발전시기는 큰 힘이 되었다.
그리고 세계 각지의 디아스포라를 하나로 묶어놓았다.
이러한 공동체의 협동심으로 그들은 역사의 굽이굽이에서
살아남을 수 있었으며, 더 나아가 세계 경제를 이끌 수 있었다.
그들이 지켜가고 있는 공동체의 원칙들은 시대에 따른 개혁을 거쳐
오늘날까지 굳건히 이어지고 있다.

1
지난했던 유대인의 고난의 역사

이교도 사이에서 살아남다

고대 이집트에서부터 시작된 반유대주의는 역사의 굽이굽이에서 유대인들을 참으로 많이 괴롭혔다. 유대 민족의 고난은 이집트의 노예생활에서부터 시작되었다. 민족 전체가 노예가 된 것이다. 이집트의 신전 대부분은 당시 건설 노예였던 유대인들이 지은 것이다. 그들은 애굽을 탈출하여 40년간 광야의 시련을 겪고 가나안으로 돌아온 후 다른 부족들과 어울려 살면서 크고 작은 전쟁을 치른다.

고대 유대인을 지칭하는 '히브리인'이라는 말속에는 차별적인 의미가 내포되어 있다. 이는 '강 건너온 사람들'이란 뜻으로 우리와 다른 인종이란 의미다. 고대로부터 이어진 유대인의 고난은 이교 세계에서 살아남기 위한 치열한 투쟁의 역사였다.

기원전 6세기, 바빌로니아에 의해 히브리 왕국이 멸망당했다. 유대 민족은 바빌론으로 끌려가 50년간 노예 생활을 경험한다. 이른바 바빌론 유수기이다. 그 뒤 페르시아가 바빌론을 점령하면서 팔레스타인 귀환이 허용됐다. 그러나 일부만 돌아가고 많은 사람이 바빌론에 눌러앉아 살면서 2,500년 방랑의 역사가 시작된다.

이렇게 유대인들은 바빌로니아, 페르시아 등 강대국 틈바구니에서 정복당하고 끌려다니고 헤어지며 온갖 수난을 당하면서도 기적적으로 살아남아 민족과 신앙을 잃지 않고 지켜냈다. 강대한 정복국가들은 역사에서 사라졌지만 피압박 민족인 유대인들은 오랜 유랑과 노예 생활, 전쟁과 학살과 추방이라는 역경 속에서도 살아남은 것이다.

헬레니즘을 이겨내다

기원전 332년 그리스의 알렉산더 대왕이 팔레스타인을 정복했다. 아리스토텔레스의 가르침을 받은 알렉산더 대왕의 꿈은 동서 세계의 통합이었다. 그의 이상은 하나의 세계, 하나의 시민을 목표로 하는 문화와 문명의 통합이었다. 이를 일컬어 '헬레니즘'이라 부른다.

팔레스타인에 그리스식 도시가 건설되고 인구가 집중되면서 새로운 도시 문화가 들어섰다. 극장과 목욕탕, 경기장과 각종 체육 시설이 들어섰고, 유대인의 이름조차 그리스식으로 바뀌면서 시민권이 부여되었다. 원로원이 생기고 소위 의회민주제도가 시작되었다. 유대인들은 히브리어와 그리스어를 공용어로 사용했다. 이러한 헬레니즘의 영향으로 유대인들의 생활 양식은 물론 신앙과 철학 등 정신 문화도 빠르게 바뀌어갔다. 무력보다 강력한 문화의 침투가 유대인의 정체성을 혼란스러운 시험에 들게 한 것이다.

헬레니즘의 시대에는 그리스와 접촉한 모든 나라가 마치 마술처럼 그리스화되었다. 그러나 유대인들은 달랐다. 힘이 아닌 사상으로 그 투쟁에서 기적처럼 살아남았다. 이후 헬레니즘과 히브리인을 원류로 하는 히브리즘은 서양 문명의 기반이 된다. 유럽 문화를 대표하는 양대 기둥인 것이다.

기원전 175년에 왕위에 오른 안티오쿠스 4세는 유대인들에게 제우스신을 숭배하도록 명령했다. 당연히 유대인들의 격렬한 반발이 일어났다. 기원전 167년 유대인들은 의병을 조직하고 헬라주의자들과 맞서 싸웠다. 주요 전투에서 승리를 쟁취하고 이어 예루살렘의 제우스 신상을 제거했다. 유다의 영웅 마카비가 전사하자 그의 아우 요나단은 게릴라전에 돌입했다. 그는 나중에 속국이나마 유다 왕국을 인정받고 대제사장이 된다. 그 뒤 오랜 갈등과 우여곡절 끝에 독립국가가 되어 100여 년 동안의 독립을 유지했다.

하지만 기원후 로마 제국과의 치열한 항쟁 끝에 결국 나라를 잃고 민족이 뿔뿔이 흩어진다. 이른바 디아스포라(이산, 離散)의 시대로 들어선 것이다. 예루살렘에서 쫓겨나 19세기 게토에서 해방되기까지 유대인은 세계 곳곳에 흩어져 여러 문화 속에 고립되어 살았다. 그러면서도 다른 문화에 동화되거나 흡수되지 않고 살아남았다. 과연 무엇이 그들을 살아남게 했을까. 여러 요인이 있겠지만 그 가운데 가장 중요한 것이 바로 《토라》와 《탈무드》이다. 《토라》와 《탈무드》는 2,500년 동안 눈에 보이지 않는 수호자로서 유대인을 보호하고 다스렸다.

이슬람의 지배

아라비아 반도 메카에 570년에 모하메드가 탄생했다. 그는 당시 상거래를 위해 외지를 돌아다니면서 유대교와 기독교에 대해 많이 알게 되었다. 자기 민족에 맞는 새로운 종교의 필요성을 느낀 그는 메카와 메디나를 중심으로 이슬람교를 창시했다. 그 뒤 이슬람은 페르시아와 비잔틴 제국을 차례로 정복하고 바빌론에서부터 북부 아프리카, 스페인에 이르는 광대한 지역을 통치했다.

이슬람이 등장한 지 100년도 지나지 않아 이슬람 제국은 서양 문명을 압도했다. 이슬람은 그리스도교를 배척했으나 다행히 유대인에게는 관용을 베풀었다. 이는 아마도 모하메드 자신이 유대교 경전인 《구약》에 결정적인 영향을 받았기 때문인 것으로 보인다. 이슬람교의 경전인 《코란》에도 《구약성경》의 아브라함, 이삭, 야곱, 요셉, 모세의 이야기가 있다. 이슬람교가 유대교의 영향으로 탄생되었다는 이야기도 같은 맥락에서 이해될 수 있을 것이다.

역사적으로도 이슬람은 유대인과 인종적으로 친족이었다. 아랍인은 원래 아브라함의 큰 아들인 이스마엘의 후손들이다. 그런 점에서도 이슬람의 경전 《코란》은 유대교의 여러 관습을 보존하고 있다. 그러나 모하메드가 하느님의 마지막 예언자로 이해되는 이슬람 신앙을 유대인들은 인정할 수 없었기에 결국 두 종교는 상극이 될 수밖에 없었다.

《코란》에는 유대교의 여러 관습들이 담겨 있다.

9세기에 들어와 이슬람 근본주의가 발흥하면서 유대인의 자유가 크게 제한받기 시작했다. 상업 활동도 크게 제약받았다. 아랍어가 히브리어를 대체하기 시작했기에 당시 유대 사상은 대부분 아랍어로 기록되었다. 평화 기간이 깨지고 핍박과 학살이 시작되자 유대인은 기독교 국가인 스페인 왕국의 영토로 탈출하였다.

이 시기는 유대인들이 가장 조용하게 숨죽이며 역사의 뒤안길에서 살아가던 때였다. 기독교권에서 유대인들은 예수를 죽인 죄인의 멍에를 짊어지고 3류 시민으로 살아갔다. 동시에 이때가 유대인에게는 멸망의 위협에 맞선 처절한 저항의 시기였다. 그러나 그들은 또다시 살아남았다. 십자가 앞에 패배당한 비기독교도들이 모두 개종했지만 유대인만은 개종하지 않았다. 그들은 1,200년 동안의 중세 암흑 시대를 겪으면서도 고유의 신앙과 문화를 지킨 것이다.

십자군 전쟁

400여 년 이상 갈라지고 찢긴 암흑의 서방에도 새로운 세력이 일어났다. 서기 800년 크리스마스에 샤를마뉴 대제는 교황권과 프랑크 왕국을 결합한 교황 국가를 세움으로써 서로마 제국을 재건하였다. 1077년 예루살렘이 중앙아시아에서 쳐들어온 셀주크튀르크족의 손에 떨어졌고 가톨릭 교도들의 예루살렘 성지순례가 방해 받기 시작했다.

이에 당황한 비잔틴 제국은 서로마 제국의 우르반 2세 교황에게 원군을 요청했다. 이렇게 해서 이루어진 게 십자군 원정이다. 교황은 누구나 십자군에 참가하면 이제까지의 모든 죄가 사해진다고 선포하였다. 중세의 엄격한 기독교 사회에서 죄의 사함을 받는다는 것은 천국에 가는 것을 보장받게 된다는 의미였다. 또한 이슬람교도들에게서 성지를 회복하고 이를 기독교 기사들이 지배하라는 교시도 내렸다. 기사들의 입장에서는 땅과 전리품을 차지하고 부와 영예를 보장 받은 것이다.

교황은 기독교를 보호하기 위해 이단자들을 죽이는 것은 십계명에 위배되지 않는다고 선포했다. 이는 이슬람교도뿐 아니라 유대교를 포함한 비기독교인들이 무참히 학살되어도 종교적으로 문제가 되지 않는 계기가 되었다. 이로써 십자군이 출발도 하기 전에 유럽 전역에서 수천 명의 유대인들이 약탈당하고 학살당했다. 특히 대부업에 종사하던 유대인들이 채무자들에 의하여 집단으로 몰살당했다.

13세기에도 십자군 원정은 계속됐다. 추악한 일면을 가진 십자군 전쟁이었지만 오랫동안 유럽인들에게 성전으로 인식되어왔다. 200년이라는 오랜 기간 동안 전쟁을 할 수 있었다는 사실 자체가 당시 유럽인들의 신앙심을 증명해주는 것이기도 했다. 십자군 전쟁 내내 유대인들은 기독교와 이슬람교 양쪽으로부터 혹독한 박해를 당해야 했다.

반유대주의의 극성과 홀로코스트

> "백성이 다 대답하여 가로되 그 피를 우리와 우리 자손에게 돌릴지어다 하거늘(마 27:25)."

유대인들은 유월절에 예수를 십자가에 못 박고 그 피를 우리와 우리 자손에 돌리라고 말하였다. 그 분의 무죄한 피를 흘린 대가는 참으로 엄청난 것이었다. 누가복음 23장에서 예수는 십자가에 처형당하려고 끌려가면서 뒤따라오는 무리들과 여인들에게 이렇게 말씀하신다. "예루살렘의 딸들아, 나를 위해 울지 말고 너희와 너희 자녀를 위해 울라(눅 23:28)."

하느님의 선민이었던 유대인들은 예수를 십자가에 못 박음으로 말미암아 엄청난 반유대주의에 시달려야만 했다. 그들은 십자군 전쟁 이후에도 계속적인 박해를 당했다.

중세 유대인들은 유럽 각처에서 인간 이하의 대우를 받았다. 밀폐된 지역 즉 게토^{ghetto}에서 집단 거주하면서 유대인임을 나타내는 옷을 입어야 했고 경제 활동에도 많은 제약을 받았다. 유대인들은 무려 400년을 그렇게 살았다.

유럽에 흑사병이 강타했을 때 기독교인들은 그 책임을 유대인에게 전가하여 고문하고 박해했으며 성난 군중에 의한 대량 학살이 자행되었다. 이슬람, 스페인, 포르투갈, 네덜란드, 영국, 프랑스, 독일, 폴란드, 러시아 등 지역을 가리지 않고 그들은 박해받고 살해되거나 추방당하였다.

유대인에 대한 박해 중 가장 최악이었던 것은 히틀러 치하에서였다. 히틀러는 1933년 집권 직후부터 유대인 박해를 시작했다. 1939년 제2차 세계대전 발발 뒤엔 반유대주의를 점령지 지배의 수단으로 사용했다. 현지인들이 가지고 있던 유대인에 대한 반감을 이용한 것이다.

끔찍한 유대인 대학살의 현장.

1942년 나치 독일은 독일과 점령지에 살고 있는 모든 유대인을 집단 수용소로 이주시켜 대량 학살하였다. 가장 많이 죽은 아우슈비츠—비르케나우 수용소에서는 150만 명이 학살당했고, 전쟁 기간 중 무려 600만 명이라는 숫자의 유대인들이 참혹한 죽임을 당했다. 참으로 가공할 만한 대학살이었다. 인류가 가장 부끄럽게 여기는 사건이다.

유대인의 역사를 보면 유대 민족은 형극의 역사를 반드시 영광의 역사로 돌려놓는 힘을 갖고 있다. 유대인들은 홀로코스트의 역사를 결코 잊지 않는다. 이스라엘은 독립기념일 전날을 홀로코스트의 날로 정하고 지킨다. 독립을 자축하기 이전에 민족의 고난을 잊지 않기 위해서다. 예루살렘에 있는 홀로코스트 추모관 야드 바셈에는 이런 글귀가 있다. "용서는 하지만 망각은 또 다른 방랑으로 가는 길이다."

유대인은 이처럼 여섯 개의 문명에서 살아남았다. 이것은 문명에도 수명이 있어 보통 500년 내지 길어야 1,000년 정도 간다는 기존의 견해를 보기 좋게 뒤집었다.

그들은 수많은 고난과 뿔뿔이 흩어지는 이산의 아픔을 겪었다. 유대인 역사는 고난으로 점철된 도전과 응전의 반복이었다. 고난과 시련의 담금질을 통해 갈고 닦아지면서 그들은 더욱 성숙해지고 강해질 수 있었다. 고난이 바로 은혜였던 셈이다.

유대인은 과거의 역사를 중시한다. 과거의 역사를 현재에 반추하며 이를 현재의 스승이자 미래의 거울로 삼는다. 그들의 조상 아브라함과 모세가 현재 그들의 기억과 예배 속에 살아 숨 쉬는 이유이다. 유대인의 역사 굽이굽이에는 그러한 정신들이 깊숙이 배어 있다.[24]

---

24) 막스 디몬트 지음, 이희영 옮김, 《세계 최강성공집단 유대인》, 동서문화사, 2002 / 정성호, 《유대인》, 살림출판사, 2012.

생존의 가위눌림 속에서 발현된
유대인의 창의력

격렬한 반유대주의자인 마크 트웨인이 오스트리아로 휴가를 갔다가 그곳에서 이스라엘 백성들을 만난 후 이스라엘 백성들에 대하여 이런 글을 썼다.
"…유대인은 그 수가 적음에도 경제 분야에서 크나큰 영향력을 끼치고 있다. 문학, 과학, 예술, 음악, 금융, 의학 등 고도의 지적인 영역에서도 그 숫자에 비해 유대 민족이 끼친 기여는 상당하다. …많은 문명이 이 땅에 나타났다 사라지곤 했다. 잠깐 동안 문명은 횃불을 높이 치켜들었다. 그리고 사라졌다. 페르시아, 메데, 바빌론이 그 예다. 그리스와 로마 제국이 굉음을 만들어냈지만 그들도 사라졌다. 그들의 고대 문명은 어디로 갔는가? 그런 문명들은 잠시 횃불을 치켜들었을 뿐이다. 그들은 유대인을 지배했다. 그리고 세계를 지배했다. 그리고 우주 저편으로 사라졌다. 그들은 우리 곁에서 사라졌으나 유대인들은 아직 여기에 함께 있다."
유대인을 짓밟은 문명은 사라졌다. 그러나 유대인은 모든 것을 견디어냈다. 사람들은 유대인들을 짓밟았으나 결코 멸망시키지는 못했다. 유대인들은 언제나 다시 일어났다. 마크 트웨인은 물었다. "유대인의 이 불멸성의 비밀은 무엇인가? 왜 유대인은 계속 살아남는가?"
한때 반유대주의에 앞장섰던 사르트르도 결국 유대인의 우수성을 인정하지 않을 수 없었다. 그는 그의 저서 《유대인의 의식구조》에서 "인종적 우열이나 특정 국민의 우수성이란 결코 존재할 수도 인정할 수도 없는 일이지만, 유대 민족에 관해서만큼은 예외일 수밖에 없음을 솔직히 시인하지 않을 수 없다"고 고백했다.
유대인들이 여러 분야에서 업적을 낸 이유에 대해 미국의 사회학자 소스타인 베블런은 〈유대인의 뛰어난 학문적 성과〉라는 글에서 '낯선 땅에서 늘 억압 받아 생존을 위해 창의력을 발휘해야 했기 때문'이라고 풀이했다. 생존의 가위눌림이 유대인 창의력의 원천이라는 것이다.

2
유대 민족을 이끄는 공동체의식

고난의 역사가 공동체의식을 키우다

유대인들은 자기들을 대표하는 사람이 '요나'라고 말한다. 누가 삼켜도 다시 뱉어놓기 때문이다.

하느님께서 요나에게 니느웨로 가라고 말씀하셨다. 요나는 원수 민족인 니느웨가 구원받는 게 싫었다. 그래서 반대 방향인 스페인의 다시스로 향했다. 마침 다시스로 가는 배가 있어 잘됐다고 생각했다. 게다가 순풍이 불었다. 하느님의 명령을 어기고 가는데 일이 참 순조로웠다. 그러다 폭풍이 불었다. 배에 있는 사람들은 배에 죄인이 있다고 말하며 제비를 뽑았다. 요나가 제비에 뽑혔다. 요나도 자신 때문이니까 자신을 바다에 던지라고 했다. 요나는 바다에 던져졌다. 큰 고래가 요나를 삼켰다. 고래는 4시간이면 어떤 음식물도 소화시킬 수 있는 소화력을 가지고 있다 한다. 그 속에서 요나는 하나님께 기도하였다. 고래가 요나를 삼켰으나 고래는 요나를 소화시키지 못했다. 드디어 고래는 요나를 요나가 가야 할 곳인 니느웨에 토해놓았다.

애급이 이스라엘을 삼킨 적이 있다. 그러나 소화시키지 못하고 토해냈다. 바빌론이 삼켰다. 그러나 토하고 말았다. 앗수르가 삼켰다. 그러나 소화시키지 못하였다. 그리스가 삼켰다. 로마가 삼켰다. 그러나 뱉어놓고야 말았다. 사라센 제국이 삼켰다. 그러나 먹지 못하였다. 그 후 독일도, 심지어 러시아도 삼켰었으나 소화는 시키지 못하였다.

그래서 유대인들은 스스로를 요나 민족이라고 말하고 있다. 그들은 앞으로 누가 삼킨다고 하여도 소화시키지 못하고 토해놓을 것이라고 확실히 믿고 있다.

이러한 고난에 대한 역사 의식은 은연중에 아이들 교육에도 적용된다. 유대인 자녀 교육의 특징 중 하나가 '사브라'라는 단어로 요약된다. 유대인들은 자녀를 선인장 꽃의 열매인 '사브라'라고 부른다. 선인장은 사막의 어떤 악조건에서도 살아남아 꽃을 피우고 열매를 맺는 강인함과 억척스러움이 있다. 사랑하는 자녀를 '사브라'라고 부를 때마다 부모는 자녀에게 다음과 같은 메시지를 심어주는 셈이다.

"너는 사브라다. 우리 조상의 인생은 선인장과 같았다. 사막에서 뿌리내리고, 비 한 방울 오지 않고 땡볕이 쬐는 악조건 속에서 살아남았다. 아침에 맺히는 이슬 몇 방울 빨아들이며 기어코 살아남았다. 그러니 너는 얼마나 소중한 존재냐. 너라는 열매를 맺기까지 조상들은 인고의 세월을 견디어냈다. 너는 사브라다. 선인장 열매다. 그러니 너도 끝까지 살아남거라. 그리하여 또 다른 열매를 맺어라. 그 열매가 맺어지거든 그를 '사브라'라고 불러주어라."

아기 때부터 '사브라' 소리를 매일 듣고 자라는 유대인 아이들은 강한 생존 본능을 자연스럽게 가지게 된다.

유대인은 모두 한 형제다

이스라엘 어린이들은 어디를 가나 4~5명이 그룹을 이루어 활동한다. 따라서 여럿이 하는 또래 놀이에 익숙하며 상호작용을 통해 자연스럽게 사회성을 기른다. 유대인 교육은 스스로 생각하는 어린이, 말하기를 겁내지 않는 어린이, 가르치기보다는 직접 깨닫는 어린이로 키우는 것을 표방한다. 이렇게 교육 받은 유대인들은 어려서부터 공동체의식이 자연스레 몸에 밴다.

《탈무드》에는 "아무리 길고 훌륭한 쇠사슬이라도 한 개만 부러지면 무용지물이 된다"라는 말이 있다. 유대인들은 어려서부터 이 '고리론'으로 공동체의식을 강조한다. 곧 고리는 아무리 길어도 한 개만 끊어지면 사용할 수 없는 것처럼 나 하나가 아니고 동족이 다 같이 잘 살아야 함을 강조하는 것이다.

이는 유대 신앙이 강조하는 생활 철칙으로 유대인들은 서로에 대해 책임을 지고 있다는 의미이다. 또한 유대인은 모두가 한 가족으로 전 세계에 뿔뿔이 흩어져 있어도 유대인이라는 대가족으로 뭉쳐져 있다는 의미를 내포하고 있기도 하다. 이러한 정신은 고대로부터 전래되어 온 디아스포라 수칙에서부터 유래되었다.

로마 시대 이산 이후 유대인 현인들은 사방에 흩어진 종족들을 보존시키고, 더 나아가 종교적 동일성과 민족적 동질성을 유지시킬 방법을 찾는다. 그 결과 그들은 디아스포라 수칙과 커뮤니티 조직에 대한 규정을 제정하고, 모든 유대인 커뮤니티는 이것을 준수하도록 했다. 이 수칙에는 7가지 중요한 규정이 있다.

첫째, 유대인이 노예로 끌려가면 인근 유대인 사회에서 7년 안에 몸값을 지불하고 찾아와야 한다.

둘째, 기도문과 《토라》 독회를 일률화하여 통일한다.

셋째, 13세를 넘은 남자 성인이 10명 이상 있으면 반드시 종교 집회를 갖는다.

넷째, 남자 성인 120명이 넘는 커뮤니티는 독자적인 유대인 사회 센터를 만들고 유대법을 준수해야 한다.

다섯째, 유대인 사회는 독자적인 세금 제도를 만들어 거주국가의 재정적인 부담을 받지 않도록 한다. 그리고 비상시에 쓸 예금을 비축해둔다.

여섯째, 자녀 교육을 하지 못할 정도로 가난한 유대인을 방치하는 유대인 사회는 유대 율법에 위반된다. 유대인이면 누구든 유대인 사회의 도움을 청하고 받을 권리가 있다.

일곱째, 유대인 사회는 독자적인 유대인 자녀들의 교육기관을 만들어 유지하고 경영할 의무가 있다. 가난한 유대인 가정의 아이들을 무료로 교육시키고, 인재 양성을 위한 장학제도를 운영한다.

이러한 수칙은 기원전부터 만들어져 그들의 정신과 몸에 체화되어 이어져 내려왔다. 수칙의 주요 요점은 "모든 유대인들은 그의 형제들을 지키는 보호자이며, 유대인은 모두 한 형제다"라는 것이다.

미국의 경우 유대인 교육기관은 크게 3종류가 있다. 정규 학교, 시너고그 부속 학교, 유대 민족 캠프가 그것이다. 이 학교들이 유대인의 정체성 교육과 유대인들 간의 공동체의식을 함양시키는 중요한 역할을 하고 있다.

미국 내 유대인 정규 학교는 약 800개 정도가 있으며 학생 수가 약 21만 명에 달한다. 이러한 유대인 학교에 다니지 않는 학생이라도 방학 때는 대부분 유대 민족 캠프에 들어가 기숙 생활을 하면서 공동체의식을 함양하는 것이 일반적이다.

유대인의 나무,
인고의 세월을 견딘 감람나무(올리브나무)

척박한 땅에서 자라는 나무가 있다. 바로 올리브나무다. 사막성 기후에 살아남으려면 땅속 깊이 뿌리 내리고, 성장 속도를 줄이고 나이테를 겹겹이 짧게 쌓아야 한다. 이렇게 생존을 위해 치열하게 용쓰는 올리브나무는 15년이 넘어야 첫 열매를 맺는다. 척박한 토양 속에서 안정된 수분층까지 뿌리를 내리는 데 적어도 15년이 걸리기 때문이다. 올리브나무의 가장 중요한 부분은 이렇게 눈에 보이지 않는 땅속 깊은 곳에 있다.

척박한 땅에서도 잘 자라는 올리브나무는 종종 유대인으로 비유된다.

그러한 뿌리 덕분에 올리브나무는 옥토에서 자라는 나무들조차 가뭄으로 죽을 때에도 바위투성이 땅에서 살아남을 수 있다. 또한 그 열매는 지상에서 가장 좋은 기름을 맺는다. 올리브 열매의 첫 기름은 사제서품에 쓰인다. 거룩한 기름인 것이다. 《성경》에서 말하는 감람나무가 바로 올리브나무다. 1,000년 이상 계속해서 열매를 맺을 수 있는 것도 이 뿌리 때문이다.

갈릴리의 한 올리브나무는 알렉산더 대왕이 페르시아 정복 전쟁에 나섰던 기원전 331년부터 생존했다고 하니 수령이 2,300년이 넘었다. 또한 예루살렘 겟세마네 동산에 있는 올리브나무들도 거의 수령이 1,000년 이상 되었다 한다.

그런데 이렇게 올리브나무가 오랜 수명을 견딜 수 있는 것은 독특한 면역 체계를 가지고 있기 때문이다. 메뚜기 떼가 공격해서 올리브나무를 갉아 먹으면 올리브나무는 독특한 화학 성분을 합성하여 냄새를 분비하는데, 이것이 바람에 날려 옆의 나무에게 옮겨진다고 한다. 그러면 옆의 올리브나무들은 메뚜기 공격을 막는 화학물질을 만들기 시작한다. 결국 먼저 공격당한 나무는 죽지만 옆의 나무들은 살린다는 것이다.

어찌 미물인 나무들만 그러하겠는가. 인간이나 민족이 모두 이 자연의 섭리에서 예외가 아니다. 고난과 고통을 거친 개인이나 민족이 더 강해질 수밖에 없는 이유이다.

율법 정신, 약자를 돌보는 정의의 실현

율법의 기본 정신은 '정의와 평등'이다. 정의라 함은 과부나 고아 등 약자를 돌보라는 것이며, 평등이라 함은 하느님 아래 인간은 누구나 평등하다는 생각이다. 후츠파 정신도 여기에서 나왔다.

율법의 정신 덕분에 유대인만큼 복지 제도가 잘되어 있는 민족도 없다. 극도의 자본주의 정점에 있는 유대인들이 역설적으로 최상의 공산주의 복지 제도를 갖추고 있다.

유대인의 기본적인 공동체의식은 '능력껏 벌되 필요에 따라 나누어 쓴다'는 개념이다. 효율을 중시하는 자본주의 원리로 능력껏 돈을 벌긴 하지만 필요에 따라 나누어 쓴다는 개념, 곧 '분배의 공유'는 공산주의 정신이다.

유대인들은 고대로부터 이러한 나눔과 평등 사상을 실천해왔다. 성서시대부터 수입의 10분의 1 내지 5분의 1을 가난한 사람을 위해 성전에 내는 것을 의무화했다. 그들에게 있어 기부나 자선은 종교적 의무의 하나이다. 그들의 율법은 자기 동족을 의무적으로 돌보도록 명시하고 있다. 율법 정신의 최고 목적이 약자를 돌보는 정의의 실현에 있기 때문이다.

유대인들은 비즈니스에서 가족이 똘똘 뭉친다. 그리고 원거리 장사나 무역도 동족끼리 하고 있다. 유대인은 하는 일이 조금이라도 성공하면 먼저 자기 형제를 참여시키고, 다시 더 성공하면 다른 형제들까지 데려와 가족의 연결을 중요시하고 있다.

유대인은 가족을 중시하는 동시에 민족을 대가족처럼 생각한다. 이런 생각은 비즈니스를 하는 데 있어 대단히 유리하다. 전 세계 유대인 비즈니스맨을 즉시 협력 관계로 합심하게 만들기 때문이다. 유대인은 신앙 공동체이자 가족 공동체 속에 살고 있다. 하나는 자기 가족이고, 또 하나는 민족이라는 대가족이다.

유대인에게 자선은 선택이 아닌 의무이다

유대인들에게는 좋은 관습이 하나 있는데 가난한 자를 위한 구호의 관습이다. 유대인들의 서로 돕기와 혈족 의식은 오랜 전통 유지와 동질성에서 나온 것이다. 한마디로 유대인은 스스로 동족을 돕는다.

히브리어에는 '자선'이라는 말이 없다. 가장 비슷한 말로 '해야 할 당연한 행위'라는 뜻의 '체다카^{Tzedakah}'라는 단어가 있을 뿐이다. 이는 '정의' 또는 '의로움'에 더 가까운 뜻이다. 곧 '자선'과 '정의'가 같은 셈이다. 율법의 정신이 바로 정의이고 정의는 약한 자를 보살피는 것이다. 유대인에게 자선은 선택이 아닌 신의 계율에 따른 '의무'이다.

또 자비와 비슷한 말로는 히브리어로 '케세드^{Chesed}'라는 낱말이 있다. 이건 굉장히 풍요롭고 심오한 단어이다. '케세드'는 동정이나 연민 등 공감 능력을 뜻한다. 상대방의 아픔을 나의 아픔으로 느끼는 힘이다. 동양에서 이야기하는 측은지심 곧 자비심이다.[25]

---

25) 차동엽 신부님 강론 참고.

유대교에는 유대인이 하느님과 관계를 개선하는 방법이 3가지가 있다고 가르친다. '회개, 기도, 자선'이 그것이다. 자선이 중요한 종교 행위의 하나인 것이다.

자선은 하나님의 정의이자 하나님의 사랑 행위이다. 따라서 유대인에게 가난한 사람을 돕는 일은 지난날 신전에 희생물을 바치던 것을 대신하는 일로서, 하느님에게 감사를 표하는 한 수단이다. 그래서 생활이 넉넉한 이는 수입의 5분의 1을 내고 보통 가정은 10분의 1을 냈다. 이러한 종교적 의무 말고도 자선에 대한 여러 가지 관습과 제도가 있어 이를 당연한 나눔으로 여긴다.

유대인은 기부를 생활 속에서도 늘 실천한다. 일례로 장사하는 사람은 가게가 끝날 때쯤 가게 앞에 일정량의 상품을 봉지에 싸서 내놓는다. 가난한 사람들이 들고 가도록 하기 위해서다. 밭에서 수확할 때에도 구석의 일부를 남겨놓거나 땅에 떨어진 과일이나 이삭은 그냥 내버려두어 누구나 주워갈 수 있도록 했다. 유대인은 가장 먼저 자선을 제도화 한 민족이다.

> "내가 두 가지 일을 주께 구하였사오니 나의 죽기 전에 주시옵소서. 곧 허탄과 거짓말을 내게서 멀리 하옵시며 나로 가난하게도 마옵시고 부하게도 마옵시고 오직 필요한 양식으로 내게 먹이시옵소서. 혹 내가 배불러서 하느님을 모른다 여호와가 누구냐 할까 하오며, 혹 내가 가난하여 도적질하고 내 하느님의 이름 욕되게 할까 두려워함이니이다(잠언 30:7-9)."

이 말은 경건하게 살려고 하는 유대인들이 많이 하는 기도문이다. 경건한 유대인들은 영적인 생활과 마찬가지로 물질에 대해서도 철저했다.

《탈무드》는 재물은 자신의 것이 아니라고 말한다. 또한 돈은 좋은 일을 위하여 쓰라고 준 것이니 쌓아놓고 있지 말라고 한다. 지혜자가 말하기를 "재물은 악이 아니며 저주도 아니다. 재물은 사람을 축복하는 것이다. 재물을 가지고 우선 자식을 키우고 교육하는 일을 하라. 그 나머지는 자선(선행)을 베풀기 위한 것이다. 자선이란 다른 사람을 도와주는 것이다. 돈은 하느님으로부터 선물을 살 기회를 준 것이다"라고 하였다.

유대인 복지 공동체의 구심점, 쿠파(kuppah)

성전 시대 이래로 유대인 공동체에는 무료 숙박소가 있었다. 뿐만 아니라 유대 회당 어느 곳이나 '쿠파(kuppah)'라 불리는 광주리 모금함이 있다. 이는 가난한 유대인을 지원하기 위한 모금함으로, 유대인의 복지 공동체가 축으로 삼는 구심점이다. 이 쿠파는 비는 적이 없다. 그들의 자선은 자발적이기도 하지만 종교적 의무이기도 하기 때문이다. 그리고 유대인이라면 누구나 쿠파에서 14끼 식비 곧 일주일치 생활비를 가져갈 수 있는 '권리'가 있다. 이로써 유대인들은 고대로부터 최소한의 의식주 걱정에서는 해방되었다.

또 공동체 수칙에 '유대인이면 누구든 유대인 사회의 도움을 청하고 받을 권리가 있다'고 명시하여 '필요에 따라 나누어 쓴다'는 분배의 공유 이념을 제도화하였다. 개인의 사유재산을 인정하면서도 분배를 공유한다는 것은 요즈음 시각에서 보면 자본주의의 효율이라는 장점과 공산주의의 평등 정신이 결합된 시스템이다. 오늘날 이스라엘의 키부츠(집단농장)는 이러한 정신을 이어받은 것이다.

유대인의 자선은 자발적인 기부에만 의존하지 않는다. 회당에는 구호금 접수원이 있어서 매주 금요일 아침이면 시장과 일반 가정을 돌아다니며 구호금이나 구호품을 거두어 간다. 모아진 것은 당일에 나누어 주었다. 일시적으로 구호가 필요한 사람은 위급을 면할 만큼 충분히 받고, 영구 구호가 요구되는 사람들에게는 하루에 2끼씩 일주일, 즉 14끼를 지닐 수 있을 만큼 받았다.

쿠파에 의한 모금은 자발적인 기부지만, 유대인 계율에 따라 강제적이기도 했다. 지급 능력이 있는 유대인이라면 그가 거주하는 지역사회의 유대인 공동체에 있는 쿠파에 한 달에 한 차례 의무적으로 기부해야 한다. 마찬가지로 3개월 뒤에는 음식 기금에, 6개월 뒤에는 의복 기금에, 9개월 뒤에는 장례 기금에 기부해야 한다.

유대인의 기부는 동족에게만 국한되지 않는다. 이방인을 위한 구호 모집도 있다. 이방인 긴급 구호자들을 위한 매일 구호 모집이 있었는데, 이것은 '탐후이^{Tamhui}' 즉 '쟁반 기금'이라고 불렀다. 대체로 동족을 구제하는 사업을 쿠파라고 했고, 다른 민족을 구제하는 것을 탐후이라고 하였다.

유대의 법에 의하면 시혜(施惠)가 의무여서 그들은 헌금하지 않는 사람들의 소유물을 압수할 수 있었다. 또 복지금의 지급은 세부적으로 등급화해 각각 독자적인 기금과 관리 기구가 있었다. 가난한 사람들을 위한 의류, 학교 교육, 결혼지참금, 유월절 음식물과 포도주, 그리고 고아, 노인, 병자, 장례와 매장, 수감자와 난민 등으로 나누어 관리했다. 설사 공동체 자체가 어려움에 처해 있는 경우라도 복지 시스템은 언제나 가동됐다.

이로써 유대인 공동체에는 최소한 돈이 없어 굶어 죽거나 의료에서 소외되는 문제는 없어졌다. 이런 기부 문화가 고대 이래로 생활화되어 있었기 때문에 유대인들은 2,000년 동안 온갖 핍박 속에서도 성공적으로 생존할 수 있었다.

공동체가 책임져주는 교육과 복지 제도

공동체는 또한 배움을 희망하는 가난한 유대인 학생에게 그가 원하는 과정까지 공부를 시켜주어야 할 책임이 있다. 학생이 외국 유학을 가서 박사 학위를 받기 원하면 공동체는 기꺼이 이를 끝까지 지원한다. 인류 최초로 온전한 공동체 복지 제도가 실현된 것이다. 지금도 이러한 복지 제도를 자발적으로 유지하는 민족은 유대 민족뿐이다. 하지만 가난한 유대인조차도 복지 기금에만 의존하는 일은 혐오했다. 《성서》, 《미쉬나》, 《탈무드》에는 노동을 해서 재정적으로 독립하라고

명한 규정이 많다. 식후의 감사 기도문을 보면 그런 면이 잘 드러난다.

"아버지 하느님, 우리가 산 사람의 도움을 필요로 하지 않고 오직 하느님의 손만을 의지할 수 있기를 간청하나이다. …당신의 손은 풍성하고 활짝 열렸으며, 넘치고도 거룩하오니, 우리를 부끄럽지 않게 하시옵소서."

또한 랍비들도 "만일 필요하다면 저잣거리에서 죽은 동물의 가죽을 벗기고 보수를 받아라. '나는 위대한 현자다. 이런 일을 한다는 것은 내 위신에 걸리는 일이다'라고 말해서는 안 된다"고 가르쳤다.

유대교는 다른 종교와 달리 청빈을 덕목으로 삼지 않는다. 오히려 유대주의는 오랫동안 가난을 일종의 저주로 여겨왔다. "만일 세상의 모든 괴로움과 고통을 모아서 저울 한쪽에 올려놓고 가난을 다른 쪽에 올려놓는다면, 가난이 그 모든 것보다도 더 무겁다", "빵 바구니가 비어 있으면 불화가 찾아와 문을 두드린다" 등의 말이 그들의 그런 철학을 잘 반영해준다.

도움이 필요한 형제를 돕는 것은 유대교 계율

유대인들은 엄청난 금액의 기부로도 유명하다. 이것 또한 가난한 동포를 도우라는 유대교 계율에 따른 것이다. 유대인은 어릴 때부터 저금통을 갖고 있는데, 이 저금통에 돈이 모이면 자선에 쓴다. 자선의 구체적인 방법도 정해놓았다.

《토라》는 '형제들 가운데에서 분명 필요한 사람$^{needy\ person}$이 있다면, 그가 필요한 만큼$^{enough\ for\ his\ lack}$ 주어야 할 것'이라고 규정해놓았다. 가난한 사람이 아닌 필요한 사람은 세상 어디에나 있다. 그러나 통상적인 자선은 소득의 5분의 1이나 10분의 1까지로 제한해놓아서, 자신의 상황에 맞지 않게 많은 돈을 자선하는 것은 또 금하고 있다.

유대인들은 유아원부터 시작해서 성인이 될 때까지 다양한 유대 교육기관과 단체에 가입해 교육을 받을 뿐만 아니라 인맥을 쌓는다. 이 안에서 그들은 성장할 수 있는 정보와 기회를 서로 제공하고 세계 각국의 유대인들과도 연대하여 강력한 유대인 네트워크를 만들어가는 것이다. 유대인이라는 것 하나로 뭉치고 서로 돕는 그들의 단결력이 유대인의 힘이다.

이러한 단결력은 유대인 공동체의 '비드온 슈바임$^{Pidyon\ Shevuyim}$'이라는 제도로부터 기인한다. 고대로부터 유대인들은 부자라는 인식이 팽배해서 납치의 주 대상이 되었다. 이 경우 유대인 공동체는 어떠한 일이 있어도 그들의 몸값을 지불하고 동족을 구해냈다. 때문에 납치단에게는 더더욱 인기가 있었다. '비드온 슈바임'이란 히브리어로 '사로잡힌 자를 사오다'라는 뜻으로, 곤경에 처한 동족을 구하기 위한 의무적인 헌금 제도이다. 이러한 연유로 유대인 납치 사업은 중세에 300년 동안이나 계속되었다.

비드온 슈바임 제도에 대해 잘 알고 있었던 나치는 헝가리계 유대인 10만 명과 화물자동차 1만 대와 맞바꾸자는 제안을 한 적도 있다. 전 세계 유대인들은 다른 나라 사람들이 눈치채지 못하게 조용히 모금 운동을 벌였으나 끝내 흥정에는 성공하지 못했다. 지금도 멕시코 같은 경우 유대인 납치가 마피아의 중요한 사업 중 하나이다.

몇 년 전 이스라엘에서는 팔레스타인에 갇힌 유대인 병사 포로 1명과 이스라엘 감옥소에 있던 팔레스타인 죄수 1,100여 명을 교환한 일이 있었다. 다른 나라 언론들은 이런 일을 이해하지 못했지만 유대인들이 보기에 이는 당연한 일이었다. 이 밖에도 건국 이후 이스라엘 인구 70%가 이민자로 채워지는 동안 해외동포들을 구출하기 위한 수많은 작전이 있었다. 1991년 5월 24일, 에티오피아 유대인 1만 5,000명을 점보비행기 36대로 하룻밤에 공수해온 '솔로몬 작전'이 좋은 예다. 내전 격화로 집단 학살 위기에 몰린 검은 유대인을 구하기 위해 미국 유대인들이 3일 만에 3,500만 달러를 모아 몸값으로 내고 이스라엘군은 총력을 다해 동족을 빼냈다. 이 작전은 이스라엘 국민들에게 '모두가 돌아온다'는 모세의 예언이 실현됐다는 기쁨과 자신감을 안겨줬.

또 4만 9,000명 예멘 유대인을 3주에 걸쳐 공수해온 '마법의 양탄자' 작전도 있었다. 심지어 루마니아 유대인 4만 명을 데리고 오는 대가로 독재자 차우셰스쿠에게 11억 2,500만 달러를 지불하기도 했다.

정보와 지혜를 나누어주는 오랜 관습

유대인 동족 간의 나눔 정신은 물질적인 것에만 국한되지 않는다. 이들은 물질보다 더 강력한 지혜와 정보도 나눈다. 부자가 자신의 재물을 사회에 기부해야 하는 것처럼, 지혜로운 자는 자신의 지혜를 사회에 기여해야 한다. 그러므로 동족이 자신의 도움을 필요로 할 때 봉사하지 않는 것은 죄다. 자신의 동료를 위해 하느님의 자비를 구할 수 있는 자가 그렇게 하지 않으면 이는 죄를 짓는 것이다.

이 공동체의식은 현대에도 변함없이 그들의 생각과 행동을 지배하고 있다. 학자인 랍비가 공동체를 이끌어가는 것도 같은 맥락이다. 실제 비즈니스 측면에서도 유대인들은 사업이 번창하면 동기나 친척들은 물론 동족 유대인들을 우선적으로 끌어들이는 것으로 유명하다.

유대인들은 민족 자체를 하나의 대가족으로 생각한다. 유대교 회당인 시너고그에 모르는 이방 유대인이 찾아오면 적어도 원로 가운데 한 사람은 그를 자기 집 식사에 초대해야 한다. 그가 필요한 정보와 도움을 주어야 하는 게 그들의 오랜 관습이기 때문이다.

이때 그 지방의 사업을 잘 아는 사람들도 함께 초대된다. 그러면 어디서 왔더라도 어색하거나 불편해하지 않고 자연스럽게 곧 가족이 된다. 그래서 유대인들은 출장을 가면 꼭 그 지역의 시너고그부터 찾는다. 기도하러 가는 목적도 있지만 친척들을 만나러 가는 느낌으로 시너고그를 찾는 것이다. 유대인들이 태고 때부터 멀리 떨어져 있는 다른 커뮤니티와 서로 도와 사업을 함께해 나갈 수 있었던 것은 바로 이런 공동체의식 덕분이다.

유대인들은 개개인이 유대인다운 바른 행위를 해야 한다는 의식뿐 아니라, 모든 구성원이 서로 사회적인 연대책임을 갖고 있다는 생각이 강하다. 공동체가 구성원 한 사람 한 사람의 유대인에게 바른 행동을 하도록 이끌어야 할 책임이 있음을 뜻한다. 일반적으로 서구 사람들은 개인주의적이고 저마다 다른 독립적 개성과 프라이버시를 중요하게 여기지만 유대인은 다르다. 유대인은 공동체 속의 한 사람이 될 때라야 비로소 유대인이 된다.

이러한 사고방식은 고대로부터 지금까지 줄기차게 전승되어 왔다. 《탈무드》에는 "만일 부모가 자식을 올바르게 교육시키지 못했거나 그런 환경을 자식에게 마련해주지 못했을 때, 그 자식이 잘못을 저지르게 되면 그 죄를 자식 혼자서만 책임지게 할 수 없다"는 구절이 있다. 이들이 모두 연대의식으로 뭉쳐 있는 것이다.

하루 빠른 세계적 정보 네트워크 구축

유대인은 다른 민족 대부분이 문맹이었던 기원전부터 모든 성인 남자들이 글을 깨우쳤을 정도로 시대를 초월한 엄청난 경쟁력을 갖고 있었다. 이는 지식의 함양으로 연결되었고, 그들이 학자가 되고 의사가 되고 상인이 될 수 있는 재산이었다.

또 유대인은 뿔뿔이 흩어져 그들만의 공동체를 이루며 살다 보니 공동체 간의 편지 왕래를 통해 종교적 의문점을 서로 묻고 답했다. 이것이 발전하여 편지로 상업 정보를 수집하여 이를 활용하는 일에 매우 능했다. 이러한 정보는 시장의 모든 거래를 좌우했다. 이것이 유대인이 통상과 금융으로 성공한 이유이다. 그들이 각국의 환시세를 꿰

뚫고 특정 상품의 수요와 공급의 흐름을 알 수 있었던 것도 모두 정보의 힘이었다. 이를 이용해 항상 남보다 먼저 돈을 벌 수 있었다.

근대 초 유대인은 혈연을 기초로 하는 '통상 네트워크'뿐 아니라 이들 사이를 누구보다도 빨리 연결시킬 수 있는 '수송 네트워크'를 구축했다. 그들은 열심히 편지를 날랐다. 프라하, 빈, 프랑크푸르트, 함부르크, 암스테르담에서 나중에는 보르도, 런던, 뉴욕, 필라델피아 그리고 이들 중심지들의 사이사이에서 유대인은 고속 정보망을 활용했다.

덕분에 그들은 정치와 군사적 동향을 재빨리 포착하고, 끊임없이 변동하는 지역 시장, 국내 시장, 국제 시장의 요구에 재빨리 대응할 수 있었다. 보르도의 로페스 가※와 멘데스 가, 함부르크의 카르케레 가, 바그다드의 사순 가, 여러 도시에 지부를 차려놓고 활동하고 있던 페레이라 가, 다코스타 가, 코넬랴노 가, 알하디브 가는 세계에서 가장 앞선 정보통들이었다. 로스차일드 가문이 독자적인 상업 디아스포라를 구축하는 것은 훨씬 뒤의 일이다.

게다가 유대인에게는 독특하고도 유용한 관습이 있었다. 유대인의 안식일은 금요일 일몰부터 시작하기 때문에 기독교의 주일보다 하루 이상 빠르다. 그렇기 때문에 그들은 안식일이 끝나는 토요일 일몰 시부터는 일을 시작할 수 있었다.

그들은 토요일 저녁에 그 주간의 일을 정리하고 그것을 토대로 일요일 날 곧 한 주간이 시작되는 날 본격적으로 업무를 개시한다. 그리고 이 날 각국에 흩어져 있는 유대인 커뮤니티인 디아스포라 간에 중요한 정보를 교환한다. 일요일 날 오후에는 랍비나 그 분야의 전문가를 중심으로 디아스포라들로부터 모아진 정보를 분석하여 그 주간의 중요한 행동 지침을 정한다. 이를 정리, 작성하여 일요일 저녁에 다시 디아스포라 간에 서로 정해진 행동 지침이나 정보를 교환한다. 월요일 아침에야 일을 시작하며 정보를 수집하는 일반인에 비해 매주 하루 이상을 일찍 시작하는 셈이다.

상황이 이렇다 보니 그들은 항상 정보 전쟁에서 한발 앞서 나갈 수밖에 없었다. 구조적으로 유대인들이 기독교 상인이나 비즈니스맨보다 정보전에서 유리했던 이유이자 특히 정보가 생명줄인 금융 부문에서 유대인들이 강한 이유이기도 하다. 이러한 관습은 현재에 더욱 빛을 발하고 있다. 정보가 그 어느 시대보다 더 중요해졌기 때문이다.

실패해도 3번까지 재도전할 수 있는 창업 기회를 제공

유대인은 사업이 성공하면 먼저 가족이나 친척을 참여시키고 번창하면 동족들을 불러 모은다. 그래서 유대인은 대부분 가족이나 친척이 일군 사업에 참여하는 게 오랜 관습이다. 하지만 본인이 새로운 사업을 시작할 경우에도 가족이나 친척들의 재정적 지원을 받는 경우가 많다. 또한 설사 주변의 재정적 지원이 없더라도 유대인 사회의 무이자 대부 제도를 활용할 수 있다.

일반직으로 성공한 유대인 기업가들은 모임을 만들고 단체를 조직해 다른 유대인을 돕기 위한 아이디어를 제공하고 기금을 조성한다.

그들 사회에는 가난한 동포를 돕는 '무이자 대부 제도'가 오래전부터 있었다. 사업을 시작하려고 하는 사람이나, 실패해서 다시 재기하려는 사람에게 자금 조달은 지극히 절실한 문제이다. 그런 면에서 사업 자금을 무이자로 대부하는 제도가 역사적으로 유대인 사회에 존재했다는 사실은 매우 특기할 만한 일이다. 대표적인 사례가 18세기부터 유럽에서 있었던 '헤브라이인 무이자 대부 협회'다.

이러한 제도는 그들 율법이 명하는 바에 따른 것이다. 율법에 필요한 사람에게는 돈을 빌려주어야 한다는 말씀과 동족에게는 이자를 취할 수 없다는 말씀이 있다. 이러한 전통은 현재까지 면면히 이어져 내려오고 있다. 유대인의 성공은 이러한 제도적 뒷받침이 있었기에 가능했던 것이다.

이러한 전통은 유대인들이 미국에 이민 가서도 계속되고 있다. 성공한 유대인들은 기부금을 내는 걸 당연하게 생각한다. 보통 1만 달러에서 50만 달러까지가 절반 정도 되며, 500만 달러가 넘는 금액을 기부하는 사람도 흔하다. 이런 모금 단체를 비롯하여 각종 커뮤니티 조직만도 미국에 200개가 넘는다.

비슷한 시기에 미국에 이민 온 중국인이나 일본인들에게도 이러한 동포끼리의 자금 조달을 위한 금전 상호융통조직이나 호조회 같은 것이 있었다. 그러나 그것은 이자가 있는 융통이었다. 게다가 그들은 출자한 사람이나 돈을 빌리는 사람이나 모두 가난한 이주자들이었으나, 유대인 사회의 출자자들은 거액의 출자를 서슴지 않았던, 이미 미국 사회에서 자리 잡아 성공한 사람들이 주축이었다. 더 중요한 것은 종교색이 없는 전자에 비해 후자는 유대교의 가르침에 따라 설립된 종교적 자선 단체의 일종이라는 점이다.

유대인들은 실패를 두려워하지 않는다. 실패도 큰 자산이라 생각한다. 그래서 무이자 대부 협회도 실패한 창업자에게 3번까지 무이자 대부 기회를 허락한다. 이렇게 동족 간에는 시스템으로 창업을 지원한다. 특히 유대인들은 실패를 경험할수록 성공에 가까워진다는 후츠파 정신이 투철하다. 창업이 활성화될 수 있는 이유이다.

게다가 이스라엘의 경우는 대부가 아닌 벤처 투자를 위한 투자 펀드도 발달되어 있다. 인구 780만 명에 불과한 이스라엘이지만 미국 나스닥 시장에 상장된 기업은 64개나 된다. 이스라엘에서는 청년들이 매년 500개 이상의 새로운 벤처기업을 만든다. 이스라엘 경제가 활력으로 가득 찬 이유이다. 참고로 우리나라 기업은 겨우 9개뿐이다.

실리콘밸리의 창업 환경도 기실 유대인들이 주도하고 있으며 이는 이스라엘과도 긴밀히 연결되어 있다. 로스엔젤레스에 있는 유대인 단체는 무이자로 유대인들에게 사업 자금을 빌려주는데 그 회수율이 80%가 훨씬 넘는다고 한다. 물론 그 자금으로 성공한 사람들은 이자보다 훨씬 많은 금액을 또다시 기부한다. 그래서 기금이 점점 불어나고 있다.

이렇듯 유대인들은 그들 스스로 수직적, 수평적 생태계를 꾸려 서로 끌어주고 밀어주는 공동체를 이루고 있다.

3
학문을 숭상하는 민족성

우리나라는 전통적으로 선비와 스승을 존경하는 좋은 문화를 갖고 있었다. 지금도 학자들과 선생님들을 높이 보고 있는 편이다. 하지만 유대인들은 우리보다 한 술 더 떠 고대로부터 학자를 공동체의 으뜸 어른으로 섬겼다.

지금도 유대교를 이끄는 사람은 공부를 많이 한 학자인 랍비이다. 랍비란 '스승'이라는 뜻이다. 학자들이 공동체의 중심에 우뚝 서 스승 역할을 하며 공동체를 이끌고 있는 것이다. 유대인들의 가장 큰 소원 중 하나는 자기 아이가 커서 학자 곧 랍비가 되는 것이다.

학자 곧 랍비가 되는 것은 가문의 영광

유대인은 험난한 세상을 살아나가기 위해서는 '아는 것이 힘이다'라는 진리를 고난의 역사를 통해 온몸으로 체득한 민족이다. 사람이 위급한 상황에서 가지고 도망갈 수 있는 것은 기껏해야 한 줌의 금은보화와 자질구레한 일상용품 정도이다. 한마디로 남에게 뺏기지 않고 의지할 수 있는 것은 오직 '머릿속에 담고 있는 지식'밖에 없다는 것이 오랜 박해와 도피 생활 속에서 점철된 유대민족의 철학이다.

유대 사회에서 가장 존경받는 직업인 랍비.

이와 함께 철저히 배운다는 것은 유대인에게는 하나의 철칙이다. 유대인의 학문에 대한 열의와 관심은 역사적 전통에서 유래되었다. 유대 역사에서는 누구보다 학자가 가장 사회적 지위가 높았고 민족의 숭상받는 지도자였다. 랍비가 유대 공동체를 이끄는 이유이다.

《유대인의 역사》를 쓴 폴 존슨은 유대인들이 인류에게 건네준 가장 큰 선물은 인격적인 유일신론으로부터 비롯된 지성과 윤리 의식이라고 설명한다. 그들은 인격적인 유일신을 믿게 되면서 적극적으로 신의 뜻을 헤아리기 위해 지성을 사용하게 되었다. 또 신이 내려준 계명을 통해 당시로서는 어느 누구도 갖지 못한 윤리 의식을 갖게 되었다.

특히 유대인들은 비합리적인 세상을 합리적이고 하느님에게 순응하는 세상으로 바꾸는 데 자신의 능력을 쓰는 것이 의무라고 생각한다.

때문에 그들은 지성을 강화해나가야 했다. 그러한 유대인들의 지적인 통찰은 하느님에 대한 사상에만 머무르지 않았다. 유대교에서는 유대인 공동체와 인류를 위해 헌신하라고 권면했다. 특히 유대교는 지식과 통치가 긴밀히 연결되어 있었다. 학자인 랍비가 지도하는 교회가 유지되어 왔기 때문이다.

공부를 사회적 출세의 수단으로 여기느냐, 공부 그 자체를 목적으로 삼느냐에 따라 결과는 크게 다르다. 유대인들이 노벨상 등 여러 분야에서 특출한 인재를 많이 배출하는 이유는 그들이 공부 그 자체를 목적으로 삼는 경우가 많기 때문이다. 또 랍비들의 책인 《선조들의 어록 Pirke Avot》에는 이런 글이 있다.

"배움 자체를 위하여 배우고자 하는 자에게 하느님은 배울 수 있는 기회만을 주신다. 다른 사람에게 가르치기 위하여 배우고자 하는 자에게 하느님은 배우고 가르칠 수 있는 기회를 주신다. 그런데 어떤 교훈이 귀하게 생각되어 자기의 삶에 실천하기를 소원하여 배우고자 하는 자에게 하느님은 그 교훈을 배우고, 가르치며, 또한 배운 대로 실천할 수 있는 기회를 주신다."

학문 자체에만 온 뜻을 둔 유대인 학자

많은 수학자를 괴롭히며 거의 100년 동안 해결되지 않았던 '푸앵카레의 추측'을 간단하게 증명해낸 수학자가 있다. 바로 그레고리 페렐만이다. 그는 이 공로로 2006년 수학계 최고상인 필즈상 수상자로 선정되었다. 그러나 그는 수상을 거부했다. 클레이 수학연구소의 상금 100만 달러도, 러시아 과학아카데미 정회원 위촉도 거절했다. 그 뒤에도 모든 상을 거부했다.

페렐만은 유대인 차별이 심했던 러시아에서 태어나 자랐다. 그의 어머니 루보프는 수학을 전공해 일찌감치 아들의 재능을 알아봤다. 그녀는 페렐만이 10살 되던 해 레닌그라드의 수학 클럽에 보냈다. 이후 페렐만은 각종 경시대회에서 두각을 나타내며 16살 때 국제수학올림피아드에서 만점으로 금메달을 수상하며 러시아 수학계의 미래로 불렸다.

그가 36세 되던 해인 2002년 11월, 정식 논문 저널도 아닌 인터넷 저널에 3쪽짜리 논문을 올렸는데, 그 논문이 수학계를 말 그대로 뒤집어놓았다. 바로 푸앵카레의 추측을 증명한 것이다. 페렐만은 기존의 수학자들이 전혀 생각하지 못한 방법으로 풀었다. 정확히 말하면 '푸앵카레의 추측'은 위상기하학의 분야인데 페렐만은 미분기하학과 물리학으로 문제를 푼 것이다.

페렐만은 수학과 과학 이외에는 관심이 없었다. 어려운 문제를 풀고 난 뒤의 성취감이 그에게 최고의 보상이었다. 그러나 증명에 대한 이해보다는 100만 달러의 상금에 눈독을 들인 것이라고 생각하는 사람이 많았다. 그의 증명이 옳고 훌륭하다고 믿어줄 동료 수학자들의 반응도 예상 외였다. 극소수만이 그의 성취를 이해할 수 있는 상황에서 동료들조차 냉담하자 그는 은둔의 길을 택했다. 페렐만은 푸앵카레의 추측을 풀어낸 뒤 100만 달러의 상금을 거절하면서 "내가 우주의 비밀을 쫓고 있는데 100만 달러를 쫓겠는가"라고 일축했다고 한다. 그 뒤 그는 언론은 물론 모든 사람과의 관계를 끊고 은둔자로 살고 있다.[26]

---

26) 〈100만 달러를 뿌리친 수학 천재〉, 김수연의 책과 껴울리는 시간, 한겨레, 2013. 4. 15.

고유의 언어와 최초의 의무교육

민족이 자기 고유의 언어와 글자를 갖고 있는 것은 대단한 축복이다. 글자에 '민족 혼'이 담겨져 있기 때문이다. 글자는 민족의 경험과 유산, 그리고 조상들의 지혜를 후손들에게 전해줄 수 있는 중요한 도구이다.

유대인들은 고대로부터 히브리어라는 자기들의 언어와 글자를 갖고 있었다. 히브리어는 기원전 2000년대 중엽에 생겨난 언어다.《구약》도 히브리어로 쓰였다. 이미 기원전 13세기 무렵에 쓰인 히브리어《성서》도 존재한다. 히브리어는 기원전 6세기 바빌론에 끌려가서도 쓴 언어다. 유대교 자체가 책으로 전수되는 종교인데, 유대인들은 그들의 종교를 지키기 위해서라도 외지에 나가서도 그들의 글자를 지켰다. 유대인의 5,000년 역사가 현재에도 살아 숨 쉴 수 있는 기반이 바로 이것이었다.

로마 시대 2차 이산으로 민족이 뿔뿔이 흩어지자 유대 현인들은 유대 종교가 지역에 따라 변질되는 것을 막기 위해 예배 의식을 표준화했다. 그리고 그들 고유의 언어가 훼손될까 우려하여 히브리어 사전과 문법을 기록했다. 덕분에 지금도 현대 히브리어를 읽을 줄 알면 고대 히브리어 독해가 가능하다.

1446년 세종대왕이 반포한 훈민정음에서도 알 수 있듯이 민족 고유의 글자를 갖는다는 것은 대단한 의미를 갖는다. 히브리어는 신과의 계약은 물론 그들의 역사를 기록하여 후손들에게 전해준다. 그들의 신앙심과 지혜를 계승 발전시키는 강력한 도구이자, 특히 세계 각지에 흩어져 있는 유대 커뮤니티의 동질성을 유지하고 보존할 수 있는 중심 매개체 역할을 했다.

19세기 말에는 히브리어가 일상어로 부활했다. 현재 이스라엘은 히브리어를 공용어로 쓰면서 세계 각국에서 온 유대인 귀환민들에게 히브리어를 가르치고 있다.

하스모니아 왕조의 알렉산더왕 미망인 살로메 알렉산드리아는 기원전 78년 하스모니아 왕가의 마지막 여왕이었다. 살로메는 남편이 죽은 뒤 9년 동안 통치하면서 당시 대중 세력을 갖고 있었던 바리새파를 처음으로 산헤드린[27]으로 받아들였다. 또 그들의 구전 율법을 왕국의 법제 안에 받아들였다. 이렇게 해서 국론을 통일하고자 했다.

그녀는 국민들의 단결을 위해서는 먼저 신앙심이 고취되어야 한다고 믿었다. 신앙심 고취를 위해서는 전 국민이 《성경》과 율법를 읽고 익혀야 했으나, 많은 국민들이 율법을 읽을 수 없는 문맹이었다. 여왕은 최소한 가정 예배를 이끄는 남자들은 《성경》을 읽고 글을 쓸 줄 알아야 한다고 생각했다.

유대인은 3,000년 전부터 학교를 운영한 민족이다. 그러나 율법 학교 중심이어서 일반 서민들이 다닐 수 있는 초등학교는 부족했다. 여왕은 전국 각지에 초등학교를 세웠다. 그리고 노소를 불문하고 남자들 모두에게 무료 의무교육을 시켰다. 결국 이러한 의무교육이 문맹

---

27) Sanhedrin. 고대 유대 사회의 대의회. 최고 재판권을 가지고 있었다.

을 퇴치시키고 율법을 익히게 하는 데 크게 일조하였다. 세계 최초의 공교육이자 의무교육이었다. 또한 이것은 세계 최초의 민족 집단 종교 교육이기도 했다.

이렇게 유대인은 기원전부터 의무교육을 시행한 민족이다. 율법 학교 등 고등교육에 대한 무상교육도 그즈음 시작되었다.

고등교육에 대한 무상교육은 기원전 1세기 유명한 랍비 힐레에게서 유래했다. 그는 몹시도 가난했다. 하지만 랍비가 되기 위한 꿈을 버리지 않았다. 그래서 날마다 하루 벌어 반은 아내에게 생활비로 주고 나머지 반은 율법 학교 수업료로 썼다.

그런데 하루는 일감이 없어 한 푼도 벌지 못해 빈손으로 학교에 가야 했다. 돈이 없어 교실에 들어가지 못한 그는 천장의 채광창에 엎드려 교실 안을 훔쳐보며 밤새도록 공부하다 그만 잠이 들고 말았다. 그런데 그 날 밤에 눈이 내렸다. 아침에 선생님이 교실이 왜 이렇게 어둡냐며 천장을 보니, 힐렐의 몸 위에 눈이 1m나 쌓여 있었다. 그 날은 안식일이었는데 원래 율법에는 안식일에 무거운 것을 나를 수 없게 되어 있었다. 하지만 율법 선생님은 "이런 사람을 위해서라면 율법을 어겨도 좋다"고 말했다. 제자들이 힐렐을 데려다 난로가에서 언 몸을 녹여주고 기름을 발라주었다. 그 뒤 율법 학교도 무상교육이 실시되었다. 돈이 없어도 배우고자 원하는 학생은 공동체가 책임져주기로 한 것이다.

이 전통은 지금도 유지되고 있다. 그리고 이렇게 공부한 힐렐은 이스라엘 최고의 율법학자 중 한 사람이 되었다.

교육을 통해 민족을 지킨 요하난 벤 자카이

서기 66년부터 70년까지 계속된 로마 제국과 유다 왕국과의 '유대전쟁' 때 있었던 일이다. 전쟁은 격렬했다. 네로는 사태가 심각해지자 정예군단인 베스파시아누스 장군에게 유다 왕국을 함락시키도록 명령한다. 베스파시아누스는 부대를 이끌고 유다 왕국을 공격했다. 68년, 전쟁이 시작된 지 3년째 되던 해에 그는 유다 왕국을 점령했지만 유대인들의 완강한 저항 때문에 예루살렘만은 함락시킬 수 없었다. 베스파시아누스는 예루살렘 도성을 포위하고 주민들이 굶주려 항복하기를 기다렸다.

이 무렵 예루살렘에는 강경파인 열심당의 무장투쟁이 성공하지 못할 것을 예견한 평화주의자가 있었다. 그가 유명한 랍비 요하난 벤 자카이였다. 바리새파였던 그는 결국에는 전쟁이 대학살로 막을 내리고 유대인들은 뿔뿔이 흩어지고 말 것임을 예견하였다. 그는 민족의 독립보다는 유대교 보존과 교육이 더 중요하다고 판단했다. 그래서 항복을 주장했지만 그의 제안은 거절당했다.

그는 유대 민족이 역사의 무대에서 사라지는 것을 막기 위해서는 로마군 사령관과 모종의 타협을 해야 한다고 생각했다. 포위되어 있던 예루살렘은 아비규환이었다. 사람들은 굶주림과 질병으로 수천 명씩 죽었으나 아무도 예루살렘을 떠날 수 없었다.

요하난 벤 자카이는 제자들에게 자신의 확신을 토로하고 함께 탈출 계획을 짰다. 제자들은 길거리로 나가 옷을 찢으며 슬픈 목소리로 위대한 랍비 요하난이 흑사병에 걸려 죽었다고 울부짖었다. 그들은 열심당원들에게 존경하는 랍비의 시체를 도심 외곽에 매장하여 도시에 전염병이 돌지 않게 해달라고 요청하여 허락을 얻어냈다. 결국 제자들은 랍비가 든 봉인된 관을 메고 예루살렘을 나와 베스파시아누스 장군의 막사에 도착할 수 있었다.

관에서 나온 랍비는 장군에게 "베스파시아누스 당신은 얼마 안 있어 황제에 등극할 것"이라고 예언하고, 황제가 되면 자신들이 예루살렘 근처에서 평화롭게 유대 경전을 공부할 수 있는 조그만 학교를 허락해달라고 요청했다. 랍비의 예언은 너무나 충격적이었던 반면 요청은 소박하였다. 로마 장군은 예언이 사실이 되면 호의를 베풀어주기로 약속했다.

결국 독립 전쟁이 실패하자 이를 주도한 세력들이 모두 소멸됐다. 열심당과 자객당, 상급제사장·대지주·귀족 중심의 사두개파, 쿰란 수도원 중심의 에세네파가 모두 사라지고 오직 바리새파만이 살아남았다. 이제 유대교에서 사두개파의 소멸로 예배를 이끌 제사장 곧 사제가 없어진 것이다.

서기 70~80년 율법학자 요하난 벤 자카이는 바리새파들을 이끌고 텔아비브 남동쪽 약 20km 지점에 위치한 야브네로 갔다. 그리고 거기에 율법학교를 세워 교육에 온 정성을 쏟았다. 율법을 온전히 지키는 것만이 유대교 회복과 민족을 지키는 길이라고 믿었기 때문이다.

요하난은 여기서 《토라》를 가르쳐 매년 소수의 랍비를 길러내 유럽 각지로 흩어진 유대인 마을에 보냈다. 그들은 거기서 시나고그를 세우고 예배를 드리며 유대인들에게 《토라》를 가르쳤다. 이것이 전쟁으로 패망한 유대인들의 생존에 중심적인 역할을 하게 된다.

율법 학교인 예시바가 유대교의 전통을 이어가다

유대인에게 교육은 곧 신앙이다. 유대인들이 이 땅에 태어난 목적은 하느님의 빛을 만방에 보여주기 위함이다. 위대하신 하느님의 빛을 전달하는 전달자가 되기 위해서는 교육을 받아야 한다. 교육을 받지 않고서는 결단코 빛의 전달자가 될 수 없다. 왜냐하면 자신이 무지와 어둠 속에 있으면서 백성들을 빛 속으로 인도할 수가 없기 때문이다. 이 빛 된 삶을 위해서는 반드시 교육을 받아야 한다. 열심히 배워 하느님의 위대함을 내 속에 담는 것이다. 이 교육의 전통을 절망적인 상황에서도 요하난 벤 자카이가 기적처럼 지켜내었다.

랍비 요하난 벤 자카이는 비록 유다 왕국이 망한다 해도 학교를 통해 유대교 전통이 전승되기만 한다면 유대 민족은 살아남을 수 있다고 생각했다. 실제로 서기 70년 예루살렘 성전의 붕괴에도 변형된 형태로나마 유대교가 살아남아 역사를 이어간 것은 요하난 벤 자카이의 덕이었다. 그 뒤 바리새파에서 유명한 랍비들이 등장하여 민족의 지도자로서 예루살렘으로부터 추방당해 떠돌아다니는 유대인들을 이끌어갔다.

랍비들은 율법을 해석하고 교육하는 역할을 수행했다. 수업 방식은 질문과 토론이었다. 이때부터 유대인들의 수업 방식은 질문과 토론으로 자리 잡게 되었다. 랍비들은 성직자가 아니라 평신도였다. 그래서 당시 랍비들은 생계 수단을 따로 갖고 있었다. 랍비는 오늘날까지도 사제가 아닌 평신도이다.

그들은 엄밀한 의미에서 아무런 의례도 집행하지 않는다. 설교야말로 랍비들의 주된 기능이지만 본질적으로 교사의 가르침으로 이해된다. 그렇다고 랍비가 권위나 영향력이 없다는 이야기는 아니다. 그들의 권위는 종교적으로 주어진 권위가 아니라 학문과 가르침 혹은 탁월한 도덕성을 통해 자율적으로 생긴 권위이다.

재미있는 것은 고대 유대에서는 랍비를 길러내는 율법 학교인 예시바 1학년을 '현자'라 불렀고, 2학년을 '철학자'라고 불렀다. 그리고 최고 학년인 3학년이 되어서야 비로소 '학생'이라 불렀다. 이러한 사실은 겸허한 자세로 배우는 자가 가장 높은 지위에 오를 수 있으며, 학생이 되려면 수년 동안 공부하지 않으면 안 된다는 발상에서 비롯된 것이다.

유대인의 교육 중시 전통은 현재에까지 이어지고 있다. 이스라엘은 건국 다음 해인 1949년 3세에서부터 18세까지 누구나 무료로 공부할 수 있는 의무교육제도 법안을 통과시켰다. 유치원에서부터 고등학교까지가 모두 무상 의무교육인 것이다.

유대인들은 3살이 되면 히브리어를 배운다. 율법을 암기하기 위해서다. 특히 13세 때 성인식을 치르기 위해선 모세오경 중 한 편을 모두 암기해야 한다. 그리고 성인식에 참석한 사람들을 대상으로 《성경》을 토대로 자기가 준비한 강론을 해야 한다.

이러한 전통은 고대 이래로 유대 민족의 탁월한 지적 능력으로 연결되었다. 이후 세계 어디를 가도 유대인 커뮤니티에는 문맹이 거의 없다고 한다. 20세기 초반까지만 해도 세계 문맹률이 높았던 점을 미루어보면, 기원전에 국민을 문맹에서 건져낸 살로메 여왕의 공로가 오늘날의 유대 민족이 있게 한 힘의 근원이었다고 할 수 있다.

유대교만의 독특한 회당, 시너고그

유대 민족의 종교 교육은 오늘날까지 유대 민족이 신앙 공동체를 이루며 살아온 정신력의 원천이다. 서기 70년에 예루살렘의 신전이 파괴된 이후 유대인들의 유랑이 시작되었다. 하지만 세계 각지로 흩어진 유대인들은 어디를 가나 제일 먼저 그들의 회당인 '시너고그'를 지었다.

시너고그는 물론 예배당의 의미를 가지고 있다. 하지만 배움의 장소이자 공동체의 구심점이 되는 집합 장소이다. 시너고그는 일반적인 그리스도 교회와는 상당히 다르다. 그리스도와 관련된 교회나 성당에는 목사나 신부가 있어서 예배를 집전한다. 불교의 사찰에도 스님이 있다. 하지만 시너고그에는 그런 사람이 없다. 단지 랍비가 있을 뿐이다.

랍비는 성직자가 아니다. 일반 평신도다. 단지 많이 배운 학자이기 때문에 유대인 지역 사회의 지도자이며 재판관이기도 하며 힘든 일이 있을 때 인생을 상담하는 친구이다. 당연히 랍비는 일반 신도들보다 높은 곳에 서서 설교를 하거나 예배를 주도하지도 않는다.

유대교에서는 종교를 지키는 일이 불교나 기독교처럼 승려나 목사 등 성직자의 몫이라고 생각하지 않는다. 유대인 개개인 모든 사람이 종교를 지킬 의무와 책임이 있다. 성직자가 없기 때문에 평신도 누구나 종교를 지켜야 한다는 책임 의식이 있다.

기독교에서는 《성경》을 읽고 해석하는 것은 주로 신부나 목사가 주도한다. 그리고 신도들은 그들이 읽고 해석한 《성경》을 수동적으로 받아들인다. 하지만 유대인들은 13세 성인식을 치르고 나면 의무적으로 스스로 《성경》을 읽어야 한다. 또한 유대교는 배움을 예배나 기도 이상으로 중요하게 여겨 시너고그는 함께 모여서 《토라》와 《탈무드》를 같이 공부하며 토론하는 장소다. 배워서 하느님의 섭리를 이해하여야 유대인 개개인이 하느님 사업의 협력자가 될 수 있다고 믿기 때문이다.

유대교의 구심점인 시너고그.

중세 가톨릭은 1229년부터 평신도가 《성경》 소유는 물론 읽는 것 자체를 금지했는데 이는 무려 500년 동안이나 지속되었다. 그것은 신도들이 《성경》을 엉뚱하게 해석하여 잘못된 교리로 빠지는 걸 막기 위해서였다. 그래서 역사를 통해서 보면 그리스도교도들은 거의 대부분이 문맹이었다. 결과적으로 가톨릭은 문맹을 권하는 종교였다. 그래서 가톨릭은 성화가 발달되었다. 글 대신 그림으로 신자들에게 《성경》 내용을 가르치기 위해서였다.

상업에 있어 뛰어난 자질을 가지게 된 유대인들

유대인에게는 장사꾼으로서 남다른 자질이 있다. 이것은 타고난 것이라기보다 그들의 지식에서 유래된 것이다. 대부분이 문맹이었던 고대 시절에 글을 읽고 쓰는 것 자체가 대단한 경쟁력이었다. 유대인은 어디서나 유대교의 가르침에 따라 항상 공부하며 살았기 때문에 교육 수준이 높았다.

더구나 디아스포라 간의 연락을 위해 매주 몇 통씩의 편지를 써야 했다. 그 편지에는 종교상의 의문점을 묻고 답하는 것 이외에 지역 사정과 상품 정보 등 상거래를 위한 제반 정보가 포함되어 있었다. 이렇게 해서 읽기, 쓰기와 계산은 물론 사물을 분석하는 능력이 뛰어나게 발전했다. 게다가 율법을 지키기 위해 신용과 계약을 목숨처럼 여겨 상도의 정신이 투철했다.

이처럼 유대인들은 세계 각처에 흩어져 있는 유대인 커뮤니티를 통해 서로 긴밀히 정보를 교환하고 장사할 만한 거리를 발굴해 서로 도우며 살았다. 특히 먼 거리 교역에 있어서 유대인 커뮤니티 간의 거래는 신뢰를 바탕으로 한 가족처럼 움직였다. 이를 통해 국제적인 통상망을 갖추고 규모 있는 장사를 하여 번성하였다.

고대로부터 쌓여온 교육의 힘은 엄청난 에너지를 내재한 사회적 인프라를 형성하게 된다. 그것이 지금 세계 각 분야의 유대인 리더들을 만들어놓은 결정적인 이유다. 많은 이들이 단지 우연한 행운이라고 하는 대부분의 일들이 사실 알고 보면 필연적 노력의 결과물인 경우가

많다. 유대인들 가운데서 리더들이 많이 배출되는 것 또한 우연한 행운이 아니었다.[28]

유대인들은 세계 각국에 흩어져 랍비를 중심으로 신앙 공동체를 이루며 현지에 적응하여 살았다. 자연히 히브리어와 현지 언어를 함께 배우고 썼다. 공부도 유대 교육과 현지 공부를 함께했고, 생활과 교육을 통해 자연스럽게 현지 사정에 정통하게 되었다.

세계 각국에 파고들어 현지화가 된 유대인 커뮤니티는 멀리 떨어져 있는 동족 간의 사업 협력에 절대적인 힘이 된다. 이렇게 예전부터 유대인들은 자기 신앙과 전통을 지키면서도 실생활 면에서는 세계화와 현지화를 함께 이룬 민족이다.

유대교는 원칙적으로 인종을 구별하지 않는다. 유대교를 믿으면 누구나 유대인이 될 수 있다. 인종보다는 신앙을 우선시하는 것이다. 사는 지역에 따라서 그들의 인종이 현지화되는 것도 이런 연유이다. 북아프리카 유대인은 검은색으로, 러시아 유대인은 흰색으로, 인도계 유대인은 갈색으로, 중동계 유대인은 황갈색의 매부리코로 나타난다.

시장이 세계적인 체제로 확장되어 감에 따라 정보는 최고의 중요성을 지니게 되었다. 세계 각국에 퍼져 있는 유대인 커뮤니티는 그 자체가 글로벌 네트워크다. 유대인들은 이 글로벌 네트워크를 활용해 다른 민족에 견주어 사업 정보에 대한 절대적인 비교 우위를 점할 수 있었다. 그리고 이를 바탕으로 범세계적 시각에서 사업을 판단하고 엮어

---

28) 와우넷, 샤프슈터 박문환 강연 참고.

갈 수 있었다.

특히 유대인들은 고대로부터 향료, 비단 등 독과점 품목에 강했다. 글로벌 네트워크가 잘 형성되어 있고 정보화에 강했기 때문이다. 오늘날에도 금, 다이아몬드, 석유 등 원자재, 방위 산업 등의 독과점 품목은 대부분 유대인과 관계가 깊다. 또 그들은 세계를 연결하는 유통업과 금융업 등에서 특유의 독보적 강점을 발휘하고 있다.

유대인의 남다른 교육열

유대인들의 교육열은 상상을 초월한다. 이미 기원전부터 국가가 의무교육을 실시했던 민족이다. 아이가 말귀를 알아듣게 되면 가정에서 엄마가 아이를 가르치기 시작한다. 모계 교육이 시작되는 것이다. 이것은 유대인 집단 거주지인 게토에 갇혀 살 때 외부의 정규 학교에 보내지 못했기 때문에 생긴 관습이다.

그러나 엄밀히 말하면 유대 사회는 철저히 가부장적인 사회이다. 집안의 중심은 아버지이며 당연히 자녀 교육의 책임도 아버지가 지고 있다. 엄마는 남편의 충실한 조력자일 뿐이다.

유대인 부모들은 어려서부터 자식에게 율법과 《탈무드》를 통해 신앙심과 지혜를 가르쳐야 아이가 좋은 유대인으로 성장한다고 믿는다. 그래서 유대인 부모들은 자녀가 13세 성인이 될 때까지 유대 계율과 안식일을 지키는 한 명의 온전한 유대인으로 길러내는 것을 신이 명한 인생의 최고 목표로 삼는다.

6살이 되면 초등학교의 정규 의무교육이 시작된다. 학교가 시작하는 첫날은 모든 신입생들에게 큰 축제일이다. 공부는 꿀처럼 달콤하다는 것을 배우는 날이다. 그래서 학교에서 주는 꿀 발린 과자를 먹는다. 그들은 옛날 과자를 먹기 힘든 시대부터 히브리어 알파벳으로 'God Loves Me'란 과자를 만들어 꿀을 발라서 먹었다. 그 과자를 먹은 아이들은 배운다는 것은 꿀처럼 달다는 것을 느낀다. 또 하느님이 자기를 사랑한다는 확신을 뱃속 깊이 간직한다.

특히 이스라엘 바깥에 사는 유대인들은 5살 미만의 아이 교육은 전적으로 엄마에게 의존하고 있다. 5살이 되어야 시너고그에 보내 정식으로 공부가 시작된다. 유대인은 교육을 권리가 아닌 의무로 여기는 민족이다. 그래야 신앙을 지킬 수 있다고 믿기 때문이다.

유대인들의 학구열은 이렇게 어릴 때부터 두 학교를 다니는 것으로 유명하다. 이스라엘 바깥에 사는 유대인 가정의 아이들은 유치원에 다니기 시작하면서부터 방과 후에 일주일에 3번 정도 시너고그가 운영하는 유대 학교에 간다. 거기서 그들의 역사와 전통은 물론 히브리어와 이디쉬어를 공부한다. 이를 통해 자기 민족이 지난날 겪은 고난의 발자취와 가혹한 현실 세계를 알게 되고 부모를 이해하게 된다.

중세 북아프리카 유대인 학교. 학생들이 유대인임을 표시하는 고깔을 써야 했다.

이 전통은 400년 이상 이어져 내려오고 있다. 그들은 세계 어느 곳에 살든 자녀들을 방과 후 유대인 학교에 보내는 자신들만의 고유한 풍습을 이어가고 있다.

미국에는 이러한 방과 후 학교 이외에도 정규 유대인 학교가 많이 있다. 유대인 학교의 특징은 등수를 매기는 성적표가 존재하지 않는다는 사실이다. 단지 학습 진도표가 있을 뿐이다. 남과의 비교가 아니라 남과 달라야 한다는 요구가 창의성 발휘의 원동력이 된다.

유대 학교 교육의 장점은 교육 과정이 재미있게 진행된다는 점이다. 자라나는 아이들에겐 모든 것이 새롭고 호기심의 대상이다. 유대 학교 선생님들은 아이들의 호기심을 자극해 질문을 유도하는 수업을 한다. 그리고 다양한 질문을 통해 사물을 바라보는 관점이 하나가 아니라 다양한 방식이 있음을 깨닫게 한다. 또 학비도 일률적이 아니라 부모의 벌이 정도에 따라 차등화되어 있다. 가정 형편이 어려운 학생의 교육은 부모가 학비를 부담하지 않고 공동체가 책임지도록 되어 있다. 따라서 누구나 공부할 수 있게끔 시스템이 되어 있다.

성인식, 사람의 아들에서 신의 아들로

유대인에게 13세가 된다는 것은 아주 특별한 의미를 가진다. 이때부터는 성인 대접을 해준다. 이제는 하느님 앞에 스스로 모든 것을 책임져야 한다. 때문에 13세가 되는 생일날 하는 '성인식'은 정말 성대하게 거행된다. 개인의 일생에서 결혼식과 함께 가장 중요한 날이다.

성인식을 히브리어로 '버미츠바'라 부른다. '버미츠바'는 '신의 가르침의 아들'이라는 뜻이다. 곧 아이 교육의 책임이 부모로부터 하느님에게로 넘겨진다는 의미이다. 아이가 부모로부터 독립하여 하나의 온전하고 독립적인 인격체가 되는 것이다.

자녀도 이제부터는 신의 도움을 받아 스스로 평생 공부해야 한다. 유대교는 모든 유대인들이 평생을 통하여 《토라》를 공부하도록 평생 교육을 의무적으로 규정하였다. 《토라》뿐 아니다. 유대인들은 생명이 있는 한 쉬지 않고 공부하여 하느님의 진리를 발굴하고 인류에 공헌해야 한다는 신념이 있다. 평생 교육을 옛날부터 당연한 것으로 받아들인 게 유대인들이다.

유대인들의 종교관에 의하면 사람 영혼의 세계에는 여러 층이 있는데 '네샤마^{neshamah}'라 불리는 영혼의 세계는 13살부터 시작된다고 한다. 이때부터 사람이 지각 있는 판단력을 지닐 수 있어 하느님과 계약을 맺을 수 있는 능력이 있으며 또한 그 계약을 수행할 능력이 있다고 믿는다.

현대 발달심리학에서도 초등학교를 졸업하는 13세가 되면 아이의 사상과 윤리적 가치가 거의 형성된다고 보고 있다. 할례가 하느님과 사람 사이에 계약이 있다는 사실을 계약 당사자의 몸에 객관적으로 표시하는 행위라면, 성인식은 그 사실을 주관적으로 받아들이고 그렇게 살겠다는 의지를 표현하는 의식이다.

유대인들은 1년 동안의 성인식 준비를 통해 내가 무엇이며, 왜 이 세상에 나왔으며, 무엇을 해야 하나를 고민한다. 그런 의미에서 유대인 성인식은 정체성 확립 선언의 장이 된다. 성인식을 맞는 아이는 히브리어로 된 《토라》의 한 부분이 적힌 두루마리를 펴고 축복문을 낭송한다. 유대인들은 많은 사람들 앞에서 《토라》를 공식적으로 읽는 것을 특별한 축복으로 여기는데, 성인식 때는 히브리어로 읽어야 하기 때문에 보통 성인식 1년 전부터 히브리어 공부를 한다.

신이 맡긴 아이를 신에게 돌려보내는 의미를 담고 있는 유대인의 성인식 모습. 이때부터 아이들은 한 사람의 독립적인 유대인으로 살아가게 된다.

아이가 히브리어로 축복문을 낭송하면 부모는 "이 아이에 대한 책임을 면케 해주신 하느님을 찬송할지어다"라고 화답한다. 이와 같이 선포함으로써 앞으로 아이의 모든 종교적 잘못에 대한 책임은 본인 스스로에게 있다고 확인하는 것이다. 성인식을 하는 13세 아이는 이제 더 이상 종교적으로 부모에게 예속되지 않으며 스스로 독립적인 종교인임을 인정한다는 것이다.

그 다음 순서는 성인식을 맞는 당사자가 강론하는 '드라샤' 시간이다. 유대 율법 중 한 가지를 여러 사람 앞에서 설교하는 것이다. 1년 동안 자신이 성인식에서 할 설교를 준비하면서 끊임없이 원고를 다듬어 이를 대중 앞에서 발표한다.

성인식을 마친 유대인 소년 소녀는 당연히 그때부터는 성인으로서 결혼이 가능하다. 그리고 성인이 됨과 동시에 자기의 평생 직업을 선택할 수 있는 권리를 갖는다. 성인식을 계기로 인생관과 직업관이 세워지는 것이다.

성인식 때 받는 3가지 선물의 의미

성인식을 하는 날 소년 소녀는 부모와 하객들로부터 3가지 선물을 받는다. 《성경》, 손목시계, 그리고 축의금이다.

《성경》을 받는 이유는 이제부터 부모의 중간 역할 없이 신과 직접 독대해야 하는 존재, 즉 신 앞에 부끄럽지 않은 책임 있는 인간으로 살겠다는 뜻이고, 손목시계는 약속을 잘 지키고 시간을 소중히 아껴 쓰라는 의미로 준다. 《탈무드》에도 13살은 《성경》의 가르침대로 살아가기 시작하는 나이이고, 18살이 결혼 적령기이고, 20살이면 자신을 경제적으로 책임질 수 있는 나이라 하였다.

이렇듯 성인식은 유대인에게는 각별한 의미가 있다. 주위 사람들은 이 각별한 의미를 축의금으로 축하해준다. 부모와 하객의 신분에 따라 축의금 액수는 차이가 많지만, 수백 명의 손님들은 보통 200~300달러의 축의금을 가지고 온다. 일가친지들은 좀 더 많은 돈을 낸다. 특히 가까운 친척들은 아이의 장래를 위해 큰돈을 주는 경우가 많다.

이때 집안 어른들은 마치 유산을 물려준다는 생각으로 상당한 돈을 건넨다. 이날의 축의금은 모두 성인이 되는 주인공 몫이다. 성인식에서 모아진 돈은 수만 달러 내지 수십만 달러에 이른다. 이 돈은 미래를 위하여 일반적으로 주식과 채권 그리고 정기예금에 나누어 관리한다.

여기서 중요한 것은 이들이 13세부터 경제 마인드를 가지고 독립적으로 재테크를 하기 시작한다는 점이다. 성인식에서 받은 돈을 적절하게 잘 배분하기 위해서는 당연히 경제 동향과 기업에 대해 스스로 조사하고 공부해야 한다. 경제학 공부를 따로 시킬 필요가 없다. 저절로 자산 관리의 기본을 배우는 것이다.

성인식 때 받은 돈은 보통 대학을 졸업하고 사회에 나갈 무렵이면 몇 배로 불어나 있다. 일반적인 유대인은 그 때쯤이면 우리 돈으로 몇 억 원씩 갖고 사회생활을 시작한다. 이렇듯 그들은 처음부터 '돈이란 버는 것이 아니라 불리는 것'이라는 것을 금융 투자 실전을 통하여 배운다. 그리고 평생 어떻게 버느냐보다는 어떻게 불리느냐로 씨름을 한다. 우리가 20대 후반에 직장생활을 시작하여 생활과 자식 교육을 위해 '밥벌이'를 할 때, 그들은 사회생활 시작 전부터 재테크 공부를 하며 돈을 불리는 '돈벌이'를 하는 것이다. 그리고 우리가 은퇴 이후를 의식하여 40, 50대가 되어서야 재테크에 눈뜨기 시작할 때, 그들은 이미 금융 마인드로 무장되어 세상을 살고 있다. 유대인들의 세계적인 경제 파워는 이렇게 어려서부터 훈련받은 결과이다. 이것은 굉장히 무서운 차이이자 그들만의 경쟁력이다.[29]

---

29) 재미작가 김유미 블로그 참고.

이스라엘과
 창조경제

Chapter 4

JEWISH CREATIVITY

기존 경제에서는 추진력이 창의성보다 우선시되었다.
벤처캐피탈이 벤처기업의 사업성을 평가할 때도
아이디어보다는 추진력을 먼저 보았다. 사업 아이템은 필요하면
차용할 수도 있다는 입장이었다. 그러나 창조경제는 추진력보다는
창의성이 주도하는 경제다. 상상력과 꿈이 경제 동력이 되어
몇 십만 명을 먹여 살리는 경제가 창조경제인 것이다.

1
이스라엘 하이테크의 역사

건국 30년 전에 대학을 먼저 세우다

유대인들의 교육에 대한 집념은 놀라울 정도다. 1917년 11월 영국의 벨포어 선언이 나오자마자 유대인들이 제일 먼저 한 일은 예루살렘에 대학을 세운 일이다. 이스라엘이 건국되기 무려 30년 전의 일이다. 제1차 세계대전이 끝난 직후인 1918년에 전쟁의 폐허로 인구도 몇 안 되는 황량한 예루살렘에 미래를 내다보고 히브리대학을 세운 것이다. 당시 팔레스타인 내 총 유대인 인구는 고작 5만 6,000명이었다. 전쟁통에 인구의 3분의 2가 죽은 탓이었다.

유대인들은 대학이 먼저 만들어져야 산업을 발전시킬 수 있고, 그래야 국가도 세울 수 있다고 믿었다. 그들은 히브리대학을 세움으로써 그들의 국가 건설 의지를 만천하에 공표하였다. 히브리대학은 세계 각국의 유대인들에게 팔레스타인에 유대 국가가 건설되어야 한다는 의식을 심어준 시오니즘 운동의 강렬한 불씨가 되었다.

이 대학의 초석은 와이즈만 박사가 놓았다. 그는 1890년대 제네바대학의 물리학 교수 시절부터 이 계획을 주도했었다. 처음에는 연구기관으로 시작하였는데 1923년부터 아인슈타인과 프로이트 등이 이곳에서 가르쳤다. 아인슈타인은 이곳에서 최초로 모국어인 히브리어로 강의하였다. 1925년 캠퍼스가 완공되어 화학, 미생물학, 유대 민족을 연구하는 3개 연구 기관으로 정식 개교했다. 개교식에는 많은 유명 인사와 외무장관 벨포어 등 영국의 고위층 인사들이 참석했다.

히브리국립대학은 1949년 의과대학과 법과대학, 1952년 농업연구소를 설립한 뒤 4곳에 캠퍼스를 두고 아인슈타인을 포함해 노벨상 수상자 8명과 총리 4명을 배출한 명문 대학으로 성장하였다. 지금도 세계 30위권 내외를 지키고 있다.

이스라엘 대학들은 연구 개발 재원을 마련하기 위해 일찌감치 보유 기술의 상업화에 적극 뛰어들었다. 와이즈만연구소가 1959년 세계 최초로 기술전수센터 '예다$^{Yeda, 지식, 열매}$'를 만든 데 이어 히브리대학은 1964년 '이숨$^{Yissum, 실행, 응용}$'을 설립했다.

최근에는 히브리대학이 바이오 산업을 주도하고 있다. 대학 내의 창업 지원 기구가 활성화되어 대학 소속 창업 기업들이 해당 업종의 혁신을 주도하고 있다. 이숨을 통해 히브리대학 소속 바이오 기업 80개사로부터 기술을 전수받아 제품을 생산하는 업체가 이스라엘 내에서만 700개에 달한다. 이로 인해 1년에 히브리대학이 거둬들이는 특허 수수료만 수조 원에 이른다고 한다. 세계인이 즐겨먹는 방울토마토의 지식재산권도 이숨이 소유하고 있다. 이 기술로만 이숨은 연간 10억 달러를 번다.

세계 2위 제약사 노바티스는 이숨의 기술을 받아 알츠하이머병 치료제 '엑셀론Exelon'을 개발해 연간 10억 달러의 매출을 올린다. 최근 인기를 얻은 자동차 전·후방 감시 시스템 '모바일 아이mobile eye' 역시 이숨이 상용화한 아이템이다. 이숨은 현재 지식재산권 7,000여 개와 발명 특허 2,000여 건을 보유하고 있다.

이숨의 특징은 혁신에 확실한 대가를 지불한다는 점이다. 기술을 개발한 교수나 학생에게 합리적인 보상을 한다. 기술을 상업화해 매출이 발생하면 대학은 가장 먼저 로열티의 40%는 개발자에게 주고, 40%는 학교, 나머지 20%는 연구·개발(R&D) 자금으로 쓴다. 이스라엘의 바이오 기업들이 세계 최고 수준을 계속 유지할 수 있는 것은 바로 이런 구조를 통해 대학 내 바이오 기업들로부터 끊임없이 새로운 기술을 제공받고 있기 때문이다.

이스라엘은 전체 근로자 1만 명 중 145명이 과학자나 기술자들이다. 이는 세계에서 가장 높은 비율이다. 미국은 1만 명 중 84명, 일본은 70명, 독일은 60명 수준이다.[30]

---

30) 조선비즈, 이원재의 〈이스라엘 이야기〉 참고.

아인슈타인이 세운 테크니온공대

1921년 '상대성 이론'으로 노벨물리학상을 받은 아인슈타인은 일찍부터 이스라엘 재건을 위한 시오니즘 운동에 동참했다. 그는 이스라엘 건국 이전부터 예루살렘 소재 히브리대학 발전에 힘썼고, 1924년엔 북부 항구도시 하이파에 테크니온공대 설립을 주도해 초대 총장을 맡았다. 유대인 인구가 10만 명도 채 안 될 때였다. 과학기술 개발에 앞으로 세워질 이스라엘 국가의 운명을 걸겠다는 의지의 표현이었다.

아인슈타인이 세운 테크니온공대 전경.

이스라엘이 하이테크·IT 분야에서 세계적 경쟁력을 갖추게 된 데에는 테크니온공대의 질 높은 교육이 큰 역할을 했다. 테크니온공대는 통신이나 컴퓨터 분야만큼은 MIT를 능가한다는 평가를 받는 세계적인 명문대가 되었다.

초대 총장 아인슈타인 박사는 "이스라엘 생존의 길은 전문 기술 개발밖에 없다"며 기술 연구·개발의 중요성을 강조했다. 이스라엘 사람들은 아인슈타인의 이 말을 잊지 않았다. 그들은 살아남기 위해 스스로 난관을 극복해나갔다. 불모지 사막 위에 생활 터전을 만들어가면서, 또 주변 적들과 싸우면서 생존해나간다는 것은 만만한 일이 아니었다.

이스라엘은 건국 후 4차례의 중동전쟁을 겪으면서 자주국방의 필요성을 절감했다. 그들은 군사 기술을 독자적으로 발전시켰다. 그리고 그로부터 파생된 민영화 사업과 벤처기업들이 마침내 이스라엘을 하이테크 강국으로 키우게 된다.

이후 테크니온공대는 이스라엘 재건에 크게 기여했다. 당면 과제는 물이었다. 동구에서 이주해온 시오니스트들은 물 문제를 해결하기 위해 우기인 겨울에 내린 빗물이 고이는 저지대에 집단촌락을 세웠다. 이 촌락들에 말라리아가 번져 많은 사람들이 죽자 유대인들은 1920년대 구릉 지대 꼭대기로 촌락을 옮기고 북부 갈릴리 호수에 있는 물을 파이프로 끌어다 쓰기 시작했다.

귀한 물이었지만 마시기만 할 수는 없었다. 농사를 지어야 사막에서 먹고 살 수 있기 때문에 농업용수도 필요했다. 사막의 뙤약볕 아래에서 농작물에 물을 댄다는 것은 상상키 어려웠으나 농사를 짓지 않으면 자립 경제 체제를 갖출 수 없는 여건이었다.

유대인들은 물을 최대한 아끼면서 효율적으로 농작물에 물을 줄 수 있는 방안을 찾게 되었다. 그래서 물을 작물 위에 뿌리는 대신 파이프를 흘러가는 물이 일정 간격을 따라 뿌리 근처에 물방울을 떨어뜨리는 방식을 고안했다. 이는 수자원 과학자인 심카 블라스$^{Simcha\ Blass}$가 정원 파이프의 누수를 지켜보다 파이프에서 조금씩 새나오는 물을 흡수하던 나무를 보고 떠올린 아이디어였다.

그 결과 나무나 채소의 뿌리 부근에 고무호스를 설치해 물이 다른 데로 새어 나가지 않고 그대로 뿌리에 흡수되도록 하는 관개 시스템이 탄생하였다. 땅속에 파이프를 묻어 일정한 시간마다 물방울이 똑똑 떨어지거나 흘러나오는 시스템이었다. 이것이 이른바 식물 뿌리에 필요한 만큼의 물만 공급하는 점적 관개$^{Drip\ Irrigation}$ 기술이다. 이 기술을 최초로 고안해 세계 시장을 넓힌 회사가 네타핌^{Netafim}이다. 이 관개 시스템은 세계적인 상품이 되어 한국에도 진출해 있다. 개인의 창의력과 이를 국가적인 관개 시스템으로 확산시키는 정부의 노력이 결합된 결과였다.

이스라엘은 주변 아랍국들과 비교할 때 도시에 공원이 잘 조성되어 있고 나무들이 많다. 이러한 나무들이나 녹지대는 기실 돈덩어리로 이루어진 것들이다. 대부분의 나무들이 물방울이 떨어지는 고무호스를 둘러 감고 있기 때문이다.

이렇게 이들의 피나는 기술 개발 노력은 더 나아가 바닷물을 민물로 바꾸어주는 담수화 기술을 개발하여 사막을 농지로 바꾸고 습지대를 옥토로 바꾸었다. 또 모래로 반도체의 원료 실리콘을 만들었다. 특히 통신과 전자·광학·의료 부문에서 강세를 보였다.

독립 쟁취를 위한 비밀 무기 제조창

독립 쟁취를 위한 1920년대의 유대인 상황은 처절했다. 팔레스타인 유대인들은 자연 환경과의 싸움 외에 주변 아랍인들과도 싸워야 했다. 전쟁은 무기를 필요로 했다. 이스라엘의 방위 산업 역사는 매우 교훈적이다. 1929년 아랍의 반유대인 폭동에 자극되어 이스라엘인들은 무장의 필요성을 절감했다. 그들은 'Taas'라고 불리는 가정집 단위의 지하 무기 생산 조직을 형성하였고, 빵집이나 세탁소 또는 은밀한 장소에서 폭발물을 제조했다.

유대인들은 독립 운동에 필요한 무기를 스스로 개발하고 부족한 것은 외국에서 몰래 사오기 시작했다. 심지어 외국으로부터 항공기와 탱크에 대한 잉여 부품을 구해 와서 완제품을 재생시키기도 했다. 지하에 잠복한 방위산업체 수준이었다. 이들 장비들은 독립 전쟁을 치르는 데 중요한 역할을 했다.

이를 기초로 1933년에는 군대조직인 '하가나'가 결성되었다. 그 뒤 무기 제조는 좀 더 체계화되었다. 독립 전쟁 직전인 1947년 시오니스트 지도자 벤 구리온은 무기 제조를 위한 설비를 구하기 위해 하가나의 과학자와 엔지니어들을 미국으로 보냈다. 이들 독립투사들은 기계들을 몰래 반입하여 경기관총과 대포를 제작할 수 있었다. 국가 건국 이후에 이 비밀 무기 제조창들은 이스라엘 군수산업체로 탈바꿈했다.[31]

이스라엘 초대 수상을 지낸 시오니스트 지도자 벤 구리온.

---

31) 강영수, KOTRA 텔아비브 무역관 보고서 참고.

이스라엘의 실리콘밸리, 하이파

이스라엘 건국 후에는 다국적 하이테크 기업들도 앞다투어 테크니온공대가 있는 하이파에 진출했다. 테크니온공대의 우수한 두뇌를 활용하기 위해서였다. 테크니온공대가 실리콘밸리의 스탠포드대학과 같은 역할을 이스라엘에서 하고 있는 것이다.

1964년 이스라엘에 가장 먼저 진출한 '모토로라 이스라엘 그룹'은 미국 외의 지역으로는 하이파에 가장 큰 디자인센터를 두고 연구 개발에 주력하고 있다. IBM은 1972년 하이파에 R&D센터를 세웠다. 1974년에는 인텔이 하이파에 R&D센터를 세워 펜티엄칩을 디자인하는 성과를 얻었다. 현재 인텔은 여기에서 차세대 제품을 개발 중이다. 이밖에 마이크로소프트, 퀄컴, HP도 1990년대 들어 경쟁적으로 하이파에 R&D센터를 설립했다. 이스라엘이 1990년대 후반 세계 기술 시장에 혜성과 같이 출현하게 된 이면에는 테크니온공대가 있었다.

테크니온공대의 연구 활동은 실용적인 것으로 정평이 나 있다. 아무리 새로운 기술이라도 응용이 안 되면 가치가 없다는 게 이들의 철학이다. 1927년 이래 테크니온공대가 배출한 5만여 명의 졸업생들은 이스라엘 하이테크를 주도해왔다. 이스라엘 하이테크 분야 창업자와 관리자 중 70% 이상이 이곳 출신인 것으로 집계되고 있다. 현재도 학생의 80~90%가 창업에 도전하고 있으며, 컴퓨터공학과 소속 50여 명의 교수들 중 절반이 자신의 회사를 갖고 있거나 기업의 컨설턴트로 활동 중이다.

코넬-테크니온 뉴욕 캠퍼스의 청사진.

요즈음 테크니온공대는 새로운 실험을 하고 있다. 미국 코넬대와 손잡고 뉴욕 맨해튼 옆 섬 루즈벨트 아일랜드에 제2의 실리콘밸리를 일으킬 대학을 건설 중이다. 미국 동부에도 서부의 실리콘밸리를 능가할 벤처단지를 테크니온공대가 주도해 만들겠다는 야심 찬 계획을 갖고 있다. 이 프로젝트를 추진한 장본인이 바로 마이클 블룸버그 뉴욕시장이고 여기에 투자하는 큰손들이 구글과 퀄컴 등의 유대 기업들이다.

뉴욕이 벤처 열기에 휩싸여 있다. 블룸버그 시장이 벤처 육성을 위한 각종 인센티브와 환경 구축에 올인하면서 벤처기업들이 뉴욕으로 몰려들고 있기 때문이다. 맨해튼에서는 하루가 멀다 하고 자금 조달을 위해 벤처기업들이 투자자들을 모아놓고 사업 아이디어를 설명하는 행사가 줄을 잇고 있다.

뉴욕시가 벤처기업 활성화를 위해 특히 집중하고 있는 것은 비즈니스 인큐베이터 구축이다. 이미 할렘 지역 등 14개 지역에 구축했는데, 명문 컬럼비아대학과 불과 20분 거리에 있는 할렘 지역의 바이오 벤처를 위한 사무실 임대료가 월 995달러이다. 맨해튼 다른 지역의 임대료와 비교하면 엄청나게 싼 가격이다. 이렇게 창업 기업에 사무실을 저가로 임대해주는 것은 물론 빌딩 내에 고가의 실험 기구와 장비를 구비한 공동 실험실까지 마련해 제공해주고 있다.

그밖에도 인큐베이터들은 지식재산권 보호와 법률 자문, 기존 벤처 기업인들의 창업 노하우를 전수히는 멘토 서비스도 무료로 제공한다. 수백 개의 스타트업 기업과 투자자 간 네트워킹 구축을 위한 플랫폼 역할도 하고 있다.

뉴욕시가 재정지원을 하고 있는 인큐베이터 시설에는 600개가 넘는 스타트업 기업이 입주하여 벌써 1억 달러 이상의 자금을 조달하였다. 뉴욕시의 지원을 받지 않고 있는 신생 벤처까지 합치면 1,000개가 넘는 벤처가 활동하고 있다. 뉴욕이 제2의 실리콘밸리로 떠오르는 데 그치는 게 아니라 실리콘밸리를 넘어서는 벤처 중심지로서 위상을 강화해나가고 있는 배경이다.

맨해튼이 벤처 중심지로 급부상하고 있는 것은 뉴욕시의 적극적인 지원과 함께 벤처 지원을 위한 자금이 풍부하기 때문이다. 뉴욕에서는 세계의 금융 심장이라는 명성에 걸맞게 좋은 아이디어만 있으면 자금줄을 찾는 것이 그다지 어려운 일이 아니다.[32]

순수 과학의 요람인 와이즈만연구소 설립

1933년에는 와이즈만연구소가 체인 와이즈만에 의해 설립되었다. 이로써 테크니온공대의 응용 과학과 와이즈만연구소의 순수 과학

---

32) 매일경제 2013년 7월 30일자, 박봉권 특파원.

이 이스라엘 과학 개발의 양대 축이 되었다. 이 모두가 이스라엘 건국 한참 전의 일이다. 그들의 혜안이 놀라울 따름이다. 《사이언스》지는 2008년 히브리대학과 와이즈만연구소를 미국을 제외한 지역의 최고 연구 대학으로 선정했다.

석·박사 과정을 운영하고 있는 이스라엘 와이즈만연구소는 놀랍게도 공학 전공을 두고 있지 않다. 생물학, 화학, 물리학, 수학 등 순수과학만 가르친다. 1933년 세계 최초로 R&D와 상업화를 함께 추진하기 위해 설립한 연구소인데도 말이다.

이들은 이곳에서 배운 과학 인재들이 20~30년 후 경제 발전을 이끌 신기술을 만들어낼 수 있도록 멀리 보는 교육에 치중하고 있다. 그들 연구 프로젝트의 80%는 살아 있을 때 그 결과를 보지 못할 거라고들 공공연히 이야기한다.

그렇다고 창업이나 기술 개발을 소홀히 하는 것은 아니다. 와이즈만연구소는 '예다'라는 자회사를 갖고 있어 개발된 기술을 즉각 상용화하고 있다. 연구 성과가 조속한 기간에 상업화될 수 있어 연구원들의 연구 의욕이 충만하다.

예다는 현재 연간 100억 달러 이상의 수익을 올리고 있다. 실제로 다발성경화증 치료제인 '코팍손^{Copaxone}'은 개별 상품으로 30억 달러 이상을 벌어들이고 있으며, 대장암 치료제인 '얼비툭스^{Erbitux}'도 미국 식약청 인증을 받고 세계적인 인기 상품이 됐다. 이스라엘 다른 대학들도 이러한 자회사를 모두 갖고 있다.

와이즈만연구소는 이스라엘에서 유일하게 공식 언어로 영어를 쓰고 있다. 세계 첨단 연구 시설 및 연구진과 함께하여 선진 학문을 습득할 수 있음은 물론 잘 구비된 장학 시설로 석·박사 후보생 모두 경제적인 부담 없이 오로지 연구 업무에만 정진할 수 있다.

창의적인 인재를 키우는 통섭 교육

와이즈만연구소는 학문 간 통섭을 중시한다. 석사 과정에 입학하면 반드시 1년간 자신의 전공이 아닌 다른 학과의 수업을 들어야 한다. 예를 들어 생물학 전공자라면 화학, 물리학, 수학 과정을 4개월씩 나눠 배우는 것이다. 때문에 1학년 수업은 다양한 전공 학생들이 섞여 듣게 마련이다.

안 그래도 '후츠파' 도전 정신이 강한 학생들이 잘 모르는 전공 수업을 듣다 보니 난상토론이 나올 수밖에 없다. 팀 단위로, 실험 위주로 진행되는 수업에서 학생들은 서로 다른 시각과 새로운 실험들을 접하면서 생각의 폭을 키울 수 있게 된다. 호기심도 키워지고 창의력도 길러진다. 다른 분야를 기웃거려봄으로써 자신의 전공 분야에서 볼 수 없는 새로움을 발견할 수 있고, 이 과정에서 자연스럽게 학문 간 융합과 창의성이 길러진다.[33]

이러한 와이즈만연구소의 통섭적 연구 분위기는 오늘날의 첨단 연

---

33) 한국경제 2011년 6월 27일자, 강현우 기자 기사 참고.

구에 적합한 학문적 제휴 혹은 연계의 독특한 발달을 꾀하였다. 와이즈만연구소는 더욱 많은 학문적 교류를 촉진하기 위해 현재까지 19개의 연구 센터를 추가로 설립하였다. 이로써 연구소는 수많은 연구 교류뿐만 아니라 많은 방문 과학자들과도 교류를 할 수 있었으며, 그밖에도 국제학술회의, 심포지엄 및 여러 종류의 문화적, 교육적 활동을 지원하고 있다.

이스라엘은 현재 8개의 대학교와 27개의 단과대학을 가지고 있다. 그중 히브리, 테크니온, 와이즈만 3개 대학은 세계 최고 100위 안에 들어가 있고 나머지 학교는 아시아 최고 100위 안에 포진해 있다.

2
4차 중동전쟁이 불러온 하이테크 산업

2,011년 만에 대망의 이스라엘 건국과 1차 중동전쟁

1947년 영국은 UN을 통해 팔레스타인 지역을 유대인과 아랍인 간의 나라로 분할하는 안을 내놓았다. 특히 성지인 예루살렘을 분할하기로 했다. 이러한 UN안을 바탕으로 1948년 5월 14일 금요일 이스라엘이 건국되었다. 건국 당시 인구는 80만 6,000명이었다. 벤 구리온은 텔아비브 박물관에서 독립 선언문을 낭독했다.

"그날에 내가 다윗의 무너진 천막을 일으키고 그 틈을 막으며 퇴락한 것을 일으켜서 옛적과 같이 세우고…… 내가 저희를 그 본토에

> 심으리니 저희가 나의 준 땅에서 다시는 뽑히지 아니하리라. 이는 네 하느님 여호아의 말씀이니라."

아모스 9장 11절에서 15절이 벤 구리온에 의해 낭독되는 가운데, 1948년 5월 14일 이스라엘이 독립하였다. 기원전 63년에 망한 지 정확히 2,011년 만에 나라를 되찾은 것이다. 기적이었다.

하지만 기쁨도 잠시였다. 건국을 선언한 그날 밤 이집트 전투기들이 이스라엘을 폭격했고 이튿날 아랍군의 침입이 시작된다. 이로써 전 아랍이 전쟁 상태에 돌입했다. 이집트, 요르단, 시리아, 레바논, 이라크 등 5개국 아랍군이 이스라엘을 공격했다. 북쪽에서는 레바논과 시리아가, 동쪽에서는 요르단과 이라크가, 남쪽에서는 이집트가 공격해왔다. 누가 봐도 이스라엘은 일촉즉발의 운명이었다.

하지만 이스라엘은 기적적으로 살아남았다. 전쟁 초기에 이스라엘군 약 2만 7,000명과 정착촌 예비군 약 9만 명이 결사항전으로 맞서 싸웠다. 여자들이라고 예외가 없었다. 외국에 거주하는 유대인들도 신생 조국을 지키기 위해 달려왔다. 20일 넘게 일어난 전투 끝에 결국 유대인들은 2,000년 만에 어렵게 얻은 나라를 지켜냈다.

1948년 6월 11일 스웨덴의 중재로 휴전협상이 시작되었다. 그 사이 미국의 지원으로 현대적인 전투군대로 변한 이스라엘군은 모세 다얀 장군의 지휘 아래 이집트 카이로, 요르단 암만, 시리아 다마스쿠스를 폭격해 아랍 연합군의 항복을 받아냈다. 이듬해 2월 전쟁은 끝났고 이 전쟁으로 이스라엘은 UN안보다 50%나 더 많은 지역을 점령했다.

이 전쟁을 통해 고향에서 축출된 아랍인들은 80만 명이나 된다. 오늘날 세계는 이들을 팔레스타인인이라고 부른다. 반면에 그해 말에 34만 명의 유대인 이민자들이 도착했고, 1951년 말에는 추가로 34만 5,000명이 와서 유대인 인구는 배가 되었다. 이들은 주로 아랍국가 출신들이었다.[34]

무기 금수조치로 자체 전투기 개발

프랑스는 자기들의 무기가 중동전쟁에서 사용되는 것을 보고 경악을 금치 못했다. 그간 프랑스 정부도 모르게 다량의 무기가 이스라엘로 흘러들어간 것이다. 프랑스는 즉각 대 이스라엘 무기수출 금지조치를 발표했다. 이스라엘은 프랑스의 무기금수조치 이후 미국에 매달려 무기 공급을 받으면서도 주요 무기의 자체 개발을 서둘러 대미 의존도를 줄이려 애썼다.

미국 역시 주요 무기의 대 이스라엘 수출을 불허했다. 이때부터 이스라엘은 방위 산업 육성에 국운을 걸었다. 모든 체제를 방위 산업 개발에 맞추며 군 조직을 첨단 산업 개발 체재로 만들어나갔다.

우선 1952년에 이스라엘군은 정보부대부터 설치하였다. 그리고 독립운동 기간 중 무기를 제조했던 비밀 병기창의 엔지니어들과 세계 각지의 유대인 과학자들을 불러 모아 이스라엘 군수산업체 IMI, Israel

---

34) 강영수 지음, 《유태인 오천년사》, 청년정신, 2003.

Military Industries를 세웠다. 이들은 1954년 우지 경기관총을 필두로 다양한 무기를 생산해 공급하기 시작했다. 이때부터 이스라엘의 산업화는 방위 산업과 궤를 같이했다.

이 업체가 생산한 무기 중 널리 알려진 것으로 갈릴 권총, 메르카바 탱크, 무인 원격조종 소형비행기 등이 있다. 배낭에 넣고 다닐 정도의 초소형 무인비행기는 GPS 시스템을 이용 원격조종되었다.

이어 이스라엘 항공산업체 IAI, Israel Aircraft Industries를 1953년에 설립하여 6년 만에 독자적인 비행기를 제작하였다. 이곳에서 생산한 최초의 비행기가 프랑스 기종 '푸가기'로 이스라엘 기술진들이 복제하여 생산했다. 그 뒤 이들은 수송기도 만들었다.

신생 독립국이 이러한 가공할 만한 방위 산업 생산기술과 시설을 갖출 수 있었던 것은 전적으로 건국 전에 설립했던 테크니온공대와 와이즈만 연구소가 길러낸 과학자와 엔지니어들의 힘 덕분이었다.

이스라엘은 푸가기를 52기나 보유했다. 경비행기인 푸가기는 기본적으로 훈련기였다. 비교적 소규모인 이스라엘 공군에 이 정도로 많은 훈련기는 필요 없었다. 하지만 돈이 없는 이스라엘은 저렴한 푸가기를 많이 확보해서 훈련뿐 아니라 유사시 실전에 투입할 계획이었다. 실제로 이스라엘은 보유한 푸가기 중 20기의 날개에 두 발의 소형폭탄이나

이스라엘군은 유사시 실전 투입이 가능하도록 푸가기를 개조하였다.

12발의 로케트 탄을 장착하고, 기관총 두 정을 달아 실전에 쓸 수 있도록 개조했다. 이를 훗날 6일 전쟁 시에 크게 써먹었다.

2차 중동전쟁(1956년)과 우주항공 산업 개발

1952년 7월, 이집트의 나세르가 쿠데타를 일으켜 국왕을 쫓아내고 대통령이 되어 소련과 친선 관계를 유지했다. 미국과 영국이 아스완 댐 건설 지원 요청을 거절하자, 나세르가 수에즈 운하 국유화를 선언하며 수에즈 운하를 점령해 전쟁이 일어났다.

영국과 프랑스가 반발해 공군을 동원해 수에즈를 폭격했고 이스라엘도 동맹을 맺고 이집트 시나이 반도를 침공했다. 이스라엘군은 시나이 반도를 침공하여 수에즈 운하를 점령하였다. 하지만 이 전쟁이 자칫 세계대전으로 번질 위험이 있어 미국과 소련이 압력을 가하고 유엔이 중재하여 3국 군대가 철수하면서 끝이 났다.

그 뒤 이스라엘은 미국이 주요 무기의 제공을 거부하고 지원치 않자 자주국방의 결의를 다진다. 병기개발청 '라파엘'은 1959년 최초의 공대공 미사일을 개발했다. 공대공 미사일은 비행 중의 전투기에서 발사하는 미사일이다. 이후 라파엘은 미사일 전문제조 및 수출 공기업이 되었다.

라파엘의 미사일 제조기술은 1960년대 중반부터 민간기업과 합작으로 컴퓨터처리 기업에 활용되었다. 세계 최고 수준인 능동형 레이

더, 암호화 시스템, 이란의 원자로를 침투한 컴퓨터 해킹기술 등이 여기에서 탄생했다. 이외에도 미사일 기술은 하이테크 산업의 다양한 분야에 응용되고 있다. 일례로 이스라엘의 바이오벤처 갈릴메디컬은 미세 침으로 전립선암 수술을 순식간에 끝내는 의료 제품을 개발해 급성장하고 있다. 그 핵심 기술이 바로 미사일 발사 후 발사대를 급랭시키는 기술에서 온 것이다.

그 뒤 이스라엘은 전쟁의 승패는 제공권 장악에 있다고 보고 공군력 확대에 노력했다. 그리고 미국이 제공하기를 거부한 관성유도장치, 대용량컴퓨터는 물론 우주로켓을 자체 개발하는 데 성공했다. 이스라엘이 자체 제작한 전투기, 미사일, 인공위성의 성능은 세계 최고 수준이다.

6일 전쟁(1967년)으로 국제적 신뢰 상실

1960년대에 일어난 가장 극적인 사건이 6일 전쟁이었다. 2차 중동전쟁 후 1964년경부터 아랍 게릴라의 활동이 시작되었는데, 이들은 골란고원에 불법적으로 만들어진 이스라엘 정착촌들에 포격을 가하기 시작했다. 이렇게 게릴라 기지가 된 시리아에 대해 이스라엘은 1967년 4월 대규모 공격을 감행했다. 이에 대해 이집트 나세르는 대군을 시나이반노에 부입하며 아카바만의 봉쇄를 선언했다.

6월 5일 아침 이스라엘 공군이 작전을 개시했다. 이스라엘 전투기들은 이집트의 촘촘한 레이더망을 피해 지중해를 멀리 우회하여 리비아 사막지대 상공을 통해 카이로에 침투했다. 이집트 공군은 하루 만에 MIG-21 90대를 포함해 총 410대의 항공기를 띄워보지도 못한 채 파괴당한다. 사실상 공군 전력의 궤멸이었다. 전란은 시리아 · 요르단까지 퍼져 전면전으로 확대되었다. 이튿날인 6월 6일에는 시리아, 요르단, 이라크 전투기 416대를 파괴해 아랍 측 공군력을 무력화시켰다.

이스라엘군은 압도적인 우세 속에 4일 만에 시나이반도를 점령하여 요르단강 서안지역, 시리아 국경의 골란고원을 공략하였다. 유엔 안전보장이사회는 6월 6일 즉시 정전을 결의하였고, 쌍방이 수락하여 6월 9일 정전이 실현되었다.

이 전쟁으로 이스라엘은 요르단강 서안의 팔레스타인 지역과 그때까지 이집트가 통치하고 있었던 가자 지구를 점령하였다. 예루살렘의 아랍인 지역은 유대인 지역과 통합되었다. 유대인 정착지들은 일부 점령지 내에도 지어져 그 뒤로 정치적 이슈가 되어왔다.

이 전쟁으로 이스라엘을 둘러싼 국제 정세도 변화했다. 3차 중동전쟁으로 기습에 의해 대승을 거두긴 했지만 이스라엘은 홀로코스트 이후에 유지해온 국제적 동정과 신뢰를 상실했다. 게다가 이 승리로 중동의 군사적 균형이 무너지는 것을 우려한 프랑스와 영국은 이스라엘에 무기관련 금수조치를 취했고 미국도 표면적인 원조는 할 수 없었다.

4차 중동전쟁(1973년), 탱크가 힘을 못 쓰다

1973년 10월 6일, 이집트와 시리아가 각각 수에즈와 골란고원의 양 전선에서 이스라엘을 기습적으로 공격했다. 이 날은 유대인의 종교 축제일인 속죄일, 즉 '욤 키푸르'로 모든 국민이 일하지 않고 그동안 지은 죄를 하느님께 기도하며 용서를 청하는 날이었다.

건국 후 3차례 전쟁에서 모두 승리한 이스라엘이었지만 이번 전쟁은 시작부터 양상이 달랐다. 이집트 대통령 사다트는 과거 이스라엘과의 전쟁에서 잃었던 영토를 되찾기로 결심하고, 차근차근 전쟁 준비에 박차를 가했다. 그는 대대적인 군 개혁과 더불어 대전차 무기와 방공 미사일 체제를 대폭 강화했다. 게다가 개전 당일인 10월 6일은 유대교도들이 가장 중요시하는 속죄일을 맞아 많은 이스라엘 군인들이 병영을 떠나 있었기에 기습하기에는 더할 나위 없는 날이었다.

이집트군은 병력 75만 명, 탱크 32,000대, 소련제 미사일까지 총동원해 이스라엘을 공격했다. 하지만 이스라엘의 병력은 이집트군의 3분의 1도 채 안 됐고 무기도 이집트군의 절반도 안 되는 열세였다.

기습을 당한 이스라엘군은 사상자가 속출했다. 전쟁 초기 이스라엘의 피해는 막심했다. 이스라엘이 마지노선이라고 자랑하던 시나이 전선의 바레브 라인과 골란고원이 아랍군의 공격 앞에 여지없이 무너져 내렸다. 특히 지난 전쟁에서 눈부신 활약을 보여주었던 이스라엘의 전자부대는 이집트군이 쏟아대는 미사일과 대전차 화기 앞에 무력했다. 개전 48시간 만에 이스라엘은 17개 여단이 전멸하다시피 했다.

급해진 건 미국이었다. 미국은 포위되어 있는 이스라엘에 군수물자를 운반하기 위해 무려 5,566번의 비행 수송 작전을 펼쳤다.

이스라엘군 수뇌부는 한꺼번에 두 개의 전선에서 싸우는 것은 승산이 없다고 보고 전력상 약세로 평가되는 시리아군과 먼저 싸우고 그런 다음에 이집트군과 상대한다는 전략을 세웠다. 이스라엘군은 개전 6일 만에 시리아군에 대한 총반격을 개시하여 골란고원 전투에서 시리아 탱크 867대, 차량 3,000대 이상을 파괴하며 시리아군을 패배시켰다. 그 뒤 시나이 반도로 이동한 이스라엘군은 16일 수에즈 운하를 넘어 수에즈 시를 점령하였다.

10월 25일 UN은 유엔군의 긴급 파견을 결정하고 28일 1진이 수에즈 운하에 도착함으로써 제4차 중동전쟁은 마무리되었다. 이 전쟁에선 소련이 35억 달러를 아랍국에 쏟아부었고, 미국은 22억 달러를 이스라엘에 쏟아부었다.

4차례 중동전쟁을 통해 이스라엘 방위 산업은 도약을 거듭했다. 특히 이스라엘 항공 산업은 '6일 전쟁' 이듬해부터 프랑스의 지원이 중단되자, 자체 제작에 착수하여 네세르^{Nesher} 전투기를 생산하여 1971년부터 실전 배치하였다. 이어 1975년에는 차세대 전투기 크피르^{Kfir}를 제작하여 이스라엘 공군기의 핵심을 이루었다. 이스라엘의 자체 제작 크

1970년대 중동 하늘을 누볐던 크피르 전투기.

피르는 F-15와 F-16이 나오기 전까지 중동 하늘을 제패했던 전설의 기종이다.

   4차 중동전쟁 이후의 이스라엘 방위 산업은 적의 공격을 사전에 파악하고 미리 대응할 수 있는 항공정찰, 레이더, 미사일, 정보통신 등을 중심으로 발전하기 시작했다. 이렇게 성장한 항공우주 방위 산업 매출액은 2010년 기준 약 96억 달러 규모이며, 2013년 현재 150여 개의 항공 관련 기업이 있다.

군이 IT 산업의 선구자가 되다

   4차 중동전쟁 이후 이스라엘군은 지상군과 전차가 이제는 크게 쓸모없음을 깨닫는다. 그래서 이스라엘군은 컴퓨터로 제어되는 첨단 무기 개발에 주력하게 된다. 이를 위해서는 소프트웨어 경쟁력이 필수였으므로 군의 핵심 조직을 소프트웨어 개발과 이를 위한 인재 양성에 초점을 맞추었다. 동시에 은밀히 핵무기 개발을 서두른다.

   이를 계기로 이스라엘군이 앞장서서 자국의 컴퓨터 산업 인력 양성을 하게 된다. 그 출발점이 '맘람'이었다. 맘람은 이스라엘군 중앙 컴퓨터 처리 부대를 지칭하는 히브리어이다. 이 조직은 군뿐만 아니라 이스라엘 하부 조직으로 분산되어 나갔다. 맘람 출신들은 산업계의 핵심석인 위치에서 이스라엘 하이테크 선구자들로 활약하고 있다.

   그 가운데서도 정보 부대인 '시모네 마타임' 출신들을 빼놓을 수 없다. 그들은 이스라엘 통신 기술 시장과 인터넷 보안 분야에서 두각을 나타내고 있다. 시모네 마타임은 히브리어로 숫자 '8-200'을 일컫는다. 그래서 8200부대라고도 한다. 미국의 국가안보국[NSA]에 해당하는 이스라엘군의 정보 부대다.

1959년 이스라엘 정보 부대 소속 연구·기술 개발을 맡은 부대로 출발한 이 전자 부대는 이스라엘 하이테크 산업을 주도하고 있다. 조직에 대해선 국가기밀로 분류돼 있어 외부에 자세히 알려져 있지 않다. 하지만 이스라엘 하이테크에 관심 있는 외국 투자가나 사업자들 사이에서 시모네 마타임의 명성은 자자하다. 통신·보안·암호·데이터 처리 등의 분야에서 신기술 개발자가 투자가를 찾을 때 자신의 경력에 시모네 마타임 출신자임을 더할 경우 특별한 관심을 끌 수 있다고 한다.

1990년대 후반부터 이스라엘의 젊은 벤처기업가들이 신기술 개발로 엄청난 돈을 버는 사례가 속출하였다. 그리고 그 주인공들 중에 시모네 마타임 출신이 많다는 사실이 알려지면서 군 입대자들은 너나없이 이 정보 부대를 지망하고 있다. 최근에는 제대한 사람들도 다시 정보 부대 입대를 지원하는 추세이다.

이스라엘 국민들은 고등학교를 마치고 나면 군복무를 하고 제대 이후 대학교에 입학한다. 그런데 시모네 마타임 복무자들은 군복무 기간 중에 군이 지정해주는 대학교에서 4년 동안 대학 교육을 받을 수 있다. 대학에서 암호 관련 내용을 전공했다면, 군부대에서도 동일한 분야에서 4년 동안 지속적인 연구 개발을 하게 된다.

이 기간 중 자신이 새로운 기술을 개발할 경우 특허를 출원할 수 있으며, 그걸 토대로 자신의 비즈니스를 할 수 있도록 했다. 시모네 마타임은 이스라엘의 고등학교 3학년생들이 가장 입대를 열망하는 부대이므로 치열한 경쟁을 뚫어야 한다.

이스라엘의 군대가 수천 개나 되는 하이테크 벤처의 인큐베이터 역할을 해온 것은 절대 우연이 아니다. 2~3년간의 혹독한 자기계발 기회와 하부 권한 이양을 통해 수많은 병사들이 이미 자기 또래의 세계인들보다 몇 배나 많은 경험과 책임을 완수한 검증된 자들이기 때문이다. 이들은 어떠한 위기의 상황에서도 스스로 판단해야 할 영역이 너무 많아서 스스로 모든 문제를 해결하지 않으면 안 된다. 역설적으로 이스라엘 군인들은 표준화된 규격을 반드시 따라야 할 의무와 책임이 없다. 스스로 알아서 실험하고 거기에서 답을 얻도록 훈련하기 때문이다. 이스라엘 벤처는 이 같은 토양 위에서 수많은 창업의 싹을 틔울 수 있었다.[35]

방위 산업 수출 강국

이스라엘 항공산업체 IAI는 전투기만 생산하는 곳이 아니다. 민수용 항공기, 미사일 시스템, 인공위성 그리고 전자 및 레이더 기반의 전투 시스템과 같은 다양한 군수용·민수용 첨단 설비를 제작하고 있는

---

35) 강영수, 텔아비브 무역관, 하상욱, 조원림, 권병한, 권순재. 〈나스닥 상장 주요 해외성공사례 분석 연구에 관한 연구〉, 전자통신연구원, 2002.11.30.

이스라엘 최대 하이테크 업체이다.

  IAI는 이스라엘 방산품 수출의 절반 이상을 장악하고 있는 가운데 1988년에 인공위성 발사에 성공했다. 이 작은 나라가 인공위성을 단 한 번에 쏘아 올릴 만큼 첨단 기술을 지녔다는 뜻이다. 방산업체의 기술이 산업과 학계에서 잘 융합된 덕분이다. 그 뒤 군사첩보위성 오페크와 상업용위성 아모스 시리즈를 연속 발사하여 세계 8대 위성국가의 하나가 되었다.

  미국은 연간 14억 달러 규모의 원조를 매년 이스라엘에 제공하고 있다. 주로 미국 방산업체의 무기 구입비로 전용되어 지원했다. 지금은 미국이 이스라엘의 유일한 무기 및 기술 공급원이다. 하지만 이러한 지위는 늘 대 이스라엘 압력 수단으로 사용되어왔다. 닉슨은 욤 키푸르 전쟁에서 이스라엘에 휴전을 강요했고, 카터는 1981년 이스라엘이 이라크 핵 시설을 공격하자 대 이스라엘 금수 조치를 취했다. 레이건 대통령 역시 레바논 사태 때 대 이스라엘 금수 조치를 취했다. 이러한 이유로 이스라엘의 방산 독립 의지는 더욱 확고해졌다.

  이스라엘 방위 산업의 성장세는 일취월장하였다. 이스라엘은 방위 산업 육성과 무기 수출 측면에서 우리보다 훨씬 앞서 있다. 첨단 기관 단총부터 미사일 방어 시스템까지 독자적인 무기를 생산하고 있으며 핵무기도 일찌감치 개발했다. 2010년 이스라엘 방산 매출액은 96억 달러에 달한다. 이 가운데 수출액은 72억 달러로 수출 비중이 75%나 된다.

  이스라엘 무기들은 글로벌 틈새 시장에서 상당한 경쟁력을 갖고 있다. 이스라엘은 현재 무인항공기, 방공 미사일 분야에서 세계적인 기술력을 보유하고 있다. 2012년 11월 이스라엘은 팔레스타인 무장 단체 하마스의 최고 사령관 자바리가 차를 타고 가다 폭격당하는 모습을 공개했는데, 이 작전에 이스라엘 무인항공기가 활용된 것으로 알려졌다. 무인항공기는 미국의 대 테러 전쟁 과정에서 활용도가 높아지면서 가장 주목받는 수출 산업으로 자리 잡았다. 무인항공기^{UAV, unmanned aerial vehicle}란 사람이 타지 않는 타격기로, 고성능 탄두를 내장하고 목표 지점으로 돌진하는 자폭형 비행체이다.

이스라엘은 인도, 터키, 싱가포르 등지에 센서, 미사일, 항공기, 기갑 장비 등을 수출하고 있다. 우리나라가 구축하고 있는 한국형 미사일 방어 시스템의 핵심 축 중 하나인 '수퍼 그린 파인레이더'와 북한 해안포를 정밀 타격하기 위해 도입하는 스파이크 미사일 등도 이스라엘 제품이다.[36]

군 현대화를 위해 과학 기술 인력을 양성한 이스라엘

이스라엘 하이테크가 성공한 배경에는 과학 기술 인력 양성을 국방 산업과 연결시킨 데 있다. 이스라엘에서는 징병 연령이 되기 1년 전 곧 고등학교 2학년부터 남녀 모두 신병 모집 센터에 출석하여 적성, 능력, 심리, 인터뷰, 신체 검사를 받는다. 검사가 끝나면 신체 점수와 심리 점

---

36) 세계일보 2013년 3월 6일자, 조병욱 기자 기사 참고.

수에 등급이 매겨지며 개인 인터뷰에서 어느 부대에 지원할 수 있는지 선택지가 주어진다.

이 가운데 신체, 학습 능력, 성격 등 모든 면에서 요구 조건을 충족시키는 후보들에게는 엘리트 부대에 들어갈 수 있는 시험 응시 자격이 주어진다. 8200부대의 경우 보통 10대 1의 경쟁을 거쳐 400명으로 압축된다. 이들은 또다시 6개월간의 간헐적 테스트를 통해 최종 20명이 선발된다. 이 부대는 특별히 20개월의 훈련을 마치고 최고의 과학 기술 교육을 통해 전문가로 육성된다.

이스라엘 인터넷 구직란에서는 '8200부대 출신 원함'이란 문구를 자주 볼 수 있다. 이들은 정보 부대 출신의 특성상 인터넷 보안 분야에 특히 강하다. 이같이 이스라엘의 엘리트 부대들은 까다로운 선발 절차와 고도의 훈련 그리고 졸업생들의 우수한 능력으로 유명하다.

그런데 이보다 한 차원 높은 '탈피오트'라는 부대가 있다. 히브리어로 '최고 중의 최고'를 의미한다. 이 부대는 들어가기가 가장 어렵고 또한 훈련 기간도 가장 길다. 1차로 매년 고교 졸업 예정자 최상위권 50명을 선발하는데, 대상자는 영재급인 1만 명에서 수차례의 테스트를 거쳐 엄선된다. 선발된 훈련병은 스파르타식 부대 훈련과 대학교육을 이수한 후 장교로 첨단 군사 기술 부대에서 6년간 복무한다.

탈피오트 신병 교육은 6개월 동안 오전 8시부터 오후 10시까지 매우 강도 높게 진행된다. 이 기간 중 전략적·전술적 요구 사항을 끊임없이 제공해 여러 분야를 넘나들며 스스로 해결하는 훈련을 받는다. 이 프로그램을 마칠 때쯤이면 훈련병들은 시간과 정보, 물품 부족이라는 군대식 환경 속에서도 신속하게 현장의 기술적 문제점을 파악하고 해결 방안을 찾아낼 정도의 우수 인력으로 재탄생된다.

이후 히브리대학에 보내져 공군부대 내에서 숙식을 하며, 수학과 물리를 배우고 컴퓨터 공학을 복수로 전공한다. 보통 1년 안에 수학과 물리의 대학 정규 과정을 마치고 전공을 이수케 하는데, 2년 반 내지 3년 안에 이 모든 과정을 수료해야 한다. 이후 최소 6년을 복무해야 하기 때문에 총 9년 이상을 군에서 보내야 한다. 그럼에도 경쟁률이 매우 치열하다.

이스라엘군은 이들에게 IT, 컴퓨터, 네트워크 등의 첨단 기술 개발 업무와 조직 운영 노하우를 집중적으로 교육한다. 교육을 마치면 정보 부대 등에 배치되어 컴퓨터 수리부터 군사 정보 프로젝트에 이르기까지 각종 업무를 담당한다. 탈피오드 수료생들은 주로 공군 산하 컴퓨터 센터인 '맘다스'로 많이 간다. 이곳은 세계 최고 수준의 군사 소프트웨어를 개발하는 곳으로 정평이 나 있다.

탈피오트 프로그램은 국방 연구소에서 관리하는데, 초엘리트 교육 과정을 이수하면 '탈피온'이라는 명예를 부여 받는다. 이 명예는 군에서는 물론 제대 후 민간인 사회에서도 초엘리트로 인정된다. 지금까지 30년 동안 배출한 700여 명의 탈피온들은 이스라엘 최고의 대학교수이거나 성공적인 창업가가 되어 본인들의 재능과 부를 사회에 환원하고 있다. 이스라엘 벤처기업가 80%가 탈피오트 출신이다. 그래서 이스라엘에서는 복무 시간이 긴 특수 부대일수록 인기가 높다. 복무 기간이 길수록 벤처기업가로 성공할 가능성이 높기 때문이다.

당초에 탈피오트는 군 현대화 전략의 하나로 추진됐다가 지금은 벤처기업 육성 정책의 핵심 국가 프로젝트로 자리 잡았다. 우리나라도 많은 우수 인재들이 군 복무를 한다. 또 벤처 산업 분야도 남다르게 강하다. 때문에 정부나 민간 기업들이 이스라엘의 탈피오트를 벤치마킹할 필요가 있다.

핵심 인재 육성은 매우 중요한 일이다. 10년 후 삼성전자나 현대자동차와 같은 거대 기업으로 성장할 벤처의 씨앗을 지금 뿌리지 않으면 앞으로 일본처럼 저성장에 빠질 수도 있다.

USB 개발로 16억 달러를 벌다

우리가 지금 사용하는 USB도 이스라엘군 장교 출신의 작품이다. USB 메모리를 창안하여 '모두^{Modu}'를 설립한 도브 모란 사장은 특허와 주식을 팔아 자기 회사 직원 모두를 갑부로 만들어주었다. 그는 2001년 USB 메모리를 발명해 샌디스크에 이 기술을 넘기면서 16억 달러를 받았다.

이들은 군대 후배들을 이끌어주는 역할도 한다. 3년의 군대 복무 기간과 20년에 걸친 예비군 생활을 통한 인적 유대가 이스라엘 비즈니스 인맥의 중요한 네트워크를 형성하고 있다. 다시 말해 이스라엘에서는 어느 학교를 나왔느냐가 아니라 어느 부대에서 근무했느냐가 비즈니스 인맥에서 가장 중요한 요소이다.

비즈니스 분야뿐 아니라 역대 이스라엘 총리 대부분과 이스라엘 주요 기업의 CEO 상당수도 탈피오트 출신이다. 부대에서 엘리트교육을 진행하며 나라를 이끌어갈 리더를 키워내기 때문이다. 그래서 이스라엘 고등학생들은 어떤 대학을 진학하느냐보다 어떤 군 부대를 갈 것이냐를 더 중요하게 생각한다. 자신이 가지고 있는 재능을 군대 내에서 키울 수 있기 때문이다. 군 복무 기간은 사회에서 바라는 교육을 받을 수 있는 좋은 기회인 셈이다.

더욱 주목해야 할 사실은 이스라엘 창업 정신의 기초가 바로 이 군대에서 나왔다는 점이다. 이스라엘 벤처 창업 기술 대부분이 군사 기술을 민간 부문에 응용하는 과정에서 나오고 있다.

2012년 한국의 실업률은 3.5%대지만 청년 실업률은 8%가 넘어 전체 실업률의 2배 이상이다. 신규 대졸 실업률은 청년 실업률의 4배가 넘는다. 이스라엘의 청년 창업 환경이 부러운 이유이다.[37]

---

37) 댄 세노르, 사울 싱어 공저, 윤종록 옮김, 《창업국가》, 다할미디어, 2010 / 정유신, 한국벤처투자 사장.

3
본격적인 창조경제의 비상

　세계에서 이스라엘 기업이 두각을 나타내기 시작한 것은 정부의 적극적인 진흥 정책 시행 이후이다. 특히 1984년에 '산업계 연구 개발 촉진을 위한 법령'이 제정되면서 하이테크 기업들이 기준만 충족되면 장기에 걸쳐 다양한 재정 보조를 받을 수 있게 되었다. 뿐만 아니라 처음으로 벤처기업의 개념이 정립되었다. 이러한 신생기업의 필요성이 명시적으로 인식되기 시작한 것이다. 이 법령에 따르면 중견 기업은 연구 개발 비용의 50%까지만 지원받을 수 있는 반면 벤처기업은 66%까지 지원받을 수 있다.

벤처 인큐베이터 프로그램

소련이 몰락한 후 이스라엘에는 구소련에서만도 한해 수십만 명의 유대인들이 대거 귀환했다. 구소련의 붕괴 이후 1990~1999년에 105만 명의 이민자가 주로 소련에서 왔다. 그래서 세기말에는 이스라엘 인구가 630만 명을 넘었고, 그중 78%는 유대인, 22%는 팔레스타인인이었다. 구소련으로부터 온 이민자들은 유대인 인구의 5분의 1에 달했다. 그중엔 뛰어난 과학자와 고급 엔지니어들이 많이 포함돼 있었다.

이스라엘 정부는 이들에게 일자리를 만들어주는 게 시급한 과제였다. 그래서 그들 과학자들이 러시아에서처럼 연구하고 개발할 수 있는 일터를 만들어 신기술을 상업화할 수 있도록 도와주는 제도를 마련했다. 그 가운데 하나가 1991년 도입된 'TI$^{Technical\ Incubator}$' 프로그램이다. 이 프로그램에 따라 이주 과학자들은 이스라엘에서 연구를 계속할 수 있었다. 정부가 심사를 통과한 연구 프로젝트에 대해 2년 동안 총 20여만 달러의 연구비를 지원했기 때문이다. 또 연구실과 행정 지원도 제공해 상업적 가치가 있는 기발한 아이디어만 있다면 얼마든지 제품 개발 및 사업을 시작할 수 있었다.

TI는 지금까지 총 6억 달러를 투입해 1,200개 벤처 창업을 일궈냈다. 창업 기업의 성공률도 50%로 이스라엘을 벤처 강국으로 성장시키는 데 크게 기여했다. 이러한 기술 인큐베이터는 전국에 23개가 가동되었는데 현재는 30여 개로 늘어났으며 대부분 민간이 운영한다. 최근엔 바이오 같은 특정 분야 전문 인큐베이터도 생겨나고 있다.

이스라엘의 각 대학에도 인큐베이터가 있다. 텔아비브대학의 라못^{RAMOT}, 바이츠만과학연구소의 예다^{YEDA}가 대표적이다. 각 대학 연구진들은 개별 회사를 만들면 다른 사적 인큐베이터와 일할 수 있지만, 그렇지 않은 경우 반드시 대학 내 인큐베이터와 협력해야 한다. 1959년 설립된 예다는 교수 260명과 850명의 과학자, 엔지니어 등 인적 자원이 풍부한 만큼 미국 지역 외 연구소 가운데에서는 가장 많은 의약품 특허권을 갖고 있다.

요즈마 펀드의 대성공

이스라엘 신생 벤처는 내수 시장 규모가 작아 창업 초기부터 글로벌 전략을 써야 했다. 원래 벤처는 수익 모델이 취약해 초기부터 글로벌화하기가 쉽지 않다. 따라서 이스라엘은 1992년 '요즈마 펀드'라는 정부 벤처 펀드로 사활을 걸었다.

'요즈마'는 히브리어로 '창의·창업'을 뜻한다. 요즈마 펀드는 이스라엘 정부가 1억 달러를 들여 처음 조성했는데, 이 가운데 8,000만 달러는 10개 민간 벤처 캐피탈에 자금을 대주는 펀드로, 2,000만 달러는 정부가 직접 투자하는 벤처 펀드로 사용했다.

결과는 대성공이었다. 낮은 조달 금리, 파격적인 로열티 지급 등 과감한 인센티브로 글로벌 자금과 기업을 유치했다. 특히 미국 유대계

기업 및 자본의 지원이 절대적이었다. 이를 통해 이스라엘 벤처들은 해외 자금뿐 아니라 글로벌 기업으로부터 경영, 마케팅 노하우까지 전수받아 급성장한 사례가 많다.

요즈마는 미국·유럽 및 아시아의 투자 회사·금융 기관 및 대기업들과 함께 다수의 합작 투자 펀드를 만들어나갔다. 보통 2,000만이나 3,000만 달러 규모의 새 펀드 하나에 요즈마가 500만 달러를 출자하고 나머지는 외국 금융 기관이 투자토록 했다.

요즈마 펀드는 기업에 투자할 때 별도의 상환 조건 대신 투자 대상 기업의 기술 상용화에 성공하게 되면 그 수익으로 투자금을 회수하게 된다. 반대로 실패할 경우는 소유 지분의 가치 하락으로 손실을 보게 된다. 즉 지분 참여 방식으로 자금이 지원되어 해당 기업이 성공할 경우 보유 지분 매각 등을 통해 투자금을 회수하고, 해당 기업이 도산할 경우에는 투자 자금의 회수가 불가능하다.

본래 요즈마 펀드와 같은 공적 벤처 캐피탈의 설립 목적은 국제 투자자 유치를 통해 하이테크 산업의 성장 촉진과 동시에 벤처 산업을 활성화하는 데 있다. 곧 벤처 캐피탈 산업의 활성화로 벤처 산업의 발전에 필요한 자본 시장이 자연적으로 형성되게 하여, 창업 기업의 자금 조달에 도움이 되게 하는 것이 목표인 것이다. 따라서 그들은 우선적으로 해외의 전략적 파트너를 물색하고 그 기업들의 이스라엘 내 지사 설치를 유도하였다. 이렇게 하여 이스라엘 산업 진흥의 최적화를 위한 비즈니스 네트워크를 먼저 창출하였다.

요즈마가 영업을 착수한 지 4년 만에 이스라엘 내 벤처 캐피탈 규모는 8억 달러로 늘어났고 200개 이상의 신생 벤처 기업들이 자금을 지원받았다. 이스라엘 정부는 그들의 기술력이 세계적으로 인정을 받고 외국 투자사들의 투자가 잇따르자, 1997년 3월 요즈마 펀드를 민영화하는 발 빠른 대응력을 보였다. 요즈마 펀드를 통해 투자금을 끌어들인 이스라엘 정부의 벤처 캐피탈 산업 육성은 세계적으로도 가장 성공적인 예로 평가받고 있다.

벤처 생태계가 형성되다

1992년 정부와 민간 합동으로 1억 달러 규모로 결성된 요즈마 펀드는 2013년 현재 40억 달러 수준으로 성장해 수백 개의 벤처 기업을 지원하고 있다. 1991년 단 1개에 불과했던 이스라엘의 벤처 캐피탈은 요즈 마펀드의 성공이 기폭제가 되어 현재 70개를 넘어섰다. 이들이 매년 10억~20억 달러의 자금을 벤처 기업에 지원하고 있으며, 1인당 벤처기업 투자 자금도 미국의 2.5배, 유럽의 80배에 달한다.

마침내 벤처 생태계가 형성되자 중요한 변화가 나타났다. 펀드를 받아 성공한 젊은 기업인들이 신생 벤처에 재투자를 하고 나선 것이다. 이들의 투자로 또 다른 신생 기업이 탄생하기 시작했다. 같은 과정이 반복되며 운영 자금이 천문학적인 액수로 늘어났다. 운영 자금이 넉넉해진 결과 지금의 이스라엘 젊은이들은 아이디어만 있으면 얼마든지 투자를 받을 수 있는 환경을 제공받고 있다. 이는 지난 10년간 요즈마 펀드가 벤처 기업에 투자한 150억 달러의 결과이다.

이 같은 정부의 선도적 육성과 성공에 고무되어 이제는 민간 부문에서도 45개의 펀드가 역동적으로 활동하고 있다. 이스라엘에서는 벤처 캐피탈과 비슷한 규모의 엔젤 투자까지 이루어지고 있는 점을 감안하면, GDP 대비 전체 벤처 자금의 비율은 이스라엘이 한국의 10배에 달한다. 미국 나스닥에 상장된 이스라엘 벤처 회사만도 100여 개에 달하며 현재 이스라엘 벤처 산업은 미국에 이어 세계 2위 규모다.

우리나라의 경우 엔젤 투자 등 벤처 투자의 확대도 시급하다. 하지만 문제의 본질은 회수 시장이다. 이스라엘은 실리콘밸리 유대인들의 적극적인 협조로 나스닥과 미국의 M&A 시장에서 투자를 회수하고 있다. 그러나 한국은 코스닥이 위축되어 있고 M&A 시장은 아직 제대로 형성되지 않고 있다.

이스라엘에 투자하거나 M&A를 하는 '바이 이스라엘$^{Buy\ Israel}$'의 열기는 매년 신기록을 갈아치우며 폭발적으로 성장하고 있다. 2009년 44억 달러이던 외국인 직접투자는 2010년 52억 달러, 2011년에는 114억 달러로 급증했다.

글로벌 금융 위기 이후 세계 각국이 마이너스 성장으로 곤두박질칠 때도 이스라엘은 빛을 발했다. 2009년 세계 평균 성장률이 마이너스 0.7%일 때, 이스라엘은 1인당 소득 3만 달러 이상 선진국 가운데 유일하게 0.8% 플러스 성장을 달성했다. 2010년부터 이스라엘의 성장률은 4%대 후반으로 치솟았다. 그리고 계속해서 2011년 3.3%, 2012년 3.1% 성장률을 기록하며 선진국들을 압도했다. 특히 글로벌 금융 위기 발발 직후인 2009부터 2012년까지 이스라엘은 14.7%의 경제 성장률로 벤처의 역량을 보여주었다. 글로벌 경기 침체 상황에서 경제 비관론자 '닥터 둠doctor doom'의 대표주자인 루비니 교수조차 예찬하는 나라가 이스라엘이다. "지금 전 세계에서 가장 강력한 경제는 이스라엘이다. 통화·재정 정책, 비즈니스 친화적 산업 환경 모두 세계 최고다."

이스라엘은 첨단 기술 강국이다. 정보 기술IT은 말할 것도 없고 생명 기술BT 분야에서도 세계적인 경쟁력을 갖고 있다. 이스라엘에는 8,500개의 하이테크 창업 기업이 있다. 이런 창업 기업이 밀집한 텔아비브 인근 헤르츨리야는 이스라엘의 '실리콘 와디'로 불린다. 이스라엘에서는 '미국이여 걱정하지 마라, 이스라엘이 뒤에 있다(America don't worry, Israel is behind you)'라는 재미있는 구절이 적힌 티셔츠를 자주 볼 수 있다. 그만큼 자신 있다는 이야기이다.

국가과학위원회(OCS)의 역할

이스라엘은 또한 부총리실 산하에 최고의 과학 기술 집단인 국가과학위원회OCS, Office of the Chief Scientist를 두어 거기에서 지식 산업 육성 정책을 발굴하고 있다. OCS는 행정 인력 일부를 제외하고는 이공계 박사 등 외부 인사 150여 명의 전문가로 구성되어 독립성과 전문성을 추구한다. 이들은 단순한 자문역이 아니다. 구체적인 액션 플랜을 만들어 정부 정책으로 입안하여 실행에까지 이르게 하는 전문 과학 기술 행정기관이다. 또 경제 관련 거의 모든 행정 부서에 수석 과학관실을 두고 있다. 이 기구는 소속 행정부 업무와 관련한 기술 개발 정책을 지휘한다. R&D 연구 개발에 관한 이스라엘 정부의 강력한 의지의 표상인 셈이다.

이스라엘 신생 벤처를 지원하는 OCS.

이스라엘의 창업 인프라는 어린 싹을 키우는 인큐베이팅 시스템과 벤처의 글로벌화로 요약된다. 인큐베이팅은 OCS에서 주도하여 매년 100억 달러^{약 10조 원} 예산으로 30개의 인큐베이터를 선정해 신생 벤처를 지원한다. 한마디로 OCS는 될성부른 떡잎을 골라내어 잘 키우는 역할을 하고 있다. 신생 기업들의 창업 초기에 OCS가 주도하여 세계 시장을 주도할 수 있는 첨단 기술을 선정하는 것이다. 그리고 이를 제품화 할 수 있는 생산 기업을 선정하여 연계 지원함으로써 세계적인 기업 성장의 토대가 마련된다.

이러한 정부의 지원하에 초기 성장 단계를 지난 이스라엘 하이테크 기업들은 본격적인 성장 단계에 접어들면 세계적인 자본력을 가진 유대계 미국 벤처 캐피탈 펀드의 지원을 받게 된다. 이를 토대로 본격적인 글로벌 기업으로서의 체계적 성장 단계를 밟는 것이다.

결국 이스라엘 하이테크 기업의 글로벌화는 시장 마인드를 가진 정부의 지원과 역량 있는 외국 민간 펀드의 효율적, 체계적 지원의 합작품으로 이해된다.

시대를 앞서는 10년 단위의 선점 전략

OCS는 시대를 앞서는 선점 전략을 취하고 있다. 1960년대까지만 해도 이스라엘은 농업 국가였다. 사막 농업의 한계를 극복하기 위해 1970년대 초에 OCS는 산업 통상 노동부 산하에 '이스라엘 뉴테크'를 만들어 해수의 담수화 기술을 집중적으로 육성하여 세계 특허를 장악했다. 이스라엘 뉴테크는 이스라엘 정부가 기후 변화 등 글로벌 아젠다에 적극 대응하기 위해 만든 조직이었는데, 이스라엘의 특성상 해수 담수화 사업 등 부족한 물 문제를 해결하고 물 관련 산업을 진흥시키기 위한 일종의 컨트롤타워였다.

1980년대에는 중동에서 촉발된 오일 쇼크에 대비하여 원자력 발전에 필요한 안전 기술을 미리 확보해놓았다. 석유 파동 이후에 원자력이 대세를 이룰 것이라고 예측하고, 원자력이 0.1초 만에 폭발하면 원자폭탄이 되지만 2년에 걸쳐 천천히 폭발하면 발전소가 된다는 것을 생각해내 이를 위한 안전 기술을 개발했다. 그 특허의 대부분을 이스라엘이 소유하고 있다.

1990년대에는 벤처 창업을 장려하여 세계적인 지식 산업을 장악하게 되었다. 그 뒤에는 인터넷 보안 기술을 개발해 전 세계 인터넷 상거래의 플랫폼을 장악하고 2000년 들어서는 바이오 생명과학을 선도하고 있다. 이처럼 OCS는 미래 예측을 통해 10년 주기로 10년 후를 미리 보고 준비하고 기다리는 선점 전략을 용의주도하게 이끌어가는 역할을 톡톡히 해내고 있다.

지금도 해수의 담수화 플랜테이션, 원자력 발전소, 인터넷 상거래 사이트, 생명공학 분야에서는 이들의 특허를 이용하지 않으면 사업이 불가능할 정도로 그들의 장악력은 우리의 상상을 넘어선다.

이스라엘은 또 공기업이 해당 업종과 관련된 소기업 투자를 진행하고 있다. 우리나라 한국전력이 전기와 관련된 벤처 창업에 투자를 하는 식이다. 공기업이 해당 분야를 잘 알고 있기 때문에 창의적인 아이디어를 가진 벤처 기업을 적절히 선별할 수 있고, 사업이 성공할 수 있도록 원활한 지원이 가능하다는 장점이 있다.

이스라엘에서 물과 에너지 사업을 주로 하고 있는 공기업인 '메코롯'의 한 부문인 '와테크'의 경우 물 관련 스타트업 기업 20여 곳에 투자를 했다. 와테크는 스타트업 기업을 선별해 지원하고, 스타트업 기업들이 만든 상품을 와테크의 이름으로 세계에 수출한다. 그리고 이익이 발생하면 스타트업 기업에 돌려주는 형식이다. 벤처 기업들이 창업 초기에 글로벌 시장으로 직접 진출하기 어렵다는 점을 감안한 공기업의 지원 전략인 것이다. 메코롯은 이스라엘의 히브리대, 하이파공대, 벤구리온대학 등과도 연계해 대학 내 창업 기업도 지원하고 있다.

인터넷 시장을 정확히 예측한 체크포인트

'이스라엘의 하이테크 기업' 하면 흔히 두 업체를 떠올린다. 바로 1995년 인터넷 폰을 세계 최초로 개발한 '보컬텍Vocaltec'과 세계 인터넷 보안 솔루션 시장의 40%를 장악하고 있는 '체크포인트'다.

체크포인트는 길 쉐드$^{Gil\ Schwed}$가 군에서 관련 업무를 하다 얻은 아이디어를 바탕으로 창업한 회사다. 이 회사는 1993년에 벤처 기업으로 세워져 인터넷망에 아무나 침입하지 못하게 하는 '방화벽'을 만들기 시작했다. 방화벽은 인터넷 사용 시 외부 바이러스나 해커가 침범하지 못하도록 하는 시스템이다.

길 쉐드는 친구 2명과 함께 처음에는 자신의 아파트에서 일을 시작했다. 직원이라곤 사장을 포함하여 달랑 3명이었다. 그 시절에 만들어진 방화벽을 가지고 세계적 소프트웨어 회사인 썬마이크로시스템즈의 문을 두드려 판매에 성공했다. 이로써 미국 시장에서 주목받기 시작했다.

그 뒤 사업 개시 3년 만에 나스닥에 상장되었다. 미국 대기업 500개사를 비롯해 세계 25만 개 사이트에 방화벽을 설치하면서 세계 시장을 석권했다. 이 회사는 IT 붐이 절정을 이루던 2000년도에 회사 주식 시가 총액이 300억 달러를 넘어섰다. 창업주인 길 쉐드의 개인 재산도 10억 달러를 넘어 '이스라엘의 빌 게이츠'라는 소리를 듣는다. 2012년에는 13억 4,270만 달러 매출을 올리는 회사로 성장했다. 영업이익률은 무려 60%에 달하며 고객사는 1만 5,000개다.

길 쉐드는 1986년 고등학교를 졸업하고 18세에 군에 입대할 때 정보 부대 시모네 마타임의 컴퓨터 요원으로 발탁되었다. 그의 임무는 군 내 컴퓨터망을 서로 연결하여 특정인에게는 기밀 자료의 접근을 허용하는 반면, 그 외 사람들에게는 접근이 불가능하게 하는 일이었다. 이 일을 그는 4년 동안이나 했다. 군 복무 중에 맡았던 보직이 제대 후 그를 사업가로 출세시킨 것이다.

그는 1990년 제대하면서 곧바로 인터넷 보안솔루션 사업을 시작했다. 그때만 해도 아직 인터넷에 대한 인식이 부족해 인터넷 보안에 대한 사람들의 관심도도 낮았다. 그러나 쉐드는 불과 몇 년 후 인터넷이 폭발적으로 발전할 것을 정확히 예측하였다. 그리고 거기에 따른 해킹 등 심각한 보안 문제가 발생할 것을 미리 예상하여 인터넷 방화벽을 개발했다. 이제 컴퓨터와 인터넷이 있는 곳이라면 체크포인트 방화벽은 필수가 되었다. 체크포인트는 전화요금 부과 시스템 개발 업체인 '암독', 전화 회사를 위한 음성메일 시스템 개발 회사인 '컴버스'와 함께 이스라엘이 자랑하는 3대 하이테크 기업이 되었다.

유대인들은 특히 인터넷 보안 기술에 강하다. 인터넷은 보안 기술이 생명이다. 이것 없이는 전자 거래, 콘텐츠 유통, 유료 방송 등이 불가능하다. 유대인들은 ICQ, 페이팔의 80%도 석권했다.

이스라엘 전체가 거대한 연구 단지

이스라엘의 인구 대비 창업자 수는 세계에서 가장 많다. 투자자를 만나기 쉬운 창업 생태계 덕분이다. 이스라엘에는 신생 기업이 2012년 기준 5,000여 개 존재하고 있으며, 나스닥에 상장된 이스라엘 기업은 유럽 대륙 전체보다 많다.

이스라엘의 벤처 기업은 비즈니스 중심지인 텔아비브 주변에만 밀집해 있는 것이 아니다. 전국적으로 광범위하게 산재되어 있다. 이스라엘 전국이 하나의 거대한 연구 단지라고 해도 과언이 아니다. 하이파 테크니온공대 주변에는 인텔, 마이크로소프트, 퀄컴, IBM 등의 연구 센터가 즐비하다.

이스라엘에 진출한 다국적기업의 연구센터 수는 260여 개 이상이다. 이름만 대면 알 만한 다국적기업들이 거의 다 진출했다고 볼 수 있다. 인텔은 현재 4개의 연구 센터와 2개의 반도체 공장을 두고 있다. 1989년 3명에서 시작한 마이크로소프트는 현재 500명 이상의 연구 인력을 두고 있다. IBM 역시 2,000명 이상 규모의 연구 센터를 운영 중이다. 2012년에는 애플의 반도체 연구 센터가 이곳에 들어서면서 관련 분야 우수 엔지니어들의 대거 이동으로 현지 언론의 주목을 받기도 했다. 우리 기업 중 이스라엘에 연구 센터를 설립한 곳은 삼성전자, LG전자, 포항산업과학연구원^{RIST} 정도이다. 삼성전자는 100명 이상의 연구 인력을 두고 있다.

대부분의 다국적기업이 이스라엘에 연구 센터를 두는 주요한 이유는 우수한 연구 인력과 수준 높은 연구 성과에 있다. 이런 연구 센터에서 근무했던 직원들이 창업을 하기도 한다. 연구센터에서 독립하여 투자를 받고 성장해서 기업공개^{IPO}나 인수 합병이 되고, 이들이 다시 제2, 제3의 창업을 하는 선순환 창업 생태계를 만들고 있다.[38]

비즈니스 감각이 뛰어난 지방자치단체들은 이러한 연구 센터와 벤

---

38) 원준영, 코트라 텔아비브무역관.

처 기업을 유치하기 위해 창업 보육 센터를 비롯, 산업 공단을 조성해 놓았다. 산업 공단은 굴뚝이 있는 제조업체가 아니라 사무실에서 컴퓨터나 실험 기자재를 들여놓고 연구, 개발하는 곳이 대부분이다. 그래서 이러한 산업 공단은 전국에 산재해 있다. 심지어 언덕 높은 곳에 위치해 있기도 하고, 농지 한가운데에 있기도 한다.

이스라엘은 1990년대 중반부터 인터넷과 통신에서 탁월한 신기술을 개발해내기 시작했다. 그러자 미국 정보 통신 업계의 대표 주자들은 너나 할 것 없이 이스라엘의 하이테크 개발 동향에 관심을 가지게 되었다.

유망 벤처 기업의 해외 매각

1998년 여름, 이스라엘은 4명의 젊은이들로 인해 나라가 들끓었다. 이들은 1년 6개월 만에 4억 달러를 벌었다고 했다.

주인공은 아릭과 세피, 그리고 2명의 친구들이었다. 군대를 갓 제대한 20대 초반의 이들은 인터넷광이었다. 1996년 여름, 이들은 인터넷 사업에 대한 이야기를 나누었다. 당시까지 개발된 기술과 서비스는 어떤 것이 있고, 개발되지 않은 미개척 분야는 어떤 것이 있는지에 대해 의견이 오갔다. 장시간의 토론 끝에 누가 인터넷을 새로 접속했는지, 누가 인터넷망에 들어와 있는지를 알려주는 '인스턴트 메시지'를 개발해 상업화하자는 데 의견 일치를 보았다. 회사 이름과 개발할 기술의 이름까지 즉석에서 지었다. 'I Seek You^{난 당신을 찾는다}'란 문장의 발음을 따 'ICQ'를 제품명으로 정하고 회사 이름은 '미라빌리스'라 했다.

아릭의 아버지는 고등학교도 나오지 않은 아들에게 사업 자금 75만 달러(한화 약 9억 원)를 투자하고, 미라빌리스 사장으로서 마케팅과 관리 업무를 맡았다. 결국 아버지가 창업주가 된 셈이다.[39]

마침내 젊은이들은 친구가 접속했을 때 자동으로 알려주어 채팅이나 메일 교환이 실시간으로 가능하게 해주는 인스턴트 메시지 기술을 개발했다. 그리고 이 회사를 1998년 아메리카 온라인^{AOL}에 현금 4억 달러를 받고 팔았다. 이 건은 이후 이스라엘 벤처 기업들의 해외 매각을 확대하는 계기가 되었다.

그 뒤 2000년 5월 말 세계적인 통신 장비 업체인 루선트 테크놀로지가 이스라엘 광^光네트워크 시스템 회사인 '크로마티스 네트워크'를 이스라엘 역사상 최대 거래 규모인 48억 달러에 매입했다. 이들 거래는 규모 면에서 단연 돋보이면서 이스라엘의 우수 인력을 하이테크 업계로 흡인하는 계기가 됐다. 군대에서나 대학에서 하이테크 분야는 최고 인기분야로 떠올랐다.

IT 부문의 거품이 사라진 후 이스라엘은 바이오 기술^{BT}로 관심을 돌리고 있다. IT가 테크니온공대에서 나왔다면, BT는 와이즈만연구소에서 나오고 있다. 바이오 부문에서 이스라엘이 특히 경쟁력을 갖추고 연구 개발에 몰두하고 있는 분야는 암, 뇌중추신경, 알츠하이머, 파킨

---

39) 강영수, 텔아비브 무역관

슨씨병 치료 등이다.

이스라엘이 자체 개발한 뇌중추신경 계통 약품이 세계 시장에 판매되고 있는 가운데 최근 알츠하이머와 파킨슨씨병에 대한 치료 기술도 급진전되고 있다. BT 부문에 대한 투자금은 과거와 달리 훨씬 많이 늘어나고 있는 추세다.

이러니 당연히 생명 공학과 의과학 분야도 활발하다. 이스라엘의 '기븐 이미징'이란 기업은 최초로 몸속에 집어넣을 수 있는 비디오카메라를 개발했다. 이는 사람의 몸속 기관들을 몸 밖에서 직접 볼 수 있는 장비로, 의사가 암이나 소화기 이상 등의 문제를 제대로 진단하는 데 큰 도움을 준다. 또한 이스라엘의 연구자들은 움직임이 약화되는 심장을 박동시켜주는 기계를 개발했다. 이것으로 심장 문제가 있는 이들의 생명을 구할 수 있게 되었다.

이러한 신기술들은 바로 유대인 특유의 창의성에서 나온 작품들이다. '남보다 좋은 성적을 기록하라'가 아니라 '남과 다르게 생각하라'는 교육 철학이 만든 결과이다.

인센티브에 인색하지 않은 유대인

유대인들은 자본주의 체제에서 경제학의 핵심 원리가 인센티브라고 한다. 유대인들은 창의력과 기업가 정신이 강하고 기업경영 시 기술 개발에 관한 한 철저한 인센티브를 준다.

알렉산더 대왕은 소그디니아 성채를 점령하지 못해 고민하고 있었다. 소그디니아 성채는 약 600미터 높이의 절벽으로 1년 내내 얼음으로 뒤덮인 곳이다. 천길 낭떠러지 위로 겨우 한 사람만 지나갈 수 있었다. 알렉산더 대왕은 고민 끝에 부하들에게 "저 위로 날아오른 병사에겐 1인당 20탈렌트(약 200억 원)를 주겠다"고 했다. 1시간 만에 300명이 자원했다. 그날 저녁 30여 명만 떨어져 죽고 나머지는 얼음 절벽을 기어오르는 데 성공했다. 인센티브에는 가히 놀랄 만한 힘이 있었다.

 자본주의 경제 방식을 채택한 이상 유대인들은 인센티브에 인색하게 굴지 않는다. 자본주의는 인센티브라는 경제적 유인(誘因)으로 크는 나무이기 때문이다.

4
창조경제의 바탕이 된 유대인의 상상력

창조의 의미는 상상력을 통해 기존에 없던 것을 새롭게 만들어내는 개념이다. 상상력은 21세기의 화두이다. 상상력^{想像力}이란 글자 그대로 '생각^{想}한 것을 그려내는^{像} 능력^{力}'이다. 유대인 두뇌 계발의 비밀도 바로 이 '상상력'에 있다.

역사적으로 유대인은 거의 모든 분야에서 수많은 인재를 배출했다. 하지만 특히 높은 추상적 사고력이 요구되는 학문이나 사업 분야에서 더 많은 인재를 배출하였다. 이처럼 유대인들의 추상 능력이 특별히 더 뛰어난 이유는 무엇일까.

상상력의 힘

유대인들은 무언가 추상적인 것을 믿은 최초의 사람들이다. 태양, 산, 황소 등 남들이 다 보이는 신을 믿을 때 이들은 눈에 안 보이는 하느님을 믿었다. 이방인들이 우상숭배를 할 때 그들은 보이지 않는 초자연적인 존재가 있다는 생각을 했다. 추상적인 존재로서의 하느님을 처음으로 생각해낸 것이 그 상상력의 시작이었다.

기독교에서는 신을 그림이나 조각으로 나타내는 것을 당연하게 생각한다. 예수 그리스도가 십자가에 매달려 있는 모습을 흔히 볼 수 있다. 그러나 유대교에서는 하느님을 인간의 형체로 그린 예가 없다. 하느님은 언제나 눈에 안 보이는 추상의 영역에 있었다. 그런 의미에서 유대인들은 늘 구체화, 구상화할 수 없는 신을 깊이 사고하는 훈련을 계속할 수밖에 없었다. 바로 이것이 모든 사물을 논리적, 추상적으로 사고하는 계기를 만들어준 것이다.

특히 아이들에게는 눈으로 볼 수는 없지만 엄연히 존재하는 신에 대해 생각하게 하는 것이 커다란 지적 자극임과 동시에 상상력을 키우는 일이다. 이러한 상상력을 통해서 그들은 예외적이고 창조적인 생각에 이를 수 있었다.[40]

20세기 최고의 물리학자로 추앙받는 아인슈타인도 이런 창조적인 상상력으로 상대성원리라는 결론에 도달할 수 있었다. 그는 공상 속

---

40) 마빈 토케이어 저, 편집부 역, 《탈무드》, 문화광장, 1990.

에서 자신을 빛과 같은 속도로 움직이는 첫 번째 광자를 뒤쫓아가는 두 번째 광자라고 상상하며 광자로서 보고 느낀 것을 이론으로 정립했다.

상상력은 어린아이가 되고 싶은 어른들의 낙원

아인슈타인은 평소 스스로 남보다 지적 성장이 늦다고 생각했다. 30살이 가까워도 혼자 공상을 즐겼다. 어느 날 그는 빛을 타고 우주여행을 하는 공상을 했다. 공상 중에 목적지에 도착해보니 바로 자기가 출발한 지점이었다. 여기서 그는 일반상대성 이론을 착안하게 된다. 이것이 바로 그가 즐겨 이야기한 '1907년의 운 좋은 착상'이었다.

아인슈타인은 늘 "지식보다 상상력이 중요하다"고 했다. 그는 상상력이야말로 과학 연구의 핵심이라고 생각했고, 상상하지 않으면 창조력이 생길 수 없다고 주장했다. 그의 상대성이론 등은 역시나 바로 상상력으로부터 시작되었다.

프랑스의 미디어 이론가 폴 비릴리오도 "상상력은 어린아이의 세계로 귀화하려는 성숙한 어른이 들어갈 수 있는 낙원"이라 했다.

그렇다면 어렸을 때 말도 제대로 못했던 지진아가 어떻게 세상을 뒤바꾼 천재적인 이론의 창시자가 될 수 있었을까? 아인슈타인 자신은 이 질문에 대해 자기가 다른 학생에 비해 아둔했던 것이 도리어 그를 천재적인 물리학자가 되게 했노라고 대답했다.

아인슈타인은 스스로 "내가 어떻게 상대성이론을 발견할 수 있었을까?" 하고 자문해보았다고 한다. "보통 어른들은 공간과 시간의 문제에 대해서 절대 고민하지 않는다. 그런 문제는 아이들이나 생각하는 유치한 문제라고 믿기 때문이다. 하지만 성장이 느렸던 나는 충분히 성장한 후에 시간과 공간에 대해서 궁금하게 여기기 시작했다. 결과적으로 나는 그 문제에 대해서 더 깊이 생각할 수 있었다."

학문이란 무엇인가? 그것은 묻는 것이다. 존재의 신비 앞에서 우리가 느끼는 놀라움으로 겸손하게 자기를 낮추고 질문하는 것, 그것이 학문이다. 그리고 그 물음에 대한 대답이 내게 다가올 때까지 오래 참고 기다리는 것, 그것이 학문이다. 그러니까 대학에서 학문을 할 수 있는 능력이란 외우고 계산하는 능력이 아니라 물을 수 있는 능력이다. 그리고 끝까지 기다릴 수 있는 간절함이다. 그리고 이것이야말로 참된 의미에서 생각의 힘인 것이다.[41]

이미지로 사고하는 아인슈타인의 놀라운 업적

아버지가 전기 사업에 종사했던 아인슈타인은 일찍부터 수많은 전기 기구들에 둘러싸여 살았다. 이러한 환경은 다른 과학자들이 모호한 수학 속에 파묻혀 헤매는 동안, 아인슈타인이 물리 법칙들을 단순

---

41) 김상봉, 학벌 없는 사회를 위한 모임 사무처장·철학박사.

한 이미지처럼 선명하게 꿰뚫어보고 직관을 일깨우는 데 크게 기여했다. 이 특성, 곧 모든 것을 물리적 그림으로 바꿔 보는 능력은 물리학자로서 아인슈타인이 가진 위대한 장점들 가운데 하나이다.

언어를 통해 사고를 하면 하나 하나 순서대로 생각을 하기 때문에 논리적이다. 하지만 생각의 속도를 빠르게 하는 데는 한계가 있다. 반면 이미지로 사고하는 사람은 사고가 매우 빠르다. 거의 무의식적인 수준에서 사고를 하기 때문에 직관력이 발달하고 창의적이다.

훗날 그는 상대성이론을 착안해내는 데 걸린 시간이 불과 10분 정도였다고 말했다. 이는 많은 수학 공식을 노트에 써가며 증명을 통해 발견해냈다기보다는 그냥 그의 직관력으로 떠올린 것이었다. 그리고 오히려 이후 그 이론을 수학적 언어로 표현하는 데 수 년이 걸렸다. 이때 아인슈타인은 자신의 수학 실력이 모자라기 때문에 많은 수학자들의 도움을 받았다고 한다. 그 스스로도 10분 만에 생각해낸 영감을 언어로 풀어내는 데는 수 년이 걸린 것이다.

아인슈타인은 상상력을 통하여 자신이 가지고 있는 이미지를 자신의 외부에 있는 광대한 지식과 연결시켰다. 그의 업적은 상상력을 통해 제한된 지식, 교육, 경험, 기술 등의 한계를 얼마든지 넘어설 수 있다는 사실을 보여주는 훌륭한 사례인 것이다.

그의 유명한 상대성 이론은 '$E=mc^2$'란 간단한 공식으로 요약된다. E는 에너지, M은 질량(물질), C는 빛의 속도다. 결국 눈에 보이지 않는 에너지와 눈에 보이는 세상인 물질은 같은 개념이라는 뜻이며, 에너지는 물질로, 물질은 에너지로 바뀔 수 있다는 발견이다. 에너지와 물질은 서로 돌고 도는 것이지 결코 소멸되지 않는다는 것을 아인슈타인이 과학으로 증명해냈다.

물질 속에는 엄청난 에너지가 숨어 있다. 그 크기는 물질의 질량에 광속의 제곱을 곱한 것과 같다. 물질 1킬로그램 안에는 자그마치 1,000억 개의 솥을 끓일 수 있는 에너지가 들어 있다. 이 정도의 에너지라면 도시 하나를 완전히 파괴할 수도 있다.

이처럼 '물질은 에너지다'라는 개념은 우리가 살고 있는 세계를 혁명적으로 변화시켰다. 그의 $E=mc^2$ 공식에서 나온 발명품이 원자폭탄과 원자력이다. 또 아인슈타인의 상상력 덕에 우리는 우주를 개척하고 인공위성을 통한 여러 문명의 이기를 누리고 있다. 이처럼 상상력의 힘은 놀라운 결과를 초래했다.

상상력으로 만들어진 성공 신화들

'위성 없이 위성에서 보듯이 세계 구석구석을 실시간으로 볼 수 있다면 어떨까' 하는 상상에서 출발한 것이 구글어스다. 이것의 연장선상에서 구글스트리트뷰도 나왔다.

유튜브를 있게 한 상상도 아주 간단하고 일상적인 상황에서 나왔다. 파티에서 찍은 동영상을 인터넷에 올리려다가 찾은 사업 아이디어였던 것이다. 누구나 쉽게 인터넷에 동영상을 올려서 공유하게 할 수 없을까를 상상하다가 찾은 답이 동영상 UCC 사이트였다. 유튜브의 성과는 구글의 눈에 띄어 2006년 10월에 인수되었다. 가격은 무려 16억 5,000만 달러, 유튜브를 만든 지 2년 만의 일이다.

야후는 모바일 앱 하나를 330억 원에 샀다. 야후 입장에서는 그 앱을 구동시키는 프로그램의 원천 기술이 필요했기 때문이다. 놀랍게도 그 앱 '섬리^{summly}'는 영국에 사는 닉 달로이시오라는 소년이 15살 때 만든 것이다. 그는 12살 때부터 컴퓨터 프로그래밍을 독학으로 배워 페이스북 계정 분석 앱인 '페이스무드'와 새로운 음악을 찾게 해주는 앱 등 다양한 앱을 개발했다. 이를 통해 그는 어린 나이에 3만 달러나 벌었다고 한다.

뉴스 기사를 400자로 자동 요약할 수 있는 앱 섬리는 학교 시험 덕분에 탄생했다. 달로이시오는 집에서 현대사를 공부하다 스탈린에 대한 자료를 찾아보기 위해 구글에 키워드를 검색했지만 너무 방대했다. 게다가 불필요한 결과가 지나치게 많이 나오는 데 화가 났다. "왜 콘텐츠의 개요를 미리 볼 순 없는 것일까?" 그의 상상력은 트위터를 떠올렸다. 자신이 찾는 정보를 그런 식으로 요약해서 보고 싶었다.

그 뒤 컴퓨터 코드에 능숙했던 그는 마침내 기사나 정보를 요약할 수 있는 앱을 개발했다. 이 소년에게 투자한 사람은 홍콩 갑부 리카싱^{李嘉誠}이었다. 닉은 100만 달러를 투자받아 문서 요약 관련 기술은 더 뛰어난 이스라엘 연구원에게 외주를 주어 개발했다. 진보된 앱으로 거듭난 섬리는 애플 스토어에서 2012년 최고의 앱으로 선정되었다.

일반인들이 직접 만드는 실시간 내비게이션

'내비게이션을 전문 회사만 만들 게 아니라 실제로 차를 갖고 다니는 일반인들이 서로 정보를 공유해서 만들면 안 될까?'라는 생각에서 출발한 것이 '웨이즈Waze'이다.

웨이즈는 이스라엘 웨이즈 모바일에서 만든 사용자 참여형 내비게이션 앱이다. GPS 기반 실시간 내비게이션 앱과 비슷한데 실제 교통 정보를 보내는 것이 특정 차들이 아니라 일반 운전자들이다. GPS 기능이 있는 스마트폰 사용자끼리 교통 정보 및 도로 정보를 공유하는 것이다. 현재 전 세계 5,000만 명 이상의 운전자가 이 앱을 사용하며 그 가운데 일부는 지도를 편집하고, 또 다른 일부는 자신이 사는 지역의 지도 정확성을 확인하는 관리자로 활동 중이다

앱 이용자들이 교통사고, 거리 행사, 새 상점, 신축 건물 정보 등을 직접 제공하면, 웨이즈는 사용자가 등록한 교통 정보를 실시간으로 다른 사용자에게 전달하여 신규 정보가 반영된 이동 경로가 제시된다. 예를 들어, 한 사용자가 막히는 길에 대한 정보를 제공하면 다른 사용자가 혼잡 지역을 피하도록 알리는 것이다. 미국 워싱턴주의 다리 붕괴와 오클라호마주에 토네이도가 불어 닥쳤을 때, 이 앱이 실시간으로 상황을 중계하고 우회로를 안내하면서 더욱 유명해졌다.

이렇게 정보 소비자가 곧 정보 생산자이니 회사 직원이 많을 필요가 없다. 웨이즈는 이스라엘에 본사를 둔 직원 100명가량의 신생 기업이다.

2013년 초부터 애플 및 페이스북 등이 지도 서비스 강화를 위해 웨이즈의 인수를 추진했다. 애플의 제시 가격은 5억 달러, 페이스북은 10억 달러로 알려졌으나 이스라엘 기업인 웨이즈를 2013년 6월에 사들인 것은 결국 구글이었다. 구글이 지불한 금액은 13억 달러였다.

5
이제는
융합과 통섭의 시대

　창의성이란 개인의 우수성만을 일컫는 것은 아니다. 오히려 시스템 속에서, 융합 속에서, 통섭 속에서 창의성이 나올 확률이 더 크다. 하나하나의 의견이 모여 서로 협력하여 더 나은 의견을 찾아나가는 것이 창의성이다. 한 사람의 우수성도 중요하지만 시스템 속에서 서로 의견을 내어 토론을 거듭하면서 새로운 생각을 찾아내는 것이야말로 진정한 창의력이다.

　유대인들이 창의적인 데는 그들 특유의 공동체의식 곧 단결력이 크게 한몫하고 있다. 그들은 서로 다른 학문 간의 통섭과 융합, 이직종 간의 연계와 융합에 강하다. 창의성은 특별한 사람의 초자연적인 힘이 아니라 누구나 배우고 개선할 수 있는 스킬이다. 스티브 잡스는

"창의성은 그냥 사물을 연결시키는 것이다"라는 유명한 말을 남겼다. 잡스가 말한 것처럼 창의적인 아이디어는 전혀 무관한 사물들을 연결시킬 때 탄생하는 경우가 많다. 때문에 전혀 다른 분야와의 융합과 통섭이 중요한 것이다.

통섭의 대가 노이만, 컴퓨터와 인터넷을 탄생시키다

인터넷 역사에 있어 큰 영향을 미친 연구 기관이 프린스턴 고등연구소이다. 이 연구소는 평생 아무 책임 없이 자신이 하고 싶은 일을 할 수 있는 꿈의 연구소이다. 그 첫 종신교수로 임명된 사람이 바로 앨버트 아인슈타인과 존 폰 노이만이다. 일반 대중에게는 아인슈타인이 더 유명하겠지만, 인터넷 역사에서는 폰 노이만이 훨씬 더 중요한 역할을 했다.

노이만은 헝가리에서 유대인 은행가의 장남으로 태어났다. 어릴 때부터 놀라운 천재성을 보인 그는 6살 때 벌써 수학의 성질과 세상을 움직이는 논리에 대해 깨우쳤다. 인문학에도 관심이 많아 아버지와 그리스 역사를 논할 정도였다.

그는 어려서부터 외국어를 익혀 7개국어를 구사했다. 뿐만 아니라 호기심이 많아 수학, 물리학, 공학, 경제학, 계산과학, 기상학, 심리학, 정치학 등 모든 분야를 섭렵했다. 이러한 학문의 경계를 뛰어넘는 통섭적 공부가 그를 위대한 과학자로 만들었다.

그는 8살 때 미적분을, 12살 무렵에는 함수론을 독파했다. 한 수학자 3개월에 걸쳐 간신히 푼 문제를 노이만은 암산으로 해결했다. 그의 기억력과 계산 능력은 전설적이었다. 그는 22살에 박사 학위를 받고 이듬해 베를린 대학 최연소 교수가 되었다. 30살 때인 1930년에 프린스턴 고등연구소로부터 초청을 받아 미국으로 건너가 이곳의 최초의 교수진 4명 중 한 명이 된다. 이후 그는 죽을 때까지 프린스턴 고등연구소 수학교수로 활동했다.

제2차 세계대전 동안 폰 노이만은 핵무기를 만들기 위한 미국의 맨해튼 계획에 참여했다. 그의 천재성을 익히 알고 있었던 프로젝트 책임자 유대인 오펜하이머의 요청 때문이었다. 그는 원자폭탄의 개발 과정에 개입하면서 컴퓨터 개발의 역사에 커다란 자취를 남기게 된다.

원자폭탄 개발 과정에서 그는 미 육군이 초대형 계산기 '에니악'을 개발한다는 것을 알게 되었다. 그런데 이 초기의 컴퓨터는 계산만 할 줄 알았지 기억 능력이 없었다. 에니악은 폭탄의 비행 거리나 암호 해독 등 인간의 머리로 처리하기 어려운 숫자 계산 속도를 획기적으로 향상시켰으나, 이 컴퓨터에 다른 일을 시키려면 전기회로를 모두 바꿔주어야 했다. 새로운 일을 할 때마다 사람이 수천 개의 스위치를 며칠씩이나 걸려서 일일이 다시 세팅해야 하다 보니, 노이만은 에니악에 문제가 많다고 느꼈다.

당시 에니악에 대한 부정적 이야기들이 많았다. 하지만 세계적 수학자 노이만이 후견인이 되자 분위기가 단번에 반전되었다. 에니악 프로젝트가 실패할 수도 있는 상황에서 컴퓨터에 생명력이 불어넣어지는 순간이었다. 그는 계산 기능만 있는 멍텅구리에 뇌를 만들어 붙였다. 이로써 컴퓨터가 숫자 처리 능력밖에 갖지 못한 멍청한 기계가 아니라 뛰어난 '논리기계^{logic machine}'라는 개념을 최초로 창안하게 된다. 노이만은 수학자였음에도 컴퓨터 공학자도 풀지 못하는 어려운 문제를 해결한 것이다.

그는 곧 획기적인 이론을 개발했는데 바로 '프로그램 내장 컴퓨터'가 그것이다. 중앙처리장치^{CPU} 옆에 기억 장치^{Memory}를 붙여 프로그램과 데이터를 저장해놓았다가 사람이 실행시키는 명령에 따라 작업을 차례로 불러내어 처리하게 한 것이다. 이렇게 해서 탄생한 것이 '에드박^{EDVAC}'으로 최초의 프로그램 내장 컴퓨터였다.

프로그램 내장 방식과 이진법을 채택한 컴퓨터, 에드박.

현재 존재하는 스마트폰을 포함한 대부분의 컴퓨터를 '노이만 방식'이라 한다. 지금은 너무나 당연한 것이 되었지만 1940년대에는 가히 혁명적인 발명이었다. 노이만 방식 컴퓨터의 등장은 그 뒤 디지털 기술의 급속한 발전을 가능케 했다.

또한 노이만은 경제학 분야에서도 큰 업적을 남겨 게임 이론의 아버지라고도 불린다. 오스카 모르겐슈테른과 함께 1944년 《게임과 경제행동 이론》을 썼는데, 이후 경제학자들은 게임 이론을 받아들여 경제 현상을 설명하였고, 1980년대에는 이 게임 이론이 꽃을 피웠다.

그러고 보면 많은 과학 기술이 전쟁으로 인해 탄생했다. 제2차 세계

대전은 과학 기술 역사에서 너무나 중요한 변화를 일으켰다. 바로 컴퓨터와 인터넷이다. 오늘날의 관점에서 보면 노이만은 최고의 통섭학자로 다방면의 학문에 능했다. 통섭의 결과가 인터넷 시대를 낳은 것이다. 사람들은 그를 아인슈타인과 정보 이론의 창시자 클로드 섀넌과 더불어 20세기 3대 천재라 일컫는다.

생물학과 의학의 통섭, 메치니코프

19세기 중엽까지만 해도 인류의 평균 수명은 30세 미만이었다. 전염병이 최대의 적이었다. 선진국에서조차 20세기 초까지 사망 원인이 거의 전염병이었다. 사람들은 수백 년 동안 전염병은 공기 중의 독 때문에 생긴다고 믿었다. 몇몇 사람들만이 미생물이 병원균으로 작용할 것이라고 생각했다. 이것이 1867년 프랑스의 화학자 루이 파스퇴르에 의해 밝혀졌다. 당시 파스퇴르연구소에는 백신 개발에 기여한 유명한 유대인 연구원이 있었다. 바로 식세포를 최초로 발견해 면역학의 기초를 확립하여 1908년 노벨의학상을 수상한 일리야 메치니코프였다.

그는 1845년 러시아 남부 우크라이나의 유대인 가정에서 태어났다. 메치니코프는 어릴 때부터 책을 좋아해 엄청나게 많은 책을 읽었다. 대학 다닐 때 그의 말투 때문에 늘 외톨이였다. 크라코프대학에서 생물학을 공부한 그는 강의는 거의 듣지 않다가 시험 날에만 나타나 언제나 최고 점수를 받는 전설적인 학생이었다. 불과 2년 만에 4년의 대학 과정을 다 마친 그는 학생 때 이미 독학으로 여러 편의 논문을 발표한 천재였다. 책을 많이 읽은 그는 글재주가 뛰어나 그가 쓴 논문은 베스트셀러 소설처럼 재미있었다. 메치니코프는 22살을 갓 넘겼을 때 박사 학위를 땄고, 3년 뒤엔 대학교수가 되었다.

어느 날 그는 우연히 한 여인을 만났는데, 그녀는 메치니코프가 오랫동안 두통과 신경쇠약에 시달린 것을 알고 성심껏 돌봐주었다. 메치니코프는 그녀에게 청혼했다. 그런데 그녀가 시름시름 앓더니만 점점 창백해져갔다. 그가 결혼식 날짜를 잡았을 때 그녀는 걷지도 못하는 상태였다. 고집이 센 메치니코프는 포기하지 않고 그녀를 업고 들어가 결혼식을 올렸다. 메치니코프는 아픈 아내를 살리기 위해 노력했지만 안타깝게도 5년 만에 죽고 말았다. 메치니코프는 더 이상 살 이유가 없다며 자살 기도를 하기도 했다.

그 뒤 재혼한 두 번째 아내 역시 장티푸스에 걸려 죽을 정도로 아팠다. 사는 게 싫어진 메치니코프는 다시 자살을 생각했다. "그래, 어차피 죽을 거 의학 발전에 도움이나 주고 떠나자. 장티푸스란 병이 피를 통해 전염되는지 내가 확인해주지."

그 뒤 이탈리아 시칠리아에서 해양생물학 연구에 빠져 있던 메치니코프는 불가사리를 관찰하다 아메바처럼 생긴 세포들이 침투한 이물질들을 에워싼 뒤 잡아먹는 현상을 발견했다. 그는 잠을 설친 후 다음 날 아내가 크리스마스에 쓰려고 준비했던 장미에서 가시를 잘라내 불가사리 유생에 가시를 찔러 놓았다. 사람 손가락에 가시가 박히면 고름이 생기듯 곧 세포들이 가시 둘레를 에워쌌다. 그는 이 세포들을 '식세포(phagocyte, 그리스어로 게걸스럽게 먹는 세포라는 뜻)'라고 이름 붙였다.

"불가사리의 몸 안에 있는 방랑 세포들이 먹이를 먹는다면 틀림없이 독성 미생물도 먹을 것이다. 방랑 세포들이 불가사리를 미생물로부터 보호하는 것이다. 그렇다면 우리 몸에 있는 백혈구도 틀림없이 우리 몸을 침입한 세균들로부터 인간을 보호할 것이다."

이렇게 그의 연상 작용은 인간 몸으로 옮겨왔다. 단 한 번의 실험이나 논문을 읽지도 않고도 메치니코프는 불가사리의 소화 작용에서 인간의 질병을 전개해냈다. 그의 연상 작용 곧 그의 아이디어는 믿기지 않을 정도로 탁월했다.

사람에게도 같은 일이 일어날 것이라고 추측한 그는 식세포에 의한 세균 탐식설을 정립하여 의학계에 보고했다. 뒤늦게 생물학자가 의학이라는 전혀 생소한 분야에 뛰어든 셈이었다.

그 뒤 메치니코프가 명명한 식세포는 인간이 어떻게 면역 체계를 갖는지를 알아내는 결정적인 계기가 되었다. 이 사건은 생물학자인 메치니코프를 세계적인 과학자 반열에 들게 만들었다.

그는 자신의 이론을 증명하기 위해 오데사대학 연구소에 사표를 내고 1888년 파스퇴르연구소로 자리를 옮겼다. 그리고 식세포 연구에 몰입했다. 1895년 연구소 소장이 된 후에도 그의 연구열은 식을 줄 몰랐다. 그는 마침내 인간을 포함한 대부분의 동물에서 식세포가 급성 감염에 대한 1차 방어선을 형성한다는 사실을 입증했다. 현재 이 식세포들은 백혈구로 알려져 있다.

메치니코프는 이 공로로 1908년 노벨의학상을 수상했다. 식세포 작용으로 알려진 이 현상은 오늘 날 면역학의 기초를 이루고 있다. 이렇듯 면역학의 창시자는 의사나 의과학자가 아닌 생물학자였다.

미생물 질환을 실제로 예방하는 방법은 메치니코프로부터 싹트기 시작했다고 평가하는 학자들이 많다. 인류를 위해서는 콜레라균을 직접 먹기도 했던 메치니코프와 같은 사람이 많이 태어나야 한다는 유머가 나올 정도였다.

면역학의 태두, 메치니코프.

그는 그 뒤에도 연구를 계속하여 1910년 당시의 난치병인 매독을 치료할 수 있는 연고를 발견하여 더욱 유명해졌다. 그리고 노화 방지 연구에 관심을 갖고, 100세가 넘도록 장수하는 불가리아인들이 평소 우유를 발효시킨 요구르트를 많이 마신다는 사실에 착안하여 유산균 연구에 몰두했다. 유산균이 해로운 장내 세균을 없애 노화의 원인인 동맥경화가 생기지 않게 한다는 것이 그의 가설이었다. 유명한 불가리아균을 이용한 치료약이 등장하는 순간이었다. 그는 불가리아균이 젖산을 만들어 장 속의 독성이 있는 균들을 쫓아버린다고 설명했다. 그의 새로운 이론은 엄청난 반향을 일으켰다.

영국 신문들은 그가 다윈의 종의 기원에 필적하는 논문을 작성했다고 갈채를 보냈고, 불가리아 유산균을 생산하는 공장들이 세워졌다. 현재 세계에서 판매되는 수많은 요구르트는 오로지 메치니코프의 공이라고 해도 과언이 아니다.

메치니코프 같은 통섭형 과학자 덕분에 인류는 각종 백신을 가질 수 있었다. 1850년까지만 해도 30세에 불과했던 인류의 평균 수명은 메치니코프의 등장 이후로 획기적으로 연장되었다. 인류가 백신을 만들어 전염병의 공포에서 해방되기 시작한 것이 지금으로부터 불과 120년 남짓 된 일이라는 사실이 새삼스럽다.

혈액형 구별로 수혈이 가능해지다

면역학 확립에 공헌한 또 한 명의 유대인이 있다. 오늘날 남의 피를 받을 수 있거나 나의 피를 남에게 주는 수혈이 가능한 것은 1930년 노벨상 수상자인 유대인 칼 란트슈타이너 덕분이다.

그는 인간이 외부 물질로부터 몸을 보호하는 단백질인 항체를 갖고 있다는 것을 알아냈다. 그는 A와 B의 두 종류 항원이 있다고 결론을 내렸다. 어떤 사람은 A만 가지고 있고, 또 어떤 사람은 B만 가지며, 둘 다 가진 사람도 있고 하나도 없는 사람도 있다. 이렇게 해서 A, B, AB, O의 4가지 혈액형이 등장했다. 수혈은 특정한 혈액형끼리만 가능하고, 그렇지 않은 혈액형끼리 수혈하면 항체에 의해 '이물질'로 간주되어 파괴되므로 위험한 결과를 부른다는 것을 밝혀냈다.

이같은 안전한 혈액 구분이 없었더라면 얼마나 많은 사람이 수혈을 하지 못해 죽었을 것인가. 그는 말년에 뉴욕에 있는 록펠러 의학연구소의 병리학 교수로 재직했으며, 면역학을 확립시키는 데 기여하였다.

결핵을 퇴치시킨 미생물학자

결핵만큼 인류 역사상 가장 많은 생명을 앗아간 전염병도 없다. 독일 하이델베르크에서 발견된 기원전 7000년경 석기시대의 화석에서도 결핵의 흔적이 남아 있다. 석기시대부터 결핵은 인류에 있어 '공공의 적'이었다.

20세기 중엽까지만 해도 결핵은 공포의 대상이었다. 최초의 결핵 치료제인 스트렙토마이신 역시 의사나 의과학자가 아닌 농학을 전공한 왁스만$^{Selman\ Abraham\ Waksman}$에 의해 1943년에 개발되었다. 이 약의 개발로 인류는 결핵을 극복하게 되었다. 왁스만은 이 공로로 1952년 노벨 의학상을 수상했다. 이로써 생물학, 물리학, 화학 등 인접 학문 간의 통섭과 융합이 20세기 의학의 새로운 트렌드가 되었다.

러시아에서 태어난 유대인 왁스만은 농학을 전공한 미생물학자이자 화학자였다. 그는 1920년에 럿거스대학의 토양미생물학 교수가 되었다. 그는 지구상에 눈에 안 보이는 아주 작은 동식물이 있다는 종교적 믿음에서 연구를 시작했다. 그의 연구는 배양관에서 자라는 티푸스균 등 각종 세균에다 흙 용액을 섞어 관찰하는 일이었다.

어느 날 왁스만은 세균이 모두 죽어버린 배양관을 발견하고는 희망에 부풀었다. '그래. 흙 속의 어떤 미생물이 세균을 죽인 거야. 그걸 찾아내야겠다.' 왁스만의 미생물 연구에 불이 붙는 순간이었다.

어떠한 작용으로 흙 속이 미생물이 세균을 죽이는가 하는 것은 그때까지 아무도 몰랐다. 왁스만은 바로 여기에 도전하여 흙 속의 미생물과 세균에 관한 연구에 깊이 빠져들었다. 그리고 마침내 포도상구균과 장티푸스균 등을 죽이는 놀라운 물질을 발견했다.

왁스만의 기쁨은 이루 말할 수가 없었다. 그러나 정작 중요한 동물실험의 결과는 실패였다. 매우 심한 부작용이 발생했기 때문이다. 왁스만은 이에 실망하지 않고 계속해서 흙 속의 미생물을 추적했다. 이 연구에 무려 4년이 계속되었다.

그러던 어느 날 왁스만은 자신의 연구를 돕던 셔츠라는 사람이 관리하고 있는 배양관을 보고 깜짝 놀라 긴장된 표정으로 셔츠에게 물었다. "이게 어찌된 일이오? 어떤 미생물을 넣었기에 세균이 죽어 있는 거요?" 그 배양관에는 장에 병을 일으키는 세균이 모조리 죽어 있었다. "연구실 뒤뜰 땅 속에서 채취한 미생물을 넣었습니다."

그 말을 들은 왁스만은 곧 이 미생물에 대해 집중적으로 연구했다. 바로 이 미생물이 '스트렙토마이세스 글리세우스'라는 것으로, 이 미생물을 자라게 한 액이 페니실린으로도 어찌지 못하던 세균을 죽였던 것이다. 이 놀라운 약효에 왁스만과 연구원들은 그저 놀랄 뿐이었다. 1944년 왁스만은 이 놀라운 위력을 가진 새로운 약을 '스트렙토마이신'이라고 명명했다. 결핵, 이질, 설사 등의 치료약으로 널리 사용되는 스트렙토마이신은 이렇게 왁스만이 흙 속의 미생물에서 찾아냈다. 결국 인간에 해를 주는 세균을 세균으로 막을 수 있었다.

28년간의 실패 끝에 탄생한 이 광범위한 항생제는 페니실린 이후 최대의 의약 기적이라고 일컬어진다. 인류는 드디어 결핵과 폐렴의 공포에서 해방되었다.

또한 스트렙토마이신은 항생 물질 개발의 황금시대를 열어놓았다. 즉 카나마이신, 젠타마이신, 토브라마이신, 아미카신 등의 항생 물질들이 뒤이어 속속 개발된 것이다.

인간 평균 수명의 연장에 이러한 의약품의 발달은 크게 공헌하였다. 일례로 20세기 초 미국의 평균 수명이 47세였던 것이 오늘날에는 평균 78세로 31년이나 더 장수하게 된 것에는 분명 페니실린과 스토렙토마이신의 공로가 컸다고 할 수 있다.[42]

융합 연구의 사례들

무어의 법칙은 마이크로칩의 밀도 곧 성능이 18개월마다 2배로 좋아진다는 것이다. 이에 따라 컴퓨터 성능은 5년에 10배, 10년에 100배씩 좋아진다는 내용이다. 이 법칙은 1965년 고든 무어 인텔 전 회장이 미래 수요를 예상해 만든 법칙이다. 인텔은 이 무어의 법칙을 충실히 증명했다. 그리고 1970년 세계 최초의 D램을 개발하는 등 승승가도를 달리던 중 큰 문제에 봉착하게 된다.

새로 만든 칩의 밀도가 높아지고 성능이 좋아지면서 심각한 수준의 발열 문제가 발생했다. 칩 내부 온도를 낮추지 않으면 더 이상 칩을 사용할 수 없었다. 1970년대 말 이스라엘에 있는 인텔 하이파연구

---

42) 장수하늘소 지음, 《인류 100대 과학사건》, 웅진닷컴, 2001.

인텔 하이파 연구소의 전경.

소에서도 미국 본사의 고민을 알고 있었다.

10명의 연구원으로 구성된 TF팀은 이 문제를 해결해보려고 애를 쓰고 있었다. 그런데 이 연구팀의 구성원이 흥미로웠다. 반도체 전문가 5명에 비전문가 5명을 붙였다. 전문가들이 먼저 전문적인 의견을 내놓으면 비전문가들이 비전문적인 의견을 내놓는 특이한 방식이었다.

그러던 중 군대 운전병 출신 비전문가 연구원이 엉뚱한 의견을 내놓았다. 자동차에는 기아박스라는 것이 있어 엔진의 고속 회전 운동을 저속이나 강력한 회전력으로 바꿔 바퀴를 움직이게 한다. 이 기아박스 장치를 반도체 안에 넣자는 제안이었다. 비전문가에 의한 이 아이디어는 1979년 전설적인 '8088' 마이크로프로세서가 탄생하는 계기가 됐다.

2008년 구글은 검색창에 문자를 입력하면 즉시 검색어 후보를 실시간으로 표시해주는 자동완성기능 '구글 서제스트Google Suggest'를 공개했다. 당시 구글 측은 이 '구글 서제스트'에 대해 구글 직원들의 '20%의 자유 시간'을 이용한 산물이라고 발표했다. 이 자유토론에서 가장 큰 역할을 한 인물이 이스라엘 유대인이다.

당시 구글 이스라엘연구소에 근무하던 IBM 출신 40대 여성 요엘 마르크는 《성경》 색인학자였다. 그녀는 토론을 통해 《성경》을 색인하는 방식을 활용해볼 것을 제안했다. 그리고 이 방식을 검색엔진에 적용함으로써 구글 검색엔진에 《성경》색인 방식을 결합한 '구글 서제스트'가 탄생하게 된다.

이스라엘은 해저 221m 갈릴리 호수에서 퍼 올린 물을 사막 어느 암반층에 저장했다. 그리고 섭씨 38도, 민물과 해수 중간 염도인 이 물 속에서 살 수 있는 물고기를 개발했다. 비늘이 없는 독일산 잉어와 이스라엘의 토착 잉어와의 교접에 의한 개량 품종이 이스라엘 잉어다. 살이 찐 향어는 식용으로, 많은 양의 물고기 배설물은 유기농사 비료가 된다. 이러한 기술은 한 분야에서 개발할 수 있는 기술이 아니다. 지질학자, 생물학자, 화학공학자 등 여러 분야 연구가 함께 병행되어야 한다. 융합 연구의 개가다.

우리나라는 1973년 먹을거리가 부족한 시절에 이스라엘 농무성을 통해 치어 1,000마리를 들여왔다. 그 뒤 양식 실험에 성공해 1978년부터 전국 호수에서 대대적인 양식이 시작됐다. 우리 양식업자들은 냄새 나는 물고기라 하여 이를 향어라 불렀다. 1990년대 후반까지 내수면 양식으로 각광 받아왔고, 공급이 많은 만큼 유료 낚시터에서 인기를 끌었다. 1997년부터는 수질 보호를 위해 호수의 가두리 양식장이 사라지면서 현재는 호수나 저수지에 방류되어 자연 번식한 향어들이 명맥을 유지하고 있다.[43]

이스라엘의 하이테크 기술력을 이끄는 이공계 인재의 70%를 배출

---

43) **이강봉 객원편집위원, 《사이언스 타임스》.**

하는 테크니온공대 총장은 의학 박사 출신이다. 이직종 융복합의 좋은 사례이다. 서로 다른 학문 분야의 교류를 통하여 혁신을 이루어 내려는 시도의 일환이다.

이스라엘을 지원하는 실리콘밸리의 유대인들

이스라엘과 실리콘밸리는 특수한 관계이다. 이스라엘의 벤처가 클 수 있는 네트워크가 바로 실리콘밸리의 유대인들이다. 현직 시카고 시장이자 전직 백악관 비서실장이었던 임마누엘은 이스라엘에서 전쟁이 터지자 자원 입대하여 목숨을 걸고 싸웠다. 이러한 의식은 미국에서 기업을 운영하는 유대인들에게 숨어 있는 본능이다. 그들은 이스라엘 문제라면 자신들이 갖고 있는 힘과 능력을 아끼지 않는다. 미국의 유대인들 특히 실리콘밸리의 유대인들은 엔젤 투자부터 나스닥 상장에 이르기까지 이스라엘 벤처를 돕는 일에 앞장서고 있다.

"창업을 하려면 실리콘밸리로 와라. 미국에 거주하고 있지 않다면 비행기를 타고라도 와라." 실리콘밸리에서 가장 인기 있는 엔젤 투자자인 론 콘웨이Ron Conway가 한 말이다. 미국 창업 문화는 엔젤 투자가 핵심이다. 미국은 엔젤의 원조답게 엔젤 투자가 꾸준히 증가하고 있으며 무려 27만 명의 엔젤 투자자가 연간 200억 달러를 투자하고 있다. 투자되는 기업 수도 6~7만 개나 된다. 창업 초기 기업의 97%가 엔젤 투자자로부터 자금을 받고 있다. 이들로부터 지원 받은 창업 회사들

덕분에 연간 약 40만 개의 일자리가 창출된다. 대단한 창조경제인 셈이다.

실리콘밸리의 경우에는 창업자의 사업 계획서가 한 투자자에게 사업성을 인정받게 되면, 엔젤 투자자들이 서로 투자를 하려고 경쟁을 벌인다. 게다가 각종 컨설팅회사가 도움을 주려 먼저 다가온다. 이렇게 창업자는 아이디어만 가지고 있으면 나머지 필요한 역량들은 그 분야에 특화된 컨설팅회사의 도움으로 원활하게 창업 초기 단계를 밟을 수 있다. 반면 우리나라는 2012년 기준 2만여 개 벤처 기업 중 실제로 벤처 투자를 받은 기업은 1.5%에 불과하다.

이스라엘에는 세계 100대 하이테크 기업의 75%가 연구소 또는 생산 기지를 두고 있고, 전 세계 벤처 투자의 31%가 집중되어 있다. 나스닥 상장사 100개, 세계 최대의 창업 벤처 등 놀라운 수치를 기록으로 남기고 있다. 그러나 이스라엘 벤처 성공 신화는 그들의 기술력보다는 미국의 유대계 자본으로 보는 게 본질에 가깝다는 것이 카이스트 이민화 교수의 지적이다. 유대계 기업들과 유대계 벤처 자본이 모국에 투자한 것이다. 여기에 군사 기술과 후츠파 정신을 활용하여 창업 국가를 이룩한 것이 진실에 가까운 이야기이다. 전 세계에서 유대계 자본과 미국 시장 접근 용이성이라는 특유의 창업 인프라를 갖춘 국가는 이스라엘이 유일하다.

미국은 성공 기업인들의 창업 실패 경험이 평균 2.8회로 조사됐다. 그만큼 미국은 실패를 인정하는 문화가 자리 잡고 있다. 이는 유대인 공동체에서 창업 희망자들에게 3회까지는 무이자로 사업 자금을 대부해주고 있는 것과 맥을 같이하고 있다. 실패를 용인해주고 경험 자산으로 인정해주는 문화가 창업 활성화로 연결되고 있다.

미국은 기본적으로 M&A에 대한 거부감이 거의 없다. 수시로 만나 토의, 협상하고 시너지효과가 있다면 오히려 M&A에 적극적이다. 이러한 M&A는 벤처 기업을 수시로 사들여 다양한 기술을 융합하게 하고, 사업 모델의 결합으로 산업 경쟁력을 높이는 데 큰 도움을 주고 있다. 곧 실리콘밸리에서는 벤처기업의 회수 시장이 잘 발달되어 있음을 의미한다.

구글 창업자 등 20대 창업으로 성공한 실리콘밸리의 젊은 아이콘 상당수는 유대인들이다. 미국에서 창업하는 유대인 기업들의 불문율이 하나 있는데, 연구 센터는 반드시 이스라엘에서 운영한다는 점이다. 이들은 미국에서 이스라엘 벤처 기업들을 물심양면으로 돕고 있다. 로스앤젤레스에서 4년째 열리고 있는 '이스라엘 콘퍼런스'가 대표적인 사례이다. '벤처 창업 국가'로 거듭난 이스라엘의 경쟁력 홍보와 신생 벤처 기업의 미국 내 교두보 마련을 위한 행사다.

이 행사에는 각 분야의 숨은 유대인 실력자들이 대거 참가해 미국 내에 뿌리내린 유대인들의 힘을 엿볼 수 있다. 특히 이 콘퍼런스에 모습을 드러낸 최고경영자들의 면면은 화려했다. 거의 대부분 유대인이다. 이 행사는 이스라엘의 첨단 벤처 기술과 미국의 자본을 연결하는 '테크펀드 로드' 역할을 하고 있다. 콘퍼런스의 모토는 'I'로 시작하는 5개의 단어였다. 상상^{Imagination}, 영감^{Inspiration}, 아이디어^{Ideas}, 독창성^{Ingenuity}, 그리고 마지막이 이스라엘^{Israel}이었다.

실리콘밸리 인근에 위치한 스탠퍼드대학의 경우 교수와 졸업생들이 만든 회사의 총 매출이 2조 6,000억 달러에 이른다. 우리나라 GDP의 2배에 해당한다. 미국 대학들은 이미 특허 중심의 기술지주 회사를 앞세워 창조경제를 지향하며 정부의 창업 정책에 부응하고 있다.[44]

---

44) 조선비즈, 창조경제 이스라엘에 답이 있다, 윤종록, 벤처스퀘어, 이스라엘 바로보기, 이민화 등

현재 삶에 최선을 다하는
유대인

창업에 성공하여 이를 성공적으로 매각한 부자들일지라도 쉬는 법이 없다. 특히 유대인들이 그렇다. 요즘 미국에서 한창 뜨는 것 중 하나가 소셜 네트워킹 리뷰 사이트 '옐프yelp'다. 옐프 사이트에 올라오는 업소의 품평은 소비자들의 선택을 좌우할 정도로 막강하다.

옐프의 막스 레브친 회장은 이른바 '페이팔 마피아' 가운데 한 명이다. 페이팔 마피아란 페이팔 창업 주역들이 그 후에도 다른 분야에서도 모두 계속 승승장구함으로써 붙여진 이름이다.

레브친은 1998년 스탠퍼드 대학 인근에서 피터 티엘과 점심을 먹다 모바일 금융 거래 서비스에 대한 아이디어를 제안했다. 이렇게 해서 레브친, 티엘은 머스크와 함께 인터넷 결제 시스템인 페이팔을 공동 창업하게 됐다.

2002년 뉴욕 증시에 상장된 페이팔은 15억 달러에 이베이로 넘어갔다. 이렇게 실리콘밸리에서 창업으로 천문학적인 돈을 벌어들인 젊은 창업주들은 여생을 편안히 지내는 길을 택하기보다 다시 새로운 창업에 도전하고 있다.

막스 레브친은 2004년에 사진 공유 사이트인 '슬라이드닷컴'을 만들어 하루 18시간씩 일했다. 그는 2004년 슬라이드닷컴 창업과 동시에 옐프도 창업했다. 슬라이드닷컴은 2010년 8월 1억 8,200만 달러에 구글로 매각되었고 그는 지금은 옐프에 주력하며 야후의 사외 이사를 맡고 있다.

옐프의 기업 가치는 2012년 상장 시점 기준 8억 4,000만 달러였다. 옐프는 상장을 통해 대박을 터뜨리며 날이 갈수록 그 기세를 더해가고 있다. 이런 현상은 매우 특이한 경우이다. 일반적으로 다른 상장 기업들은 상장 후 기대치에 못 미쳐 슬럼프에 빠지기 일쑤였다.

전문가들은 레브친이 결국 옐프도 떠날 것으로 예상하고 있다. 기업을 키우는 것보다 새로운 기업을 창업하는 데 더 큰 재능이 있기 때문이다. 이는 실리밸리 유대인들의 공통점이기도 하다.

에필로그
창조경제를 위한 제언

세계는 산업경제에서 지식경제로 이제는 창조경제로 넘어가고 있다. 부지런한 산업 역군이 필요했던 시기에서 지식을 활용하는 시대로 바뀌더니 이제 창의성이 주도하는 창조경제로 진화하고 있다. 창조경제 시대의 역군은 융합형인재이다.

"Think Different"를 강조했던 스티브 잡스는 생전에 "최고와 평범한 엔지니어는 100배의 실력 차이가 날 수 있다"며 그가 창의적 인재를 뽑기 위해 들이는 노력에 대해 설명했다.

이러한 창의적 융합형 인재를 키우기 위해서는 무엇보다 먼저 고등학교 때부터 나누어지는 문과 이과의 구분을 폐지해야 한다. 서양에는 이런 구분이 없다. 오늘날 우리나라의 문과와 이과 제도는 일본 식민시대의 잔재이다.

우리의 경우 산업화 과정에서 이과 출신들이 지대한 공헌을 했다. 하지만 앞으로는 추종형 인재가 아니라 창의형 인재가 필요하다. 스티브 잡스는 스마트폰에 인문학을 담았다. 아이폰은 기술과 인문과 예술의 융합에서 탄생했다. 잡스는 인문학과 기술을 접목한 융합형 인재였다.

이런 융합형 인재를 기르기 위해서는 학문과 학문 사이의 벽인 문과 이과 구분의 폐지가 시급하다. 경제학을 공부하면서도 물리학과 심리학을 하고, 공학을 하면서도 인문학적 상상력을 동원해 새롭고도 색다른 것을 만드는 사람이 되어야 창조적 사회를 만들어갈 수 있다.

요새 미국 대학에선 학문 간의 융합을 중시하여 아예 융합학부 설립이 유행이다. 일례로 인문학을 아우르는 '철학, 정치학, 경제학'을 함께 가르치는 PPE$^{Philosophy,\ Politics,\ Economics}$ 학부는 듀크대, 유펜, 맨체스터대 등 수십 개 대학에 개설되어 있다. 원래 PPE 학부는 1920년 영국 옥스퍼드대학이 세계 지도자를 양성하기 위해 개설한 프로그램이었다. 옥스퍼드 PPE 학부가 배출한 인재로는 빌 클린턴, 아웅산 수치 여사, 부토 전 파키스탄 총리 등이 있다.

기업의 선순환 생태계 조성의 중요성

우리나라는 산업화를 추진한 이래 반세기가 넘었음에도 경제의 선순환이 일어나지 않고 있다. 우리 경제에 있어 가장 큰 비중을 차지하는 것이 대기업이다. 그런데 대기업 숫자는 늘어나는 데 반해 벤처기업이 중소기업이 되고, 중소기업이 다시 중견기업이 되고, 중견기업이 대기업이 되는 선순환은 드물다. 대기업 자체의 세포 분열과 밀어주기로 대기업 숫자만 늘어나고 있기 때문이다.

예를 들면 삼성이 삼성전자 등 계열사로 구성된 그룹으로 진화하면서 세포분열을 해, CJ그룹, 신세계 그룹, 한솔그룹 등으로 퍼진 형국이다. 현대도 현대그룹과 현대중공업, 현대자동차 등으로 세포분열을 하며 대기업을 늘려갔다. 미국에도 전통의 대기업들이 존재하지만 마이크로소프트, 애플, 아마존, 구글, 페이스북 등 이전에 존재하지 않았던 기업들이 창업기업에서 시작해 글로벌 대기업이 되는 선순환이 이루어지고 있다.

우리도 실리콘밸리와 이스라엘의 벤처 생태계를 제대로 배워 가능성이 있는 창업기업들을 키울 필요가 있다. 기업 생태계의 출발은 창업기업들이다. 실패가 용인되고 도전이 장려되는 벤처문화가 이루어져야 한다. 우리 경제는 현재 삼성 착시현상에 빠져있다. 삼성그룹을 제외하면 대기업군조차도 성장이 둔화되고 있다. 4~5년 후면 중국에 밀리는 기업이 태반이 될 것이다. 창조경제 시대의 제2, 제3의 삼성은 벤처기업들로부터 나올 확률이 크다. 창업생태계 조성이 시급한 이유이다.

서비스 산업, 개방경제로 나아가야 한다

세계 경제사를 보면 뚜렷한 흐름이 하나 있다. '자유와 경쟁'이 보장된 곳에서 경제가 발전하고 교역이 융성한 것이다. 수메르 경제가 그랬고 인더스 경제가 그랬다. 그 고대에도 말이다.

고대에 페니키아가 지중해 해상무역을 장악했던 것도 도시연맹의 자유로운 정치체제 아래 자유와 경쟁이 보장된 사회였기 때문이다. 절대왕권이 아니라서 규제와 억압이 없었다. 동시대의 히브리경제가 그랬고 또한 후대의 그리스경제 또한 예외가 아니었다. 이들의 공통점은 태생적으로 도시국가연합이나 지파공동체의 자치제에서 살았기 때문에 체제에 얽매이지 않고 사고방식이 자유로웠다는 점이다. 근대에 들어와서도 이 흐름은 마찬가지였다. 세계 경제의 주도권이 스페인에서 네덜란드로, 그리고 영국을 거쳐 미국으로 건너오면서 그 경제를 관통하는 키워드는 '자유와 경쟁'이었다.

박근혜 정부가 내세우는 창조경제의 전제로도 '자유와 경쟁'의 보장이 우선되어야 한다. 자유와 경쟁의 반대편은 '규제와 억압'이다. 경제사를 보더라도 자유와 경쟁이 있는 곳에서 인간의 창의성이 꽃피워 온 것처럼, 창조경제의 토양 역시 먼저 규제와 억압을 철폐하여 자유로운 경쟁의 장을 펼칠 수 있는 토대를 만들어 주는 것에서부터 시작되어야 한다.

규제개혁 방향으로는 시장의 경쟁을 높이는 게 중요하다. 현행 포지티브 시스템에서 과감하게 네거티브 시스템으로 전환해야 한다. 특히 서비스 산업의 규제를 대폭 풀어야 한다. 우리의 미래는 서비스 산업에 있기 때문이다.

자유와 경쟁의 또 다른 말은 '자율과 개방'이다. 하지만 이게 말이 쉽지 그리 호락호락한 일이 아니다. 기득권의 자기방어와 논리가 하늘을 찌른다. 서비스 산업의 개방이 쉽지 않은 이유이다. 행정부와 국회조치 교육, 의료 등 서비스 산업 개방에는 소극적이다. 법안을 발의해봐야 통과가 안 될 걸 뻔히 알기 때문이다. 그만큼 기득권의 로비는 치열하다.

공무원의 기득권 지키기도 큰 문제이다. 어느 날 은행의 수석부행장까지 하신 은퇴 금융인과 저녁식사를 하였다. 필자가 "금융 산업 발전을 위해 가장 중요한 거 하나만 꼽으신다면 어떤 걸 말씀하시겠습니까?"라고 묻자 "재경부 낙하산 마피아가 사라져야 합니다. 은행들이 재경부 눈치 보느라 자율과 개방이 아니라 타율과 폐쇄에서 못 빠져 나옵니다"라고 대답하였다. 우리 서비스 산업의 현주소였다.

우리가 금융을 제대로 키우려면 관료의 손아귀에서 벗어나게 해야 한다. 관료조직은 이제 손대기조차 어려운 괴물 같은 기득권 존재로 변신해 있다. 그리고 또 하나, 서울이 홍콩이나 싱가포르처럼 금융 허브로 크려면 서울주재 외국금융인들의 개인소득세를 면제해주어야 한다. 여기에 형평의 원리를 들이대서는 안 된다.

금융, 관광, 교육, 의료, 법률, 유통, 영상미디어, 엔터테인먼트, 문화 산업 등 서비스 산업은 우리 미래의 먹거리이자 고용 창출의 보고이다. 그리고 이것들이 우리의 차세대 수출 산업이 되어야 한다. 금융을 수출 산업으로, 관광을 마이스 산업으로, 한반도를 교육 중심지와 의료 관광의 메카로 키워야 한다. 영상과 엔터테인먼트는 벌써 그 싹을 보이고 있다. 이제는 우리 금융이 중국 금융과 손잡고, 우리 한류韓流가 중국 한류漢流와 어깨동무하고, 우리 엔터테인먼트가 중국 엔터테인먼트와 교집합을 이루며 함께 커나가야 한다. 32년간 제조업 수출을 지원했던 필자가 유대인에 대한 글을 시리즈로 쓰는 이유도 이러한 서비스 산업의 중요성을 알리기 위해서이다.

그런데 이런 서비스 산업들이 규제와 기득권 집단의 이해로 꽁꽁 묶여 있어 제대로 작동하지 않고 있다. 규제개혁이나 혁파정도가 아니라 차제에 완전 개방으로 방향을 크게 바꾸어야 한다. 철벽같은 기득권집단의 반대 논리와 암벽보다 더 두꺼운 겹겹이 쌓인 규제 암반층을 깨부수어야 한다.

우리 민족은 우수한 민족이다. 문을 활짝 열어젖혀도 절대 지지 않는다. 결국은 혹독한 훈련을 거쳐 세계 시장을 제패할 것이다. 우리가 제조업에서 그랬던 것처럼 말이다. 이 벽을 깨지 못하면 우리에게 미래는 없다. 세계 경제사를 돌아보면 한때의 어려움이 있더라도 결국 개방경제가 옳았음을 상기할 필요가 있다.

창조경제를 위해 유대인에게 배울 점

유대인 창의성의 원천은 '독서, 질문과 토론, 융합과 통섭, 수평문화'이다. 배움을 중시하는 유대교는 유대인들로 하여금 독서를 평생 생활화하게 만든다. 폭 넓은 독서는 통찰력의 근원이다. 또 그들 특유의 질문과 토론문화는 창의성과 상상력을 키운다. 이것이 기업문화에도 연결되어 번뜩이는 창의력이 발현되는 경우가 많다.

이러한 자유로운 '질문과 토론' 그리고 '융합과 통섭'을 원활케 하는 사회 분위기는 유대인의 평등사상 곧 그들의 수평 문화에 기반하고 있다. 또 유대인의 창의성 밑바탕에는 학교 교육 못지않게 가정 교육의 힘이 컸다. 수천 년 동안 유대인을 유대인답게 지켜온 중요한 요소가 가정에서 자녀들을 가르친 유대인 부모들 덕이었다.

우리 조상들도 밥상머리 교육 등 자랑스러운 가정교육의 전통을 갖고 있었다. 이를 산업화와 서구화 과정에서 잃어버렸다. 하지만 늦지 않았다. 우리는 이제 부모의 역할에 대해 다시 차분하게 생각해 볼 때이다. 그리고 사회적으로도 '독서, 질문과 토론, 융합과 통섭, 수평 문화'가 자리 잡을 수 있도록 노력할 때이다. 창의적 인간은 하루아침에 길러지지 않는다. 하지만 창의적 사회는 다양한 융합과 통섭을 통해 지금 당장이라도 가능하다.

유대인 창의성의 비밀

초판 1쇄 발행 2013년 10월 25일
초판 6쇄 발행 2021년 5월 17일

지은이   홍익희

펴낸곳   (주)행성비
펴낸이   임태주

출판등록번호   제2010-000208호
주소   경기도 파주시 문발로 119 모퉁이돌 303호
전화   031-8071-5913
팩스   0505-115-5917
이메일   hangseongb@naver.com
홈페이지   www.planetb.co.kr

ISBN 978-89-97132-38-6 (03300)

※ 이 책은 신저작권법에 따라 보호를 받는 저작물이므로 무단 전재와 무단 복제를 금합니다.
  이 책 내용의 일부 또는 전부를 이용하려면 반드시 저작권자와 (주)행성비의 동의를 받아야 합니다.
※ 책값은 뒤표지에 있습니다. 잘못 만들어진 책은 구입하신 서점에서 교환해 드립니다.

행성B는 독자 여러분의 참신한 기획 아이디어와 독창적인 원고를 기다리고 있습니다.
hangseongb@naver.com으로 보내 주시면 소중하게 검토하겠습니다.